영어의 숲을 여행하다

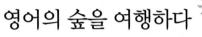

거만한 영어, English Road

영어의 숲을
여행하다

거만한 영어, English Road

| 김인성 지음

평민사

차 례

7장 _ 영어를 잘하면?

글에 들어가며

영어와 관련된 다른 많은 책들처럼 이 책에도 영어 공부에 도움을 주자는 의도가 없는 것은 아니다. 그렇지만 좀 더 솔직하게 말해 그렇게 거창하게 남을 돕자는 의도로만 쓴 글은 아니다. 그보다는 오히려 나 자신의 경험담을 통해 말보다는 글로 영어를 처음 접한 세대들의 영어 교육 반성문에 가깝다. 물론, 그런 반성과 재고를 통해 늦은 대로 영어를 '정복' 해보자는 희망도 담고 있다.

10여 년 전 아이들이 아직 어릴 때 가을 방학 동안 웨일즈의 낯선 마을로 가족 나들이를 갔다. 저녁이 되면서 일찍 해가 지자 숲에는 어둠이 깊어져갔고, 영국답게 이른 가을비가 추적추적 내리고 있었다. 빗줄기는 점점 굵어져서 차창으로 사선을 그으며 내렸다. 네비게이션도 없던 시절, 낯설고 외진 숲길을 달리는데 굵은 빗줄기까지 시야를 가리고 있으니 운전대를 잡고 있던 남편은 노심초사일 수밖에 없었다. 여느 때처럼 뒷좌석에 앉아 있던 두 녀석은 지루한 여행에 지쳤는지 서로 말씨름을 하면서 다투고 있었다. 무엇에 심사가 틀렸던지 막내가 소리쳤다.

"No way.(절대 안돼.)"

갑자기 운전대를 잡고 있던 아이 아빠가 소리쳤다.

"어디, 어디, 길이 없다고?"

정신이 멀쩡하고 편안한 때에는 물론 그 말이 그렇게 쓰인다는 걸 왜 몰랐겠는가마는 긴장되고 조심스러운 상황이 되자 그간 쌓았던 공든 탑이 아무 소용이 없었다. 외국어는 역시 외국어구나, 새삼 확인하던 순간이었다.

남편이 얼떨결에 영국통이 되는 바람에 자주 영국을 들락거리게 되고, 1년씩, 2년씩 영국 여기저기에 머물다 가기를 서너 번하다 급기야 10여 년 넘게 런던에 사는 신세가 되었다. 그 사이 남편은 영국 대학에서 교편을 잡았고 아이들은 대학을 마치고 나는 또 뒤늦게 학교를 다니고 있다. 20여 년 가까이 영국과 한국을 오락가락하는 사이에 우리 가족들은 나이 순서대로 영국 생활과 영어에 적응해갔다. 처음에는 나이 순서대로 영국 생활과 영어에 자신을 보였다. 다시 말해 어른들이 아이들보다 새로운 생활에 적극적이었고 영어사용에도 자신만만이었다. 당연히 모국어가 발달한 순서대로 영어도 잘 했다. 두 돌이 채 되지 않아 처음 영국에 왔던 우리 집의 둘째 아이는 한동안 국어도 안 되고, 영어는 진짜 안 되는 세월을 보냈다. 그런데 아이들이 어느 정도 학교생활에 적응을 하면서 영어와 영국 생활에 대한 적응은 나이에 따라 반비례한다는 걸 알았다. 외국에 사는 시간이 길어지다 보니 대학 강의도 하고, 변호사도 만나보고, 시장도 가고, 아이들 선생님 면담도 하면서 영어 쓰는 시간이 늘어가지만 이상하게도 남편과 나는 세월이 갈수록 국어가 그립다. 반면에 아이들은 점점 더 국어보다 영어를 편하게 느낄 때가 많다.

남편이나 나는 70년대에 대학을 다녔으니, 그때까지 영어 교육의 수혜자이며 동시에 피해자에 속하는 사람들이다. 우리는 외국여행이 거의 불가능하던 시절에 영어를 배웠다. 가끔씩 들어오는 할리우드 영화나 AFKN의 영어가 대단한 영어 실습 현장이었고, 『타임즈』를 정기구독한다든지 카세트 테이프를 구입해서 영어 청취 공부를 하는 것도 엄청난 영어 교육 투자라고 생각하던 때였다. 영어 발음 시험은 직접 발음을 하는 것이 아니라 옳은 발음 기호를 찾는 것으로 대신했다. 영어에 관한 한 '말'은 없었고 '글'만 있었던 시절이었다. 무수한 단어와 문장을 익히고 영국의 문법 학자를 놀라게 할 정도로 상세한 문법지식을 외우게 했지만, 아침에 만난 영어권 사람에게 편하게 '굿모닝'조차 할 수 없게 만든 교육이었다.

요즈음 아이들의 영어 문제는 우리 때와는 다르다. 요즘에 누가 '영어' 한마디 못해서 고민을 하는가. 오히려 영어보다는 '영문' 이해를 못해서 고민이다. '영문'은 있고 '영어'는 실종되었던 우리 세대들과는 완전히 다른 고민이고 다른 세상이다. 우리들의 초등학교 시절 물건들이 이미 사설 박물관에 진열되어 있듯이, 이제 그 시절의 영어 교육 이야기도 흘러간 추억이라는 걸 잘 알고 있다. 그렇더라도 추억을 되살려 조금 나은 현실을 만들지 말라는 법은 없지 않은가. 나이 40, 50이 되었다고 해서 영어와 완전히 담 쌓고 살아도 되는 것도 아닌데, 그렇다면 뭔가 우리가 배운 교육 과정에서 남기고 고치고 보완해서 우리들에게 도움이 될 수 있는 길은 없을까. 그건 내가 나한테 던지던 질문이었고 오랜 세월 동안 이어져왔던 고민이었다.

나는 영어 교육 일선에서 교육방법의 허와 실을 관찰하고 전문적으로 분석할 수 있는 역량을 가진 사람은 아니다. 그렇지만 영어를 배우고 영문학으로 학위를 하고 그 언어를 수십 년 쓰고 살면서 느꼈던 불만과 자각이 적지 않았고, 우리 영어 교육이 만든 실수에 실소를 금치 못한 적도 많았다. 비슷한 유형의 영어 교육을 겪었던 사람들에게나 요즈음 학생들에게 이 글이 작은 안내서가 될 수 있기를 바란다.

오랜 시간 쓰고 모았던 글이다 보니 두서없고 시대에 맞지 않는 내용들도 적지 않은데, 이 책을 출판하고, 〈한국간행물윤리위원회〉에서 출판 지원까지 받을 수 있게 된 것은 모두 다 평민사의 이정옥 사장님 덕분이다. 영국에서 학교 다닌다고 연락도 잘 되지 않는 작자(!)를 참아주고 다독여주신 선생님께 진심으로 깊은 감사를 드린다.

2011년 10월
우리 가을을 그리워하면서
김 인성

1장

서문

우리나라의 경직된 언어 정책에 익숙한 정신으로 보면 미국어 한 가지를 표준어라고 믿기 십상이다. 한 가지 발음도 어려운데 여러 가지 발음을 알아 봤자 '써먹을' 데가 없다고 언뜻 경제적인 듯한 학습관을 보이지만, 장기적으로는 미국 발음에 매달려 아류 영어의 흉내에만 만족하는 잘못을 범하기 십상이다. ……여기에서 혀를 굴리고 저기에서 혀를 풀어야 한다는 강박관념으로 영어에 접근하기보다는, 그렇게 무시무시하고 절대적인 것처럼 보이는 영어가 사실은 사용 지역에 따라 미국영어, 영국영어도 되고, 위도가 바뀌면 호주영어도 있고, 최대 수출용 과일이름을 딴 뉴질랜드영어도 듣게 된다는 걸 알면 언어의 변화와 현재성을 느끼는 데에 도움이 된다. 게다가 성대를 포함한 발성 기관의 차이가 우리와 현저히 다른 미국인들의 언어를 절대 모델로 상정하면서 생겨나는 갖가지 절망적인 모방과 좌절을 극복하는 역할도 할 것이다.

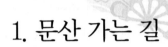

1. 문산 가는 길

「삼포 가는 길」이라는 소설이 있다. 눈 가득한 겨울을 배경으로 초라한 사람들의 행색과 그들의 여행이 마치 우리들의 쓸쓸하기만 한 인생살이와 비슷해서 오래도록 기억에 남았다. 영어에 관한 그 여행지는 삼포가 아니다. 여행 자체가 그리 철학적이지도 않을 뿐 아니라, 문학적이지도 않다. 그럼에도 '문산 가는 길' 은 '삼포 가는 길' 못지않게 우리에게 영어 교육에 대한 깨우침을 주는 일화다.

미국에서 오신 목사님이 계셨다. 워낙 전도가 목적이어서 한국에 오시기 전부터 미리 한국어를 배우셨던 데다가 한국에 십 년 이상 머무르면서 여러 계층의 사람들과 어울리시다 보니 우리말을 아주 유창하게 하셨다. 주변 사람들이 대책 없이 추거 세우면 '비행기 태우지 마라' 고 하던 시절에 목사님은 '낙하산 태우지 마세요' 까지 진도가 나가시는 분이었다. 한국말이야 유창해졌지만, 목사님의 외관이야 하얀 얼굴에 파란 눈이니 갈 데 없이 전형적인 백인이었다.

전방 군부대에 예배가 있어 목사님이 문산을 향해 떠나셨다. 초행인데다 도로 표지판조차 정리가 안 되어 연로하신 목사님은 여러 차례 길을 잘못 드는 낭패를 당했다. 드디어 도로 한가운데 헌병이 서 있는 걸 보게 되니 얼마나 감격했는지 하나님의 은혜에 새삼 감사를 드렸다. 목사님은 차를 세워 **빳빳하게** 풀 먹인 제복에 번쩍이는 장식을 자랑하는 헌병에게 다가갔다. 20대 초반의 헌병은 깎아 놓은 인형처럼 눈 하나 꿈쩍 않고 서 있었다.

목사님이 물으셨다.

"문산 가는 길이 어디지요?"

헌병은 힘차게 발을 모으며 목사님께 경례를 하고, 우렁찬 목소리로 대답했다.

"저는 영어를 모릅니다."

목사님은 다시 물으셨다.

"어느 길이 문산 가는 길인가요?"

헌병은 똑같은 자세로 경례를 했고, 똑같이 우렁찬 목소리로 대답했다.

"저는 영어를 모릅니다."

이리 저리 국어 문장을 바꾸어가며 몇 차례 시도를 했지만 목사님은 매번 경례와 함께 같은 대답을 들을 수밖에 없었다.

"저는 영어를 모릅니다."

한국인 누구라도 이 이야기를 남의 이야기로만 들을 수 없을 것이다. '저는 영어를 모릅니다' 는 우리 모두의 열등감이요, 우리 모두의 편견이고, 우리 모두의 미완의 숙제의 시발점이다. 어쩌자고 그 헌병은 한국말을 듣고도 '저는 영어를 모릅니다' 를 목청 터져라 외쳤을까 생각해 보면 우리들의 엉클어진 고민이 조금 모양새를 갖출 수 있다.

우선, 그 헌병은 우리들 누구나와 마찬가지로 군 입대 전부터, 또 입대해서도, 아마 제대하고 나서 지금까지도 계속 '난 영어를 못한다' 고 다짐하고 확인했으리라는 점이다. 그는 학교 다닐 때 영어를 처음 배우던 몇 달을 빼고 학창 시절 내내 영어 시간을 좋아했던 적이 없었을까? 학년이 올라 갈수록 모르는 소리만 늘어가는데 어떻게 영어 시간을 좋아할 수 있나, 졸지 않은 것만으로도 자신이 기특했거나 정 반대의 모습일 수도 있다.

그래서 학교 다니는 동안 영어 공부를 아주 좋아해서 영어 수업도 재미있고, 단어 시험만 보면 백점, 중간고사, 기말고사에서도 영어는 점수 올려주는 과목이었다. 토플이니 GMAT 시험도 보고, 영어 잘 한다는 칭찬을 들으며 취직도 했다. 그런데 업무차 만난 외국인에게 Good morning도 못했다. 다음에 만났을 때는 기를 쓰고 Good morning을 했는데, 그때는 12시 30분이었다. 갑자기 그는 확인하게 된다. '오호, 난 영어를 이렇게 못했구나.'

두 번째는 그런 자기 확인이 반복되면서 생기는 자기 암시다.

심리학적으로 말해 이런 부정적인 심리 진행 현상을 '말 그대로 이루어지는 예언(self-fulfilling prophesy)' 이라 한다. 영어를 들먹이니 꽤 전문적인 듯하지만, 그야말로 이건 우리들의 영어열등감일 뿐이다. 우리말에도 이에 해당하는 표현이 있다. 바로 '말이 씨가 된다' 는 절묘한 표현이다.

어떤 사람을 사귀면서 '잘 될 거 같다' 고 괜히 생각하다 보면, '잘 안 될 거 같다' 고 괜히 생각하는 경우보다 잘 될 확률이 높다. 여기 '괜히' 라는 단어에 강조점이 놓인다. 딱 부러지는 이유는 없는데 자꾸 자신에게 그런 식의 느낌과 예언을 반복하다 보면 실제 상황이 그런 식으로 이루어지기 쉽다. 물론 이때 상황은 항상 반드시 그렇게 된다는 뜻은 아니다. 단지, 생각이 실제에 미치는 영향, 그 경향성이나 비율을 무시할 수 없음을 강조한다.

우리들의 일화로 돌아와 '말이 그대로 이루어지는 예언' 을 확인해 보면 이렇게 된다. 일단 '난 영어를 못한다' 고 생각하게 되면 자꾸 그 느낌을 보강하는 경험을 구하게 된다. '난 영어를 못하나 봐' 에서 '음, 난 영어를 못하는군' 으로 진행되다가 이런 경험이 쌓이면 '그거 봐, 역시 난 영어를 못 하잖아' 로 나가게 된다. 자신에 대한 섣부른 예언에 맞추어서 실제 상황을 해석하려고 들다 보니, 어쩌다 영어가 잘 되는 경우가 있다 하더라도 그건 예외적인 경우라 상황변수에 들지 못하고 기억에서 사라진다. 그건 '내' 가 아니라고 미리 제외시켰기 때문이다.

세 번째는 '문산 가는 길' 의 등장인물이 군인이라는 점이다. 성격은 운명이라는 말이 있지만 우리나라처럼 일단 취직하면 인생의 절대 시간을 직장과 연관해서 보내야 하는 문화에서 보면, '직업이 그 사람의 운명'이 될 수도 있는데, 군인이라는 직업은 그 중에서도 극단적인 경우라 할만하다. 군인에게는 직업과 일상이 거의 동의어가 되어 있다.

직업 군인이라 해도 그럴진대 징집되어 군복무를 하는 젊은 청년의 경우는 말할 것도 없다. 정해진 시간 동안 군인들은 정해진 공간에서 정해진 사람들과만 어울리고, 정해진 일만 해야 한다. 명령에 따라 사는 일이다 보니 다른 직업에 비해 용맹, 성실하고 충직하나 자신의 독창성이나 개인주의적 발상은 그곳의 격려 사항이 아니다.

직업을 비롯해서 자신이 몸담은 세계가 경직되면 될수록 사고의 경직성 정도는 심하다. 그 경직성을 고쳐 볼 수 있는 기회가 없기 때문이다. 이때의 기회는 경험이라는 말로 바꿀 수 있다. 또 오스카 와일드의 입담대로 풀어 말하면, 경험이란 '지난 시절의 실수'가 된다. 말과 주장, 이론이 아니라 실제로 겪고 실수하면서 사람은 경직된 사고를 풀 수 있고, 편견을 고치게 된다. 실수의 경험이 허용되지 않는 문화에서는 어쩌다 가진 생각의 틀이라도 한번 고정되면 그걸 바꾸기가 아주 어렵다. 획일화되고 고정된 사고만을 조장하는 세계에 사는 사람이 '나는 영어를 못한다'고 일단 생각하면 세상 무슨 일이 있어도 '나는 영어를 못하고야 만다.'

그 헌병의 생각을 좇아가면 이렇게 될 거다. 그 자리에서 교통정리를 하기 전부터 그는 '나는 영어를 못한다'를 확인하고 있었다. 그날은 자기 인생에서 계획에 없던 일이 생겼다. 웬 사람이 다가 오는데, 그 사람은 파란 눈의 백인이다. '백인은 분명 영어를 한다. 나는 영어를 못 알아듣는데 걱정이다.' 이런 와중에 목사님이 문산 가는 길을 물으면, 한국어든 불어든 그건 모두 영어로 들린다. 그 헌병이 아니더라도 우리나라 사람 중 많은 사람들이 아직까지도 백인은 모두 미국 사람이라고 생각한다. 백인이 무어라고 쏼라되면 그건 다 영어다. 외국인이 뭐라고 쏼라거리는데, '역시 못 알아듣겠군', 순식간에 확인이 끝난다. 헌병은 경례는 잊지 않고 하면서도 '저는 영어를 모릅니다'고 말한다. 외국 노인이 자꾸 물으면 물을수록 진땀만 날 뿐, 무슨 소리인지 점점 알아들을 수 없다.

그 헌병이 왜 이렇게 되었는지 그 탓을 찾아보면 이렇다.

첫째, 학교 교육기간 동안 영어 과목에 우수한 학생이었든 아니든 상관없이 우리의 영어 교육은 방법이나 내용에 있어서 자연스러운 영어를 가르치지 못했다. 우리들이 배운 영어는 영어 모국어권 상황과는 동떨어져 있다. 교과서나 입시에 어울리게 맞추어진 영어를 부지런히 배웠지만, 그것을 실제로 적용해보고, 대화를 나누어보는 연습은 부족했다.

둘째, 영어를 잘해야 한다는 기대가 강박감을 느낄 정도로 지나치다. 영어를 왜 배우는가, 묻지 않는다. 연령, 직업, 교육 정도, 지역, 취향, 동기를 들먹이기는 하지만, 그건 그냥 갖다 붙인 억지일 때가 많다. 전국민은 '영어를 해야만 살아 남는다'는 대명제 앞에서 그저 동등하다. 나에게 어느 정도의 영어가 왜 필요한지, 개인별로 그 필요성 정도를 고민해본 적이 없이, 모두가 '죽기 살기' 정신으로 영어에 매달리다 보니 영어에 대한 숭배가 커지는 만큼 두려움도 커져서, 이 강박증은 학습자의 적절한 교육과 발전을 불가능할 정도로 커졌다.

셋째, 교육뿐만 아니라 우리 사회 전체가 몹시 경직되어 있다. 작은 말 실수도 당사자에게는 큰 부끄러움으로 남으니 영어를 편하게 말하기 어렵다. 말하기를 배우자면 말을 자주 하고, 실수를 교정 받는 기회가 많아야 하는데, 어느 교과 과목에서도 참여를 고무하고, 실습과 실수의 교육적 가치를 인정하지 않는다. 매일 매일 영어를 배우기는 하는데, 정해진 구문이나 어휘를 뛰어 넘어 하고 싶은 말 한마디를 편하게, 문법이니 문형이니 걱정하지 않고 입을 한번 떼어 보기 어려우니, 막상 영어 사용 현장에 부딪힌다고 해서 이 경직성이 어떻게 하루아침에 무너져 내리겠는가.

2. 영어, 우리들 최초의 외국어

　아무리 공부해도 영어 한마디 하기가 이렇게 고통스럽다면, 뭔가 우리 영어 교육에 문제가 있는 것이 아닐까. 이래서 나온 발상이 '영어 공부 하지 말자'는 주장이다. 아마 여기에서 말하는 영어 공부란 학교 영어 공부를 말하리라 믿는다. 설마 외국어로서 영어를 아예 공부하지 말라는 주장은 아닐 것이다. 행여 영어 공부 때려치우겠다는 사람이 있을까 노파심에서 하는 말인데, 영어는 모국어가 아니라 외국어라는 사실을 잊지 말기를 당부한다.

　모국어는 '습득하고(acquire)', 외국어는 '학습한다(learning)'. 이 말은 언어 교육의 절대 명제다. 모국어는 태어나면서부터 모든 언어 환경과 대상들이 자연스럽게 주어져 있는 언어다. 주변 사람들의 발성과 언어를 흉내 내면서 말을 배우고, 일상생활의 체험과 언어가 함께 자란다. 나이가 들면 저절로 내 안에 그 언어가 들어온다. 세월이 지나고, 언어 환경이 바뀐다고 해도 일단 이렇게 습득된 모국어를 완전히 잊어버리는 일은 드물다.

반면 외국어는 모든 언어 상황, 최소한 학습의 초기 상황이 인위적이다. 언어 자체도 선택의 결과다. 내가 영어를 배우겠다고 결정하지 않았다고 하더라도 국가의 교과 과정이나 세계사의 정세가 그렇게 선택한 것이다. 그 언어를 배우고자 하는 목적이나 환경에 따라 언어의 용도도 분명하게 정해진다.

예를 들면 외국 대학원 진학이라는 목표를 가진 사람을 위해 학문적인 용도의 영어가 있고, 법률에 관계된 사람들을 위해 법률 영어, 경영, 경제쪽의 영어, 의학 영어, 여가 이용차 배우는 관광 영어가 있다. 우리나라에 갖가지 종류의 영어가 존재하는 이유도 바로 그 때문이다. 대입 영어, 취직 영어, 토플 영어, 토익 영어, 아동 영어에 주부 영어도 있다. 조만간 남편을 위한 영어도 나오지 말라는 법이 없다.

이건 우리만의 사정이 아니라 전 세계에 공통된 현상이다. 또 그 근본적인 출발은 영어권의 영어 교육에서부터 왔다. 영어권의 외국인용 영어 교육도 이런 식으로 이루어진다. 유학용, 사업용, 법률용, 경제용, 회합용, 사교용에서부터 전화용, 면접용, 인터넷용 등등의 용도별 영어가 마련되어 있다. 총체적인 언어활동인 모국어와 달리 외국어는 목적별, 상황별로 적절하게 잘라져 있다. 그만큼 인위적이고, 또 그만큼 배우려는 의식적 노력이 따라야 한다. 시간과 거리가 멀어지면 열심히 외국어를 익힌 사람이라도 그 거리에 비례해서 잊어버리는 속도가 빨라진다. 따라서 영어를 익히고 잘하고 싶다는 생각이 있다면 영어 공부를 열심히 하고, 꾸준히 하는 것이 최선의 길이다. 달리 왕도는 없다.

교과서를 버리고, 교과서식의 영어 접근 방법을 버리고 나를 따르라는 사람들이 많다. 그러나 곰곰 들여다보면, 혁신을 자랑하는 그들의 교육 방법도 다양한 영어 학습 방법 중 일부를 강조하는 것일 뿐, 별다른 신통력은 없다.

예를 들면, 말을 못하는 사람들을 위해 특별히 외국영화 보기만 강조한다든가, 외국인과 대화상황에만 치중하는 식이다. 물론 이런 학습방법들이 효과가 없는 것은 아니다. 예전의 문법이나 독해 위주 영어 학습이 지닌 문제점을 해결하고, '글' 보다는 '말'에 능하게 만들도록 도와준다. 하지만 그 자체만으로 완벽하게 영어 공부를 '끝내주는' 방법은 없다.

외국인을 만나 마구 떠드는 회화 중심 영어가 효과가 있다면, 교실 환경에서 이루어지는 독해 위주 영어 교육도 나름대로 장점이 있다. 영어 교육 방법에서 한 가지 확실한 주장을 할 수 있다면, 개방된 교육 현실을 최대한 이용해서 자기 형편이나 시간에 맞게 다양한 영어 교육 방법을 사용하는 것이 좋다는 점이다. 여유가 된다면 영어 사용현장에 나가 살아보는 것까지도 이 학습 과정 중 하나가 될 수 있다. 명심해야 할 점은 어떤 식으로 영어를 학습하든 '꾸준히, 열심히' 해야 한다는 사실이다.

외국에 나가 살면 영어가 하루아침에 된다고 오해하는 사람들이 여전히 많다. 이것을 오해라고 강조하는 까닭은 외국에서 10년 넘게 살면서도 신문 한 장 읽지 않는, 혹은 읽을 수 없는 한국인들이 수도 없이 많기 때문이다. 오히려 외국에 갓 나온 사람들이 신선하고 감동적인 시각으로 영어 환경에 대한 허기를 채우면서 일취월장 영어를 키워 가는 반면, 오랜 세월 외국에, 그것도 한 군데에서, 게다가 한국인이 많은 곳에 살다보면, 영어 한마디 안하고, 눈치코치로 잘 살아간다. 생활에 바쁜 사람들이 영어를 게을리한다고 탓하는 것은 결코 아니다. '외국에 산다' 를 '외국에서 영어 공부한다' 와 항상 동일시할 수 없다는 사실을 주지시키고 싶을 뿐이다.

이를 보면, 아무리 최고의 학습 방법이라고 하더라도 학습자 자신의 태도에 따라 그 학습 성취도는 얼마든지 달라질 수 있다는 걸 알게 된다. 달리 말해, 자신의 미숙한 영어를 변명하느라 궁핍한 환경을 들먹여서는 안 된다. '학교 공부 이외에는 달리 영어 공부할 여유가 없었다' 고 하면 충분한 핑계가 되리라고 여기는 사람들이 여전히 많지만, 학교 영어 공부조차도 꾸준히, 열심히 한다면 적잖은 성과를 거둘 수 있다.

요즈음에는 다양한 교육 방법이나 교육 기자재가 학교 영어 교실에서 동원되고, 교육 방송에서도 교실 학습을 보완하는 영상 프로그램들을 많이 계발하고 있다. 새로운 신통력을 찾아 기웃거리는 시간을 줄이고 대신 지루한 영어 학습에 습관을 붙이며 지내는 태도가 더 절실하다. 지금 영어 교육 상황은 2000년대 이전의 폐쇄적인 영어 교육 환경과 비교조차 할 수 없을 정도로 개선되었다. 이런 개선 속도라면 아마 '문산 가는 길' 의 그 헌병은 곧 역사 물로 바뀔 날이 올 것이다.

그럼에도 불구하고 다양하고 개방된 영어 교육 현실에서 새로운 헌병의 도래를 염려할 때가 있다. 앞에서도 잠깐 언급했듯이 영어 학습 자체에 대한 관심이 아니라 기발한 방법 숭배라든가, 영어 만병통치약으로 떠오른 외국생활 유행도 그 중 하나다.

우리나라에서는 뭔가 바람이 불었다하면 열풍이다. 유행이다 싶으면 숭배로 빠진다. 예전에 비해 많이 변하고, 많이 유연해진 것 같지만 우리들의 경직된 태도와 사고방식은 또 다른 모습으로 건재하다. 예전에는 그 헌병처럼 정복 입고 드러내놓고 경직성을 보였다면, 이제는 힙합도 하고, 레게도 하는데 여전히 그러하니 오히려 더 조심스럽다.

3. 진짜 영어는?

　이런 사정에는 언어적인 문제만 관련되어 있지 않다. 우리의 오랜 역사 경험도 여기에 한 몫 한다. 일본과는 바다를 사이에 두고 좋든 나쁘든 간에 간헐적인 관계가 이어졌다. 반면 중국과의 관계는 지나치게 밀접했다. 그러다 보니 한 대국을 잘 모시면 나라가 편안하다는 사실을 굳이 누가 가르치지 않더라도 우리 정서에 그대로 남아 있다. 그래서인지 한 나라를 세계와 동일시하며 대접하는 일에 익숙한 편이다. 광복 후부터 전쟁을 지나 급속한 경제 성장을 이뤄 오는 시간 동안 우리나라는 미국을 '유일한 외국'의 자리에 둔다. 이러한 미국지향성이 영어 교육에 미친 영향이 없을 수 없고, 그 중에는 좋은 것도 있겠지만, 문제점도 많다.

　미국은 어찌 보면 세계 여러 나라 중에서도 아주 특이한 나라에 속한다. 우리나라는 탄생과 더불어 국적을 운명처럼 지니고 사는 사람들이 모인 나라다. 미국은 의식적 선택과 각고의 노력으로 국적을 획득한 사람들이 모여 사는 나라다. 뒤늦은 건국 배경부터 기존의 나라들과 다르다. 남북전쟁 같은 내란은 있었지만 자기 영토 내에서 외국과 전쟁을 겪지 않은 나라 중의 하나다. 나라의 역사가 짧다고 하지만 같은 대륙에 여러 나라들이 함께 살고, 세계의 여러 전쟁에 관여한 나라로서는 참으로 드문 경우다. 세계 최강국이면서 사실상 세계 역사의 현장에서 떨어져 있었던 국민들인 미국인은 한편으로는 순진하고 한편으로는 위험한 자부심을 가지고 있는 셈이다.

반세기 넘는 세월 동안 우리는 이런 미국을 겪고 있다. 미국에 의지하고, 미국인들의 자부심에 거부감과 부러움을 동시에 느끼고, 그들을 적으로든 동지로든 받아들이면서 우리는 가끔 미국이 세계의 전부인 양 착각한다. 지리나 역사를 통해 다른 많은 나라들이 있다는 사실을 배웠지만 그런 지식은 의식의 표피를 뚫고 우리 내면으로 체감되지 않았다. 그러기에는 다른 나라들이 너무 먼 나라들이었던 탓도 컸다.

국제화가 본격적으로 시작되기 전에도 우리 영어 교과서는 항상 영어의 국제성을 강조해 왔다. 교과서의 모든 서문에는 '영어를 모르면…' 어쩔 수 없이 미래에는 생활인으로 실패할 수밖에 없다는 주장이 있었다. 그러나 1980년대에 이르기까지 해외여행이란 특권층의 전유물이었던 우리나라 형편으로는 외국인이라고 해 봐야 겨우 어쩌다 만나게 되는 미군 병사들이 고작이었다. 그나마 서울의 용산이나 지방의 미군기지 근처에 살지 않으면 AFKN에서나 그들을 보는 것이 전부였다.

지금도 우리는 코카서스 인종을 봐도 "미국 사람이야"라고 할 때가 있다. 그나마 서양에서 들어오는 영화도 할리우드 제작 일색이고, 외국에서 공부하고 왔다는 학자나 전문가들 거의 전부에게도 '외국은 곧 미국'이었다. 이런 사정이야 지금도 여전하지만, 8-90년대 이전의 상황은 더욱 참담하게 미국 일변도였다. 그 당시의 우리 사회는 그런 편협한 문화를 반성해 볼만한 감각이나 사고를 키울 수가 없었고, 키울 필요도 없었다.

세계화 문제가 나오자 바로 세계화를 미국화의 동의어라고 여기는 것도 이런 맥락 때문이다. 영어가 세계를 지배한다고 하면 바로 미어(美語)가 세계어라고 생각한다. 이런 식의 집착은 미국식 발음, 미국식 표기, 미국식 문법만이 유일한 영어인 것처럼 숭배하게 만든다. 일단 기준이 이렇게 정해지자, 자유롭고 활발한 미국인의 언어가 유독 우리나라에서는 엄격한 통제를 받는다. 미국식 영어 발음이 아니거나, 미국식 제스처를 모르면 신세대가 아니다. 얼마나 목청을 떨고 혀를 굴릴 줄 아느냐에 따라 영어를 하고 못하는 정도를 가늠한다.

미국에서 나고 자라야만 이러한 발음을 자연스럽게 할 수 있다는 건 사실이다. 발성과 발음을 내는 성대의 발달이 7세를 전후하면서 완료되기 때문이다. 나이가 들수록 외국어 학습이 어렵다는 이유는 성인 학습자의 경우 발음과 억양에 넘어설 수 없는 생리적 한계를 가진 탓이다. 흔히 '발음과 억양(intonation)', 특히 억양은 외국어를 배우는 마지막 단계라는 말이 있다. 한국에서 오래 살아 모르는 말이 없고 사투리까지도 자연스럽게 말하는 외국인들이 끝내 우리와 같은 한국어 발음과 억양을 구사하지 못하는 이유는 바로 성대를 포함하는 발성 기관의 발달이 어린 시절에 완료되었기 때문이다.

간혹 이런 난관을 극복하기 위해서 더욱 의도적으로 미국화된 발음을 구사하여 미국 사람보다 더 '빠다 발린' 말을 하는 사람도 볼 수 있다. 필요 이상으로 혀를 굴리고, 단어의 마지막 음을 삼키면서 모든 단어를 구르듯이 말한다.

이런 과잉된 반응이 우리만의 태도는 아닌 모양이다. 미국의 방언학자인 라보프(William Labov) 교수는 재미있는 관찰 결과를 보고한 적이 있다. 미국에 거주하는 인종 집단을 연구해보면 인종에 따라 어떤 발음을 특별히 강조하는 경우가 있다는 걸 알게 되었다. 이태리 이민 2세대들은 유독 a음에 민감해서 bag을 be-agg로, bad를 be-add라고 한다고 하며, 유태인 이민 2세대들 중 하류층에서는 o발음을 강조해서 dog을 doo-awg로, coffee를 coo-awfee라고 발음한다. 이들의 부모 세대들은 영어 모음에 유독 약해서 cup of coffee를 마치 cop of coffee처럼 들리게 말한다고 한다. 이민 2세대들은 미국 적응 과정에서 무의식적이든 의식적이든 부모 세대들의 외국어 억양을 습득하지 않으려 애쓰게 되고, 이러다 보니 발음의 과잉 수정이 일어난다는 것이 라보프 교수의 설명이다.

우리도 혹시 이러한 과잉 발음을 강요하고 있지 않은지 묻고 싶다. 세상은 넓고 나라는 많은데, 아이들을 세계인으로 키운다는 명목 아래 '덜 된' 미국인으로만 키우는 것은 아닐까 걱정이 되기도 한다.

외국어를 능숙하게 말하기는 쉽지 않다. 영어처럼 여러 나라에서 이렇게 다른 모습으로 발달해 있는 경우는 외국어 학습의 최악 상황이라고 할 수 있다. 그 중 미국이 제일 큰 나라이니 외국어 학습의 원래 목적을 살려 미국 언어를 배우는 건 하나도 나무랄 일이 아니다. 잘 산다는 유럽에서도 미국이 얼마나 큰 나라인지 더욱 절감할 때가 있으니, 이런 세상에 '미어'를 배우는 것은 당연한 일이다.

단지 지나침을 염려할 뿐이다. 한국에서 영어를 가르치는 외국인들은 대개 미국인이거나 캐나다인들이어서 로비라는 발음을 애써 라비로 고쳐줄 때가 있다. 학교에서 치르는 모든 듣기 평가의 대상 언어도 모두 미국어 발음이어서 선생님들의 뻑뻑한 발음을 민망하게 만들기도 한다. 영국에서는 단어 중간에 있는 t 음을 발음하지 못하면 하류층 취급을 받는데, 한국에서는 미국식 발음의 열풍으로 워터라고 발음하면 어느 촌에서 오셨느냐는 취급을 받는다. 발음을 정확하게 하는 것이 목표가 아니라 미국 사람 '비슷하게' 하는 것이 관건으로 되다 보니 우리들의 발음 교육은 언어 활동의 적절한 교육 양상이라기보다 흉내로 전락한 느낌마저 든다.

양식 있는 미국인들도 미국어의 천하통일을 비판적으로 보기는 마찬가지다. '쌀독에서 인심난다'는 표현 그대로 미국인들은 매사에 여유가 있다. 언어에 대해서도 그런 태도가 있어 우리처럼 한 나라 말만 고집하지 않는다. 오히려 영어의 유동성과 차용성을 즐기는 편이다. 이미 십여 년 전에 미국의 일반대중매체들은 이런 문제들을 지적했다. 『인터내셔널 헤럴드 트리뷴(International Herald

Tribune)』에 실린 기사, "미국 문화가 외국에서 만나게 되는 적과 모방자(U. S. Culture Abroad Finds Foes and Imitators)" 중 일부에 이런 내용이 있다.

영어가 퍼져 나가는 걸 보면 새 질서가 공고해지는 것처럼 생각하게 된다. 그렇지만 영어는 곰팡이처럼 마구 퍼져 나가는 것이다. 미국은 영어를 빌려서 쓰고, 또 그 영어를 전파하고 있다. 봄베이, 리버풀, 마닐라, 라고스, 로스앤젤레스, 멜버른에서 영어가 쓰이지만, 그렇다고 해서 모두 똑같은 영어는 아니다. 겨우 반세기 전만해도 불어나 독일어 등의 유럽 언어가 식자층의 언어였다. 다시 반세기 정도 지나면, 중국어가 그렇게 되는지 누가 알겠는가?

로마시대 이래 18세기까지도 유럽의 지식인들은 라틴어를 썼다. 중국이 강성했던 시절 중국과 국경을 접하던 아시아 국가들은 거의 모두 한자로 소통했다. 그 당시 사람들로서는 라틴어나 중국어가 천하제일의 언어라고 믿을 도리밖에 없었으니, 그 매체가 아니면 고상한 지식과 경험을 전달할 수 없다고 우겼다. 우리가 역사를 통해 알고 있듯이 고정불변의 천하통일 언어는 없었다. 이렇게 말하면 영어는 다르다고 대꾸하는 사람도 있고, 사실 우리가 예상할 수 있는 시간 내에서 영어의 현재 지위를 대체할 만한 언어는 없다. 그렇지만 이런 질문은 남는다. 라틴어든, 중국어든, 영어든, 시대의 인기 언어를 왜 배워야 한다고 생각하는가?

언어를 배우는 최종 목표는 입시든, 출세든, 여행이든, 사람마다 다양할 수 있다. 그렇지만, 다른 사람과 소통함으로써 자기의 세계도 넓히겠다는 점에서는 차이가 없다. 영어가 좋은 점은 영어를 모국어로 쓰는 나라들의 수가 많고 그 문화도 의외로 다양해서, 영어 하나를 배움으로써 세계 여러 지역에서 쓰임새를 갖는다는 점이다. 오로지 미국어만을 흉내 내느라 이 다양성의 경험을 놓친다면 너무나 아쉬운 일이다. 같은 영어권 사람들이 '영어'를 말한다고 하면서 완전히 다른 소리를 할 때도 있다는 걸 알게 되면 영어 학습이 괴로워지는 것이 아니라 오히려 훨씬 즐거워진다. 영어의 자유와 가벼움을 느끼기 때문이다.

2장
영어의 국적을 묻자

영국영어와 미국영어의 차이는 여러 가지 측면에서 나누어 접근할 수 있다. 발음과 표기뿐 아니라 문법과 문화까지 차이를 보이기 때문이다. '말'의 중요성을 강조하는 세상이니 영국영어의 발음 특징을 알아보는 게 순서겠다.

1. 내 영어는 어디 영어?

영어는 영어로 English다. 이것처럼 뻔한 말이 없다. 그런데 너무나 쉽게 대답하듯 그렇게 뻔한가?

우선 사전적 의미를 보자. English는 명사로 또 형용사로 쓰인다. 명사일 때는 '잉글랜드 사람', '잉글랜드 어'가 되고, 형용사일 때는 '잉글랜드의', '잉글랜드 사람의', '잉글랜드 어의'라는 뜻으로 쓰인다. 즉 우리가 영어라고 해석하는 English는 잉글랜드 사람들, 즉 English들이 쓰는 말이다. 얼핏 말장난처럼 보이지만, 결국 영어는 English English(잉글리시들이 쓰는 잉글리시), 즉 '영국인이 쓰는 영어'를 지칭한다는 걸 알 수 있다.

그렇다면 그 외 다른 영어도 있나? English English가 아닌 English도 있단 말일까. '그런 건 없다'고 말하고 싶겠지만, 우리,

대한민국 사람들이 배우는 영어야말로 English English가 아니다. 우리는 기존의 English가 아니라 '새로운 English'를 배우면서 편의상 English라고 말하고 있다. 우리의 English는 미국과 캐나다 등의 북미지역, 특히 미국에서 쓰는 말이다. 실명제를 따르자면, 우리들이 흉내를 못 내서 성대수술을 받아야 되나 고민하게 만드는 이 English는 영어가 아니고 '미어(American English)'라 해야 옳다.

'미어'든 '영어'든 어쨌든 코쟁이 서양 사람들이 쓰는 말인데 무슨 큰 차이가 있느냐고 반박할 수 있다. 당연한 반론이다. 미국인들조차 자기 나랏말을 굳이 'American English'라 구별하여 부르지 않는데 우리가 편의상 이름을 혼용하여 쓴들 잘못은 없다. 영어나 미어 간의 차이는 경상도 사투리나 전라도 사투리 차이 정도인데 그걸 강조하는 게 무슨 교육적 효과를 가지느냐 의심도 가능하다. 또 이런 식의 시시콜콜한 구분은 쓸데없는 시간 낭비라고 무시할 수도 있다.

하지만 하찮아 보이는 이 구분과 구별이 우리나라 영어 학습의 경직성을 풀어주는 실마리가 되기도 한다. 언어 학습에는 '문법보다 용법'이라는 말이 있다. 강박적인 규칙을 강조하기보다, 융통성 있는 현실 환경에 접하면서 언어를 더 잘 배울 수 있다는 말이다. 많은 사람들이 우리들의 문법 암기와 독해 위주 영어 학습에 관해 비판적인 지적을 하고 처방책을 제시하고 있다.

그럼에도 불구하고 발음에 관한 한 '미국식 발음'에 대한 믿음은 철옹성이다. '빠다'를 많이 먹어야 된다는 소박한 믿음부터 시작해서 매일 똑같은 모음을 6개월씩 연습하면 어느 날 마늘만 먹은 곰이 웅녀가 되듯 국어 발성의 성대가 미국 본토 발음용으로 바뀐다는 배짱 좋은 주장까지 기기묘묘한 영어 발음 교육이 넘치고 있는 까닭도 모두 미국 발음 흉내를 목표로 한 탓이다. 교육 방송에서 BBC 영어를 비롯해서 영국영어 교육 방송을 해주기도 했지만 20분, 30분짜리 방송 한 토막이 영어 발음에 균형을 맞추기는 역부족이다.

게다가 영국영어에 대한 환상도 만만치 않다. 영국영어는 미국영어와 다른 'Queen′s English' 이므로 이 영어를 알아야 상류층의 품위를 가질 수 있다는 황당한 설도 있다. 아직도 미스코리아 대회를 개최하는 걸 자랑으로 생각하는 어느 신문에서 얼마 전 영국 유학에 대해 쓰면서, '아이들에게 정통 영어인 '퀸스 잉글리시' 도 가르치려는 목적으로 영국 명문 사립으로 보낸다' 는 표현을 썼다. 졸부의 열등의식을 이보다 잘 보여주는 문장도 없다. 20세기 민주주의 시대를 겪고 있는 마당에 누구라고 감히 '정통 영어', '비정통 영어' 를 가를 수 있겠는가.

우리나라는 표준어를 강요하는 드문 나라에 속한다. 국민 모두를 통일된 의사소통권 안에 둔다는 점에서 보면 표준어라는 개념이 좋으나 지나치게 그를 강요하면 지방 사투리는 온통 열등하다는 잘못된 생각을 할 수 있다. 영어권 사용지역들은 유별날 정도로 표준어를 강요하지 않는, 말하자면 우리나라와는 정 반대 언어 정책을 펴는 나라들이다.

영어에는 우리나라 같은 '맞춤법 몇 차 개정안' 같은 규칙은 없다. 미국에 이어 영국에도 '맞춤법 학회(Spelling Reform Association)' 가 없는 것은 아니나, 많은 사람이 쓰고, 읽으면 된다는 정도의 상식이 영어 맞춤법의 근간이다. 발음도 마찬가지다. 표준 발음이라는 다소 억압적인 절대 기준을 강요하지 않는다. 영국은 미국에 비해 특히 더 허용적이다. 미국은 다민족 국가이다 보니 이민의 교육과 빠른 정착을 위해 정형화된 발음을 교육 지침으로 삼았지만, 그렇다고 해도 남부의 발음, 서부와 동부 영어의 발음 차이를 무시하지 않는다.

우리나라의 경직된 언어 정책에 익숙한 정신으로 보면 미국어 한 가지를 표준어라고 믿기 십상이다. 한 가지 발음도 어려운데 여러 가지 발음을 알아 봤자 '써먹을' 데가 없다고 언뜻 경제적인 듯한 학습관을 보이지만, 장기적으로는 미국 발음에 매달려 아류 영어의 흉내에만 만족하는 잘못을 범하기 십상이다. 게다가 언어 학습의 최종 목표인 문화적 효과나 국제화 경험을 얻지 못한 채 끝나게 될 우려마저 있다.

여기에서 혀를 굴리고 저기에서 혀를 풀어야 한다는 강박관념으로 영어에 접근하기보다는, 그렇게 무시무시하고 절대적인 것처럼 보이는 영어가 사실은 사용 지역에 따라 미국영어, 영국영어(British English)도 되고, 위도가 바뀌면 호주영어(Aussie English)도 있고, 최대 수출용 과일이름을 딴 뉴질랜드영어(Kiwi English)도 듣게 된다는 걸 알면 언어의 변화와 현재성을 느끼는 데 도움이 된다. 게다가 성대를 포함한 발성 기관의 차이가 우리와 현저히 다른 미국인들의 언어를 절대 모델로 상정하면서 생겨나는 갖가지 절망적인 모방과 좌절을 극복하는 역할도 할 것이다.

2. 영국과 영어 (British English)

　우선 영어의 발생지역인 영국부터 보자. 영국영어는 사실 English English가 아니라 British English라고 해야 옳다. 그 사연을 설명하자면 먼저 영국이라는 나라의 구조를 이해할 필요가 있다. 이미 앞의 문장을 보면서 영국이라는 말 대신에 잉글랜드라는 어색한 지명이 등장한 걸 눈치챘을지 모르겠다. 사실 이 세상 어디에도 잉글랜드(England)라는 나라는 없다. 우리는 '영국' 하면 잉글랜드를 당연히 연상하지만, 잉글랜드는 브리튼(Britain) 섬의 일부, 상당히 큰 일부이긴 하지만, 어쨌든 분명한 지역의 일부일 뿐 영국, 혹은 대영제국이라는 국가의 동의어는 아니다.

　브리튼 섬은 유럽에서 가장 큰 섬이다. 그러다 보니 그저 평범하게 Britain이라든가, '브리튼 섬(isle of Britain)' 이라 하지 않고, 겹도 없이 'Great Britain'이라고 한다. 여기에서 Great는 단순히 물리적 크기를 나타내는 수사에 지나지 않기 때문에 이를 한국식으로 옮기면 '브리튼이라는 큰 섬'에 불과하다. 그런데 이 Great가 제국주의 일본을 거쳐 우리말로 바뀌는 과정에 영국의 거대한 식민지 세력을 강조하는 '영국제국(the British Empire)'과 맞물리게 되면서 '대(大)브리튼 섬'이 되었고, 여기의 '대'는 단순히 물리적인 크기만을 의미하는 수준을 넘어섰다. 지금까지도 '대영제국'이라는 말에는 그 물리적 크기보다도 세계 도처에 식민지를 가진 나라의 끝간 데 없는 정복욕에 대한 경외심이 담겨 있는 듯하다. 대영제국보다는 영국이라는 애매모호하지만 건조한 이름을 더 선호하게 되는 이유도 여기에 있다.

영국이라는 나라는 잉글랜드뿐 아니라 커다란 브리튼 섬에 있는 다른 나라까지 포함한다. 브리튼 섬에는 잉글랜드 외에도 북쪽으로 스코틀랜드, 서쪽으로 웨일즈가 있다. 이들은 우리나라와 같은 의미의 주권 국가는 아니지만, 그래도 독립된 행정과 교육, 문화 사업을 수행하기 때문에 미국의 주(state)라든가 우리나라의 지방자치단체와는 다른 성격을 가지고 있다. 나라는 아니지만, 나라 행세를 하는, 그야말로 이상스러운 지역이다.

스코틀랜드는 2000년이 시작되기 전 독립된 의회와 독립된 수상을 선출하기로 국민투표를 마쳤고, 이미 영국 수상과는 별개로 스코틀랜드 수상이 역임하고 있다. 웨일즈도 같은 명분으로 투표를 했으나 경제적 수지가 맞지 않고 워낙 일찍부터 잉글랜드에 합병된지라 스코틀랜드 같은 독립의지는 없어 잉글랜드에 그대로 복속되기로 결정했다. 그럼에도 불구하고 웨일즈는 사라져 간 웨일즈어를 부활시켜 초등학교의 의무 과목으로 배정하면서 지역의 자립성을 확보하려 노력한다.

그리고 말도 많고 탈도 많은 아일랜드 섬의 북아일랜드(Northern Ireland)가 있다. '에메랄드 섬'이라는 별칭을 지닌 아일랜드는 잉글랜드와 오랜 피의 역사를 가지고 있다. 우리도 익히 들은 바 있는 아일랜드 혁명군(IRA)과 UN의 개입으로 2차 대전을 거치면서 아일랜드 전역이 잉글랜드의 속국에서 벗어났지만, 유독 왕당파가 많고 아일랜드의 타지역에 비해 성공회나 신교도의 비율이 높은 북아일랜드는 아직 영국이라는 나라의 일부를 이루고 있다. 이들 지역 이외에 브리튼 섬 주변의 자잘한 섬들, 특히 그 중에 우표와 화폐, 세법까지 독립해 있는 만 섬(Isle of Man)까지 포함한 나라가 영국이라고 번역되는 나라이다.

영국인의 국적과 언어를 나타낼 때 혼돈도 여기에서 생긴다. 한때 우리나라 영어교실에서는 영국인은 절대로 'I am English'라고 하지 않는다고 가르쳤었다. 물론 우리나라에서였다. 그렇게 말하면 '나는 영어'라는 뜻으로 들린다는 것이 이유였다. 대신 영국인들은 국적을 밝힐 때 'I am British'라고 한다는 설명이었다.

그러나 영국인들 중 잉글랜드 출신들은 분명 'I am English'라는 문장으로 자신이 영국인임을 밝힌다. British라고 할 때는 브리튼 섬 전체를 강조하고 그 일부에 불과한 지역 출신인 English가 아니라는 것을 강조하고 싶을 때다. 예를 들면 스코틀랜드 사람에게 'Are you English?'라고 물으면 큰 실례가 된다. 반드시 British라고 고쳐주거나 아니면 'I am Scottich'라고 한다. 영국인들끼리 자기소개를 할 때는 꼭 자기 출신 지역을 거명한다. 특히 스코틀랜드 사람들의 경우는 심해서 백이면 백 모두 Scottish라고 자기를 소개한다. 아일랜드 사람들도 마찬가지다. 웨일즈 출신은 이에 비해 훨씬 부드럽지만, 그렇다고 쉽사리 English라고 받아들이지는 않는다. '영국인이긴 하지만 출신은 웨일즈'라는 단서를 달기를 좋아한다.

이는 미국인에 대해서도 마찬가지다. 우리는 미국인하면 으레 American이라는 단어를 쓰지만, 이처럼 큰 실수는 없다. 아메리카라는 대륙에는 미국만 있는 것이 아니다. 북미에만 해도 미국뿐 아니라 캐나다가 있고, 남미와 중미에도 20여 개국이 있다. 당연히 이들이 모두 American이고, 자신의 나라를 America의 일부라고 생각한다. 미국인에게 'Are you American?'이라고 묻는 것은 사실상 무리한 질문이다. 오히려 'Are you from U.S?'라고 해야 옳다.

잉글랜드의 성공회, 스코틀랜드의 장로교, 아일랜드의 가톨릭이 대변하듯 각 지역 간의 뚜렷한 차이를 넘어 이 괴이쩍은 결합을 가능하게 하는 기반은 주민 모두가 공통된 왕의 신민이라는 원칙이다. 민주주의의 발상지에서 일어나는 일이라고 믿기는 어렵지만, 영국의 의원들은 투표로 당선되더라도 의회참석을 위해서는 반드시 국왕에 대한 서약을 해야 한다. 왕권신수설을 따르던 옛날과 하나도 다를 게 없이 왕에게 충성을 맹세하고, 그렇지 않을 시는 대반역의 처벌을 받겠다는 내용인데, 만민평등의 사상과 미국식 대중민주주의에 익숙한 현대인들로서는 이 서약이 시대착오적인 코미디로 보여 폐지 주장도 만만치 않다. 북아일랜드 신페인당의 당수는 결국 이 서약을 할 수 없다고 고집을 부려서 의회에 출석하지 못했다. 아니 안 했다고 해야 옳은지도 모르겠다.

이런 미묘한 내부 갈등은 접어두고 큰 테두리만 받아들인다면, 결국 영국은 동일한 영국 왕권 하에 있는 지역을 통칭한다. 미국의 개별 주들이 많은 독립성을 유지하면서도 연방법을 따르고 한 사람의 대통령을 지도자로 뽑는 것과 마찬가지로 영국인들은 지역의 독자성을 지키면서 하나의 왕권 아래 통일된 국가로 묶여 있다. 따라서 대영제국의 공식적인 국가 표기는 'United Kingdom', 더 정확히 말하자면 '그레이트 브리튼 및 북아일랜드 연합왕국(United Kingdom of Great Britain and Northern Ireland)'으로 되어 있다.

이제 왜 이 나라의 언어를 English English라 하지 않고 British English라고 하는지 알게 된다. '브리튼 섬의 언어'는 단어 하나하나를 또박또박 천천히 이야기하는 잉글랜드 지역의 영어, English English가 있는가 하면, 억양의 기복이 심하고 발음이 독일어에 가까운 스코틀랜드 지역의 영어, Scottish English가 있고, 독특한 어휘와 특이한 억양을 가진 웨일즈의 영어, Welsh English가 있다. 섬을 벗어나면 평이한 억양에 간혹 미국식으로 혀를 굴리는 아일랜드 특유의 영어, Irish English도 있다.

이것으로 끝나지 않는다. 간단히 잉글랜드 지방 안에서의 변화만도 무궁하다. 런던 자체만도 수많은 별종의 영어를 만들어낸다. 그 중 '영국방송영어(BBC English)'와 '런던 사투리(Cockney)'는 양극 관계에 있다. 영국영어의 대명사인 'BBC 영어'는 런던의 경제무역 중심지(The City)의 전문인들이 쓰는 정형화된 영어와 닿아 있다.

런던의 빈곤 지역인 런던 동부지역 출신 사람들은 이와는 다른 사투리 발음을 한다. '런던사투리' 는 자음 발성이 특이해서 p는 'pp' 처럼 들리는데 비해 단어 중간에 있는 t는 거의 생략된다. 지금이야 거리에서 신문을 팔기 위해 '신문' 이라고 소리치는 일이 없지만, 20세기 중반까지도 신문팔이 소년들의 '뻬빠(paper)' 는 런던 시내의 일상이었다. 은행가는 버튼을 누르기를 '프레스 더 버튼(Press the button)' 이라고 발음하지만, 지하철 차장 아저씨는 '프레스 더 벋은' 이라고 할 수 있다.

영국영어는 이런 식으로 사회 계층과 강박적일 정도로 얽혀 있다. '일단 입을 떼면 어디 출신인지 알아낼 수 있다' 는 장담이 영국에서는 헛소리가 아니다. 사회 계층과 언어 간의 상관관계를 기본 구조로 런던 사투리와 정형 영어간의 간격이 어떤지 배우고 싶으면 오드리 헵번이 나온 〈마이 페어 레이디(My Fair Lady)〉가 가장 적절한 교과서다. 헵번이 연기한 꽃 파는 아가씨 일라이자는 런던 빈곤층 출신이다. 일라이자와 아버지, 코벤트 가든에서 장사하던 사람들은 모두 런던 사투리를 쓴다. 일라이자를 실험동물 다루듯 발성 훈련을 시키는 히긴스 교수나 그 주변 상류층은 소위 '여왕의 영어(Queen's English)' 를 말한다. 고개를 '약간' 쳐들어 코가 '약간' 들린 상태에서 '약간' 콧소리를 넣어 천천히 단어 하나마다 입안에서 '약간' 돌리듯 말하는 게 퀸스 잉글리시의 특징이다.

비음을 넣어 천천히 말하는 '퀸스 잉글리시' 에 비해 런던 사투리는 딱딱하고 투박하며 빠르다. 이런 일반적인 특징을 넘어 런던 하류 계층의 언어의 큰 특징으로 들 수 있는 것이 'h' 발음이다. 런던 사투리는 h를 발음하지 않는다. 혹은 '못한다' 고 할 수 있다. 히긴스 교수가 얼마나 집중적으로 일라이자에게 h 발음을 연습시키는가를 보면, 영국 사회에서 발성이나 발음은 그저 단순한 신체적, 생리적 행위가 아니라 사회화 장치임을 알게 된다. 처음 상류층 파티에 나간 일라이자가 자신의 출신 계층을 숨기기 위해 일부러 이 'h' 발음이 들어간 단어를 줄줄이 말하는 것도 이 때문이다. 일라이자가 느닷없이 영국의 많고 많은 주 가운데 유독 '허트포드(Hertford) 주'와 '히어포드(Hereford) 주'에만 '허리케인(hurricane)'이 불까 걱정한 것도 사실은 그녀 발성의 완벽성을 보여주자는 히긴스 교수의 작품이었다.

런던을 벗어나면 우선 지역에 따라 영어가 달라진다. 리버풀, 셰필드, 맨체스터 등 중서부의 공장 지대에서는 단어마다 끝을 올리면서 줄줄이 이어서 말한다. 억양의 기복은 북쪽으로 갈수록 강해져서 요크를 지난 북부지방의 영어는 스코틀랜드 영어에 가까울 정도로 발성의 심한 높낮이를 보인다.

잉글랜드 내에서도 언어 표현 차이가 없는 것은 아니다. 빌 브라이슨(Bill Bryson)이 기록한 재미있는 예를 하나 들어보자. 21을 어떻게 표현하는지 지역에 따라 판이하다. 런던에서는 twenty-one이라고 한다. 그러나 북쪽으로 40마일(약 65km)을 벗어나면 one-and-twenty라고 한다. 웬일일까. 더 이상한 것은 거기서 다시 40마일 정도 더 가면 다시 twenty-one이라고 한단다. 이런 식으로 북쪽으로 스코틀랜드 지방까지 40마일 간격으로 twenty-one과 one-and-twenty가 교체되어 쓰인다. 더 복잡한 것은 중부 링컨셔의 보스턴(미국의 보스턴이 아니라 영국의 보스턴)의 경우다. 이곳에서는 어떤 이의 나이를 말할 때에는 twenty-one이지만, 물건의 개수를 말할 때는 one-and-twenty이다. 그런데 여기서 20마일 떨어진

루이스에서는 one-and-twenty의 나이에 twenty-one의 물건을 가지고 있다.

지역 차이만이 발음의 차이를 만드는 것은 아니다. 출신 배경과 직업 환경도 중요한 구별 요인이 된다. '옥스브리지 영어(Oxbridge English)'는 그 대표적인 예라 할 수 있다. '옥스브리지'는 옥스포드와 캠브리지를 뭉뚱그려 말하는 별칭이다.[1] 이 두 대학은 영국에서 가장 오래된 대학으로 사회 지도층의 생산 장소라는 전통만큼이나 '옥스브리지 영어' 생산지로서도 유명하다.

옥스브리지는 학생들의 출신지역에 상관없이 그 졸업생들만의 독특한 발음을 만들어냈다. 특히 믿을 수 없는 일이지만, 인문 사회 쪽 인물을 많이 배출한 옥스포드의 영어의 특징은 '더듬거림(stutter)'이다. '옥손 스터터(Oxon stutter)', 즉 '옥스포드 출신의 더듬거리는 영어'는 낮은 어조로 약간 더듬거리는 발음을 말한다. 영국 사람들 간의 인터뷰를 몇 차례 들어본 사람들은 이상하게 the 하나를 말하면서도 '드드 더'라고 한다든지 I 라고 잘라 말하면 되는 순간에도 '으으 아' 하는 망설임인지 낮은 비명인지 분간이 안 가는 소리를 들을 수 있다. 어떤 이들은 이 멋이 지나쳐서 혹시 반벙어리인가 하면서 갸웃할 지경으로 심한 더듬 증상을 보이

---

1) '옥스브리지'가 아닌 대학들, 즉 산업혁명을 지나면서 19세기 말 20세기 초 지식인 다량 생산의 필요에 의해 만들어진 대학들은 한꺼번에 '붉은 벽돌(Redbrick)'이라는 이름으로 불린다. 옥스포드와 캠브리지는 12, 13세기에 세워진 대학들이라 건물들마저도 웅장하고 고색창연하다. 반면 역사가 100년 남짓한 대학들은 그 당시 유행한 건축 자재인 '붉은 벽돌'의 운치를 자랑한다. 이보다 연조가 짧고 기능 중심교육에 치중했던 전문학교들도 이제는 의젓한 대학으로 인플레를 누렸지만, 20세기 중반 이들이 설립될 당시 이미 '붉은 벽돌'은 엄청난 값으로 치솟아서 이들 대학들은 대신에 유리나 시멘트를 주로 사용했다. 이런 사정에서 '레드 브릭 스쿨'은 런던 대학들과 맨체스터, 셰필드, 요크 등 중북부의 대학들을 포함하여 '옥스브리지' 다음 가는 학교들을 통칭한다.

는 사람도 있다.

영어를 따라가다 보면 알 수 있겠지만, 스코틀랜드와 아일랜드, 웨일즈에는 그 지역 나름의 독특한 단어들이 있다. 스코틀랜드의 예를 들어보면, 교회는 church가 아니고 kirk이고, 여기저기 흩어져 있는 호수는 lake가 아니라 loch, 남자든 여자든 관계없이 곱고 잘 생긴 사람에게는 bonny를 쓴다. 'Auld lang syne(올드 랭 사인)'이라는 노랫말의 스코틀랜드 단어는 익숙한 영어로 'old long since'로 바뀐다.

에딘버러에서 버스를 타려다 생긴 일이다. 1988년 서울올림픽이 지난 뒤라, 아직까지 한국 관광객들에게는 스코틀랜드가 낯설 때였다. 이제는 손님이 많아서 그런 여유가 없어졌는지 모르지만, 그때에는 "ㅇㅇ로 갑니까?" 하고 물으면 갑자기 운전사가 핸들 위에 지도를 펼쳐놓고 그 지명을 확인하곤 해서 민망하게 만들었다. "ㅇㅇ로 갑니까?" 또 지도라도 펼치면 어쩌나 조마조마하며 갈 곳을 묻자 운전사 아저씨는 갑자기 "타"라고 했다. 타라니까 타긴 했지만, 이럴 수가 있나. 어느새 한국말이 국제어가 되었을 리도 없고, 어쩌자고 이역만리에서 버스 운전사에게서 '타' 라는 반말을 들으니 괴이하기 짝이 없었다. 나중에 알고 보니 'ta'는 긍정적인 대답을 나타내는 그 지역의 구어체 영어였다.

장로교의 본산인 스코틀랜드에 비해 가톨릭이 월등한 아일랜드는 특히 교회에 예민하다. 다른 지역에서는 가장 규모가 큰 교회는 '성당(cathedral)'이라고 불리는 데 비해, 아일랜드에서는 조금 작은 규모의 교회가 cathedral이다. 대신 큰 성당은 donagh로 불린다. 위스키는 잉글랜드나 스코틀랜드나 whisky인데 비해 아일랜드의 위스키는 whiskey로 표기된다. 일년 중 제일 마지막 날 밤을 어떻게 부르는 것이 옳을까? 영어식으로 '새해 전야(New Year´s eve)'라고 하기보다, 아일랜드 식으로 '묵은 해의 밤(old year´s night)'이라 하는 것이 왠지 더 시적이다. '그저께'는 다른 영어에서는 'day before yeserday'지만, 아일랜드는 옛 고어를 살려 'ere yesterday'라는 간단하면서도 아름다운 말을 가지고 있다.

단어나 표현상의 이런 많은 차이에도 불구하고 '영국영어'에는 '영국영어'라고 통칭할만한 공통점이 있다. 또 이 특징이야말로 다종다양한 '영국영어'를 미국영어와 다르게 만드는 점이다.

3. 영국영어, 미국영어

영국영어와 미국영어의 차이는 여러 가지 측면에서 나누어 접근할 수 있다. 발음과 표기뿐 아니라 문법과 문화까지 차이를 보이기 때문이다. '말'의 중요성을 강조하는 세상이니 영국영어의 발음 특징을 알아보는 게 순서겠다.

1) 발음

브리튼 섬에서 쓰이는 영어의 특징은 모음 발음, 특히 a, i, o에서 온다. a는 거의 언제나 '아'로, i는 '아이'로, o는 '오'로 발음되는 경우가 많다. 영국영어에 처음 호되게 당한 곳도 에딘버러에서였다. 집을 구하기 전에 잠깐 묵었던 하숙집에는 열 살짜리 딸

아이가 있었다. 학교 다녀오는 애를 보고, '굿 애프터눈(Good afternoon)' 이라고 인사를 했는데, 그 아이는 갸우뚱하면서 못 알아듣는 양(?)했다. '에딘버러 사람들이 참 건방지다고 하더니 애도 어른을 무시하네' 라고 오해를 했다. 하숙집을 소개해주셨던 분은 미국에서 오래 살았던 교수님이었다. 그분 설명인즉슨 이랬다. "어른은 그래도 괜찮은데, 애들은 발음이 조금만 달라도 영 못 알아듣나 봐요. 이 집 애는 '굿 애프터눈' 은 못 알아듣고 '굿 아프터눈' 이라고 해야 알아듣습디다."

그로부터 시작해서, 아름다운 에딘버러 성은 '캐슬' 이 아니라 '카슬' 이고, 그 앞에 깔린 고운 잔디는 '그래스(grass)' 가 아니라 '그라스' 로, 둘레를 장식한 자갈은 '그레이블(gravel)' 이 아니라 '그라블' 로 변한다는 것을 알았다. 아무리 급해도 '런 패스트(Run fast)' 라고 해서는 아무도 빨리 뛰지 않는다. '런 파스트' 라고 해야 의사소통이 된다. 사과를 먹으려면 '애플(apple)' 을 찾는 게 아니라 '아플' 을 찾아야 하고, 어렵게 흉내낸 '버네너(banana)' 를 비웃 듯 '바나나' 로 고쳐준다.

A음이 심상치 않은 것 못지않게 o와 i도 마찬가지다. O음은 스코틀랜드나 잉글랜드 북부로 갈수록 심하게 '오' 로 발음된다. 북쪽으로 갈수록 '박스(box)' 라는 세련된 발음은 사라지고, '복스' 가 등장한다. '신(god)' 은 '갓' 도 아니고 '가드' 도 아니다. '고드' 여야 한다. '잡(job)' 이라고 하면 너무나 간단한 '직업' 도 '좁' 이라고 가르쳐준다. '이더(either)', '니이더(neither)' 라는 발음만큼이나 '아이더', '나이더' 도 가능하기는 미국 동부도 마찬가지지만, 영국영어의 i발음은 그보다 더 광범위하게 '아이' 로 발음된다. 휴

대폰인 'mobile phone'은 '모바일 폰'이고, '딜레마(dilemma)'는 '다일레마'여서 더욱 난감하게 만들었고, 회장님은 '디렉터'가 아니라 '다이렉터(director)'로 발음된다. 더 까다로운 건 '사생활(privacy)'이다. 형용사인 'private'는 '프라이비트'인데 명사 'privacy'는 언제나 미국식 '프라이버시'가 아니라 영국식 '프리버시'였다.

이쯤 되면 미국어 발음이 어떤 모음 특징을 갖는지 짐작하게 된다. 영국영어와 달리 미국어에서 a는 '아'가 아니라 '애이'로, i는 '아이'가 아니라 '이'로, o는 '오'가 아니라 '아'로 발음되는 경우가 많다. 또 자음 발음의 생략이 많다. 영어를 배운 사람이라면 한국 사람치고 '오픈(often)' 발음에 어려움은 없다고 자신한다. '묵음(silent sound)'의 대표적인 예로 일찍부터 시험의 단골이었기 때문이다. 그러나 'BBC 영어'의 발음으로는 '오프튼'이 맞으니, 묵음 안 지켰다고 점수 안 준 영어 선생님을 어디에서 찾아 항의한단 말인가.

스코틀랜드는 잉글랜드보다 심하게 '철자 다 말하기' 원칙에 충실해서 '수요일' 조차 '웨드니스데이(Wednesday)'라는 사람이 있다. 스코틀랜드 영어는 잉글랜드 인들도 알아듣지 못할 때가 있다는 걸 알고 내 마음이 얼마나 가벼웠는지 모른다. 그렇다고 해서 잉글랜드의 영어 발음에 쉽사리 정통해진 건 아니다. 'sch-'로 시작하는 모든 단어들, school, schema, scholar, schizophrenia 모두 영미어에서 '스크(sk-)' 발음으로 통일되어 있는데 오직 schedule만 영국에서는 달라야 하는지 아직까지 이해가 안 된다.

우리는 당연히 '스케쥴'로 알고 있는 이 단어는 영국영어에서는 '셰줄'이다.

2) 문법과 표기

발음에 간신히 익숙해지고 나면, 갑자기 문법의 고문이 나타난다. 이제는 미국영어의 침략으로 영국인들도 많이 바뀌었지만, 여전히 영국영어에서는 'have got'이 '(do) have'를 대신할 때가 많다. 'Do you have a pen?'만 쓸 수 있는 게 아니라 'Have you got a pen?'도 가능한 곳이 영국인데, 그 영어를 들었다고 문법 병이 도져 현재완료와 현재형의 차이를 고민하지 말기를 부탁한다.

사소한 듯하지만 그보다 중요한 차이는 영미에서 어떤 단어들이 단수로만 혹은 단수, 복수 공용으로 쓰일 수 있다는 점이다. 대표적인 예로 '정부(government)'와 '학급(class)'을 들 수 있다. '새 군사 정부는 국민들의 지지를 얻지 못합니다.(The new military government does not have popular support)'라고 하면서, '정부는 공공 부문에 지출을 더욱 감축하려고 고려중입니다'는 'The Government are planning further cuts in public spending'라고 하면 미국영어만을 영어라고 배운 우리들은 두 번째 문장의 'are'를 'is'로 바꾸고 싶다. 영국영어의 사고방식으로 보면 이 문장 구조가 설명이 안 되는 것도 아니다. 첫 문장은 일사불란한 하나의 움직임을 가진 정부를 말하지만 뒤의 문장은 정부 부처 간의 합의를 전제로 한 사항이다. 따라서 앞의 문장의 정부는 단수가 되지만 뒤의 문장의 정부는 복수가 되어야 한다는 것이 영국영어의 문법이다.

　영미어의 문법 차이는 발음의 차이에 비하면 너무나 미미해서 거의 무시할 만하다. 그렇지만 미어에서 못 보던 단어들은 큰 공포로 다가온다. 여기에는 여러 가지 이유가 있을 수 있다. 우선 미국영어와 영국영어에서 같은 단어를 다른 철자로 표기할 수 있다. 예를 들면 'our/or'의 차이다. 영국영어는 our로 표기되는 것을 미국영어는 or로 쓴다. 따라서 labour보다는 labor, colour가 아니라 color, favourable이 아니라 favorable이 미국식 철자가 된다. 그렇다고 모든 미국식 표기가 our를 or로 바꾸는 것은 아니다. Liquor는 미국에서나 영국에서나 같은 표기지만 뜻은 약간 다르다. 미국에서 liquor는 (맥주나 포도주와 달리) 브랜디나 위스키처럼 아주 강한 알코올 도수의 술을 의미하는 반면, 영국에서는 알코올의 농도와는 무관하게 알코올 음료 전부에 쓰인다. 영국에서 미국식의 liquor에 해당하는 단어는 spirit이다. 우리는 '혼, 영혼, 기분, 활기' 등의 추상적인 개념으로 알고 있는 이 단어가 독한 술의 뜻을 가지고 있다는 걸 알리기 망설이는 까닭은 강한 알코올 농도를 가지고 있는 청소 세제용 알코올도 '스피리트'라고 하기 때문이다. 영국에서는 '스피리트'라고 함부로 마시지 말기를 주의하는 바다.

　길고 짧은 철자 중에서 긴 철자가 영국식일 가능성은 많지만, 예외도 있다는 걸 잊지 말아야 한다. 쉬운 예로 '목욕하다'는 동사는 미국에서는 bathe로 영국에서는 마지막 e를 빼고 bath라고 적는다. '라벨을 붙이다(label)'는 동사의 시제가 바뀌면 미국에서는 labelled, labelling의 겹자음이 쓰이지만, 영국에서는 labeled, labeling의 단자음이 쓰여 한결 날씬해진다.

표기 차이에 중요한 원칙으로는 두 가지 표기가 가능할 경우 미국어는 발음에 가까운 표기를 선호한다는 점이다. 'Re/er'은 좋은 본보기다. 영국에서 center는 centre로 표기된다. Centre라는 단어는 원래 불어의 쌍뜨르(centre)에서 왔는데, 발음은 영국화 되었으면서 표기는 어원에 충실하다. 미국에서는 다 알다시피 center가 된다. 영국에서 '섬유질'은 fibre인데 반해 미어에서는 fiber로 표기된다. 왕이나 여왕이 드는 왕홀은 영국에서 sceptre인데 왕이 없는 미국에서는 같은 발음인데도 scepter가 된다.

미국어가 발음에 충실한 표기 원칙을 가지고 있다는 걸 알 수 있는 예는 많다. 미국어는 쓸데없이 긴 철자를 생략한다. 이 원칙에 따라, judgement가 아니라 judgment로, catalogue가 아니라 catalog로, demagogue가 아니라 demagog로 쓸 수 있다. 최근에는 through를 thro로, though는 tho로 쓰기도 한다. 영국에서 '스켑틱(sceptic)'인 회의론자가 미국으로 건너가자 전혀 회의 없이 skeptic으로 바뀐 데에는 순전히 그 발음 때문이었다. 이런 대표적인 경우로 s/z를 들 수 있다. 영어의 s가 '즈' 발음이 되면 미국영어는 s 대신 z로 쓴다. 미국영어를 유일한 영어라고 배운 우리로서야 당연히 '조직'은 organization이지만 영국영어의 표기로는 organisation이 옳다. '분석하다'는 미어에서는 analyze이지만, 영국에서는 analyse로 쓰인다. 미어의 '동조자(sympathizer)'는 영어의 동조자(sympathiser)와 다르고, 동시에 사건이 발생해도 미국에서는 synchronize 영국에서는 synchronise가 된다.

3) 단어와 문화

표기의 차이야 대강 앞뒤 철자들을 연결하면서 큰 오해 없이 익힐 수 있는데 비해, 같은 상황이나 대상에 대해 완전히 다른 단어를 사용하는 경우는 새로운 학습이 요구된다. 흔히들 '영국영어', '미국영어'라고 하면 이런 단어들, 즉 영국, 혹은 미국에서만 각별히 쓰이는 단어들을 지칭한다. 미어에서 휘발유(gasoline), 승강기(elevator)가 영어로는 petrol, lift이다. 스파이크처럼 날카롭지 않으면서 신발의 미끄럼을 방지해주는 미국의 '미끄럼 막이(cleat)'가 영국에서는 stud로 바뀌는 것이 그 경우들이다. 우리나라의 '아파트'는 물론 미국어의 apartment를 용감하게 줄인 말이다. 그렇지만 영국영어로 아파트는 생활공간이 한 평면에 펼쳐져 있어 '정원을 가진 집(house)'의 입체감이 없음을 강조하는 flat이다. 이때 발음이 '플랫'이 아니라 '플랏'으로 되는 것도 잊지 말아야 한다.

영국에 온 미국인은 슈퍼에서 zuccini라는 단어로는 호박을 사지 못할 것이고, 마찬가지로 미국에 간 영국인도 courgettes라는 단어로는 호박을 사지 못한다. 가지도 마찬가지다. 영어로는 aubergine인데 미어로는 eggplant가 된다. 뭐가 되든 우리나라 가지보다 못하기는 똑같다. 감자튀김도 미국에서는 french fry이고 영국에서는 chip이다. 미국이나 호주 영어로 chip은 우리나라식의 '포테이토 칩'이라 봉지에 넣어 파는 감자 스낵을 말하는데, 같은 물건이 영국에서는 crisp가 된다. 영국인들에게 우편번호를 zip code라고 하면 못마땅한 눈초리로 보는데, 미국인들에게는

postal code라는 말이 생소하다. 길에서 줄을 서도 미국인들은 'line(up)'이라고 하지만, 영국인들은 낯설기만 한 말 queue를 쓴다. Queue는 중국인들, 특히 몽고족의 땋은 머리에서 나온 단어로 발음도 간단히 '큐'가 된다. 런던에서 줄을 서다 만난 미국인 부부가 있었다. 생긴 거야 영국인 미국인이 같으니, 어떤 영국인이 물었다. '이게 줄입니까(Are you in a queue)?' 그 부부는 대답을 하면서도 이상하다는 표정으로 손가락으로 Q를 그리며 서로 충격을 달랬다.

미국의 '지하철(subway)'은 영국에서 지하보도의 뜻으로 쓰인다. 영국에서 지하철을 타고 싶으면 underground라든가 더 나아가 tube라는 단어를 익혀야 한다. 행여 이 단어를 미국식으로 '텁'이라 하지 말기를 권한다. 이건 모두 다 '튜브(튭)'라고 하니 우리 말 발성에도 훨씬 어울린다. 땅밑 사정만 나쁜 게 아니다. 땅위도 사정은 비슷해서 고속도로는 유료의 expressway나 무료의 freeway, super highway가 아니라 요금 상관없이 motorway라는 영국 단어가 기다리고 있다. 고가도로를 overpass라고만 알고 있으면 영국 지도에서 flyover를 보고는 근처에 비행장이 있나 의심하기 십상이다. 영국에서 차가 고장 나거나 사정이 생겨 도로 옆에 잠깐 정차시켜야 할 때 미국 단어로 pull-off를 외웠다고 안심하지 말아야 한다. 영국에서는 lay-by를 쓰는 까닭이다. 로터리는 미국에서 traffic circle이지만 영국에서는 roundabout가 되고, 다른 차를 추월하면 미국에서는 pass지만, 영국에서는 overtake이다. 영국에서 추월금지 표지판은 'No overtaking'일 뿐, 미국처럼 'No passing'이라 하지 않는다. 'No passing'은 영국에서 '길 건

너가지 마시오'로 알아듣는다.

재미있는 차이로 끝 간 데 없는 영미어의 차이를 끝내는 게 좋겠다. 화장실은 물론 toilet이다. 다행히 두 나라에서 어떤 양식의 화장실에도 다 쓰는 말이라 급한 경우에 실수는 안 할 수 있다. 그런데 lavatory의 경우는 좀 다르다. 영국에서는 공공장소에 마련된 좁은 수세식 화장실을 말하지만, 미국에서는 벽면에 고정시킨 세면대를 지칭한다. 미국에서는 bathroom이라는 단어로 완곡하게 화장실을 뜻할 수 있지만, 영국에서는 욕실의 의미가 훨씬 더 강하다. John은 영미인들에게 아주 흔한 이름이다 보니, 어떤 경우에는 남자(man), 녀석(guy, fellow) 등의 의미로 쓰일 수가 있어, 미국인들은 특히 남자 공중 화장실을 john이라고 한다. 영국에서는 윈스턴 처칠이 미국의 존을 대신한다. 'Water closet'의 약자인 WC를 'Winston Churchill'로 읽어서 안 되는 법은 없지 않은가.

발음과 표기에 대한 사전 준비를 하고 만반 대책을 세웠다고 해도 두 나라의 문화 차이에서 오는 오해까지 극복할 수는 없다. 전 세계에서 인구비례당 박사학위가 제일 많은 나라답게 우리나라 사람들은 학교에 참 관심이 많으니 학교에 관해 영어로 시작해보자. 우리는 "너 몇 학년이냐"를 미국식으로 "What grade are you in?"으로 배웠다. 이 정도에서 무슨 실수가 있겠느냐고 방심하지 말라. 스코틀랜드에서 난 이 문장으로 꼬마들과 소통을 못했다. 그곳 초등학생에게는 "What primary are you in?"이라고 물어야 했다. 초등학교는 primary school이고, 초등학교 1학년은 primary one, 2학년은 primary two라고 대답한다. 참고로 미국의 초등학교는 'elementary'이지만 영국의 초등학교는 1944년 교육법 개정 이래 primary로 통일되었다. 그렇다고 해서 런던에서 "What primary are you in?"이 통했던 것도 아니다. "What grade are you in?"이야 물론 역시 안 통했다. 앞의 질문에 대답은 학교 이름이고, 석차가 없는 그 나라 아이들에게 뒤의 질문은 아예 대답이 안 되기 때문이다. 잉글랜드와 웨일즈는 'What(혹은 which) year'로 묻게 되어 있고, 1학년은 Year one, 6학년은 Year six라고 한다.

대학입학 전까지는 'year 10', 'year 12'로 말하기는 미국과 마찬가지이다. 단 미국이나 우리나라가 대입 전 12년 교육 기간을 지키는 반면 영국은 13학년까지 있다. 11학년에 중등졸업시험을 치르고 2년 제 예비 반에 다니는 아이들은 'Year twelve', 'Year thirteen'이라고 하니, 부디 'twelve-year-old'라든가 'thirteen-year-old'와 혼동해서 '영국 애들은 12살이 되면 거의 어른이네'라고 오해하지 말아야 한다. 다행히 그런 혼돈을 피할 수 있게 12학년, 13학년을 따로 'Sixth Form' 혹은 'sixth former'라고 부른다. 미어로 대학 1, 2, 3, 4학년을 'freshman, sophomore, junior, senior'라고 열심히 외웠지만, 영국에서는 애석하게도 그것을 써먹을 기회가 없다. 그저 'first, second, third, fourth-year undergraduate'라고 하면 된다.

공립과 사립쯤이야 영어로 모를 리 없다고 장담하면 그것도 실수다. 미국어로야 공립학교는 public school, 사립학교는 private school이지만 영국인들이 그리 편하게 영어를 만들 리 없다. 영국에서는 사립은 공립이다. 즉 public school은 영국에서 사립학교를 뜻한다. 그렇다고 private school이 공립은 아니다. 공립학교들도 재정 지원이 어떻게 이루어지느냐에 따라 다양한 이름을 가지고 있지만, 통칭할 때는 state school이라 한다.

우리나라 사람들 사이에 영국의 퍼블릭 스쿨에 대한 환상과 오해가 있는 듯해서 잠깐이라도 설명을 하는 게 좋겠다. 가장 큰 오해는 영국의 퍼블릭 스쿨들을 고급공무원이나 사회 상류층의 생산장소라고 보고, 그곳에 가기만 하면 무조건 사회의 위쪽으로 들어가는 양 생각하는 것이다. 어느 교민 신문에 기사를 쓰면서, '사립인데도 퍼블릭(공립)이라 하는 것은 역사적으로 이 학교 출신들이 전선의 지휘관으로, 식민지의 현지 관료로, 그리고 모든 분야의…' 하는 찬사는 이 오해의 결정판이다. 퍼블릭 스쿨, 특히 이튼, 윈체스터, 해로우 등 역사가 오래된 학교들을 공립이라고 부른 까닭은 졸업생들이 공인이 되기 때문이라기보다, 다른 좀 더 깊은 역사적 이유가 있다.

영국 퍼블릭 스쿨의 기원은 13세기까지 올라가는데, 이 학교들이 생기기 전 어떤 교육 형태가 있었을까 상상할 수 있다면 해답의 실마리를 얻는다. 일반인들은 '집에서' 부모가 하는 일을 보고 배웠고, 귀족이나 왕족들은 비싼 돈을 들여가면서 유명한 학자들을 불러 아이들을 '집에서' 개인 교습시켰던 것이 그때까지의 교육이었다. '집에서' 라는 표현을 강조하는 것은 그 당시까지 '귀족이든 평민이든 모두에게 공개된 학교' 즉 퍼블릭 스쿨이란 존재하지 않았음을 알리기 위해서다. 따라서 '퍼블릭 스쿨' 은 '공무원이나 공인을 기르는 학교' 가 아니라 '가정 교습에 대립 개념' 으로 보는 것이 옳다.

이 학교들 이전의 모든 교육은 다 사적으로, private 하게 이루어졌다. 그렇다고 이 사교육이 우리나라에서 생각하듯 나쁜 것일 수만은 없다. 최근까지도 재력 있는 사람들은 자녀들을 유명한 개인 교습교사(private tutor)에게 맡기는 것이 관례였다. 지성이 검증된 당대 학자들에게 아이 교육을 맡길 수 있는데, 왜 의심스러운 대중 교육에 의존하겠는가.

20세기의 지성이라는 버트란트 러셀은 캠브리지 대학을 나왔지만, 그전까지는 사교육만 받았던 대표적인 경우다. 찰스 왕자는 영국 왕실에서는 처음으로 대학을 나왔다. 그럼 그 전 왕이나 왕자, 공주들은 다 일자무식이었냐고 묻는 그야말로 무식한 사람은 없을 거다. 그들은 일반인들과는 달라야 하기 때문에 개별 지도를 받았다. 왕자면서 일반인들과 똑같은 교육 과정을 밟은 영국 최초의 경우가 얼마 전에 결혼한 윌리암 왕자다. 그가 이튼 스쿨에 입학한 걸 보면 역시 이튼이 대단한 학교라는 식으로 이해할 것이 아니라 이제 왕자라도 일반인의 세계로 내려올 수밖에 없는 세상의 변화를 주지하면 좋겠다. 식민지 경험을 안고 있는 우리가 영국 제국주의의 환상을 흐뭇하게 즐긴다면 그것처럼 어리석고 슬픈 일은 없다.

영국의 신문이나 TV에서 여전히 '퍼블릭 스쿨' 이라는 말을 쓰는 데에는 두 가지 이유가 있다. 하나는 오래된 습관이고, 다른 하나는 어떤 식으로든, 즉 칭찬이든 경멸이든 전통적으로 그 학교 출신들이 상징하는 폐쇄적인 사회 계층을 강조하고 싶을 때다. 예를 들어 정치인이나 고급공무원을 평하면서 'public school boy' 라고 하면, '부모를 잘 만나 우리 일반인들과는 다른 교육과 문화를 받은 사람' 으로 이해된다.

우리처럼 죽기살기로 공부만 잘하면 만사가 해결될 거 같은 문화에서 보면 '공부를 잘 한 사람'이라고 생각하고 싶겠지만, 그들에게 '공부'는 '퍼블릭 보이'의 너무나 미미한 자격기준일 뿐이다. 윌리암 왕자는 대입시험에서 A, B, C를 골고루 맞았지만, 왕궁에서는 '너무나 자랑스럽다'고 발표했고, 장래 국왕이 될 형님에 대한 충성심 때문인지 공부도 형보다 못하고 마약 시비에도 걸렸던 둘째 왕자는 '시시한' 과목만 시험 보고도 모두 C로 깔았지만, 그 성적이 '이튼 보이'의 매력을 감하지 않았다.

미국처럼 독립한 지 200년 겨우 된 나라들로서는 public school은 '공립학교', private school은 '사립학교'라고 쉽게 나누게 되는데, 이는 순전히 교육비 지출을 누가 하느냐에 따라 나누는 개념이다. 영국 역시 시대가 바뀌고 퍼블릭의 의미가 혼돈되면서 퍼블릭 스쿨을 대체할 새로운 명칭을 필요로 했다. 요즘에는 public school이라는 명칭 대신에 independent school, 즉 '학교 재정이 중앙 정부나 주 정부의 교육재원과는 무관하게 운영되는 학교'라는 말을 쓰지만, 역사가 오래된 학교들은 여전히 '퍼블릭 스쿨'이라는 이름으로 불린다.

영국인들은 유럽 내에서 산수가 제일 안 되는 걸로 악명이 높다. 그런 까닭은 아니겠지만, 우리의 산수 실력으로는 도무지 영국 집의 층을 셀 수가 없다. 영국 건물의 1층은 1층이 아니고 '지층(地層, ground floor)'이다. 2층이 1층(first floor), 3층이 2층(second floor)이 되니, 영국에 사는 한국인들끼리는 '그러니까 그게 한국식으로 3층인데, 영국식으로는 2층이니까'라는 식의 복잡한 설명을 해야 된다. 거기다 '메짜닌(mezzanine)', 즉 완전히 독립된 층은 아니면서 층과 층 사이에 작은 공간까지 있으면 더 이상 집의 층수를 셀 수 없게 된다. 또 다시 어지럽게 만드는 것은 메짜닌은 미어로 극장의 2층의 정면 좌석을 말한다는 점이다. 영어로 이 좌석 층은 'dress circle' 이라고 되어 있다.

이쯤 되면 오스카 와일드의 말, "영국인과 미국인은 모든 점이 같다. 단지 언어만 빼고"라는 말이 얼마나 큰 통찰을 가지고 있는지 깨닫게 된다. 물론 영미인들에게 이런 차이는 즐거운 변화요 재미있는 오락일 수 있다. 그러나 한 사물이나 사건에 대해 영어식으로, 미어식으로 여러 표현을 익혀야 하는 외국인들은 복잡하고 고단하다는 불평도 한다. 이런 불만 해소책으로 우리나라에서는 영어와 미어의 슬기로운 타협안을 제시하는 지혜를 보이기도 한다. 미국인들은 '몽키 렌치(monkey wrench)'로 큰 나사를 조일 때, 영국인들은 '스패너(adjustable spanner)'를 쓴다. 우리 식으로 '몽키 스패너'라고 하면 미국인도 영국인도 불만은 없을 거다.

4. 미국영어, 새 영어

영국인들 중에는 미어에 대해 필요 이상의 경멸과 무시를 보이는 사람이 있다. 2차 대전이 끝나고 미국은 뜨고 영국은 가라앉기 시작할 즈음, 아일랜드 출신의 영국 작가 버나드 쇼(George Bernard Shaw)는 언제쯤 영어가 세계어가 될까라는 질문을 받았다. 독설가로 유명한 쇼는 "미국인들이 영어를 쓰지 않는 날"이라고 대답했다. 미국인 방문교수의 영어를 두고 'silly English'라고 해서 'Korean English'를 구사하는 나를 무척 불편하게 만들었던 선생도 있었다. '애플'이라고 했다가, 어떤 교수로부터 "왜 너희는 미국인도 아닌데 미국말을 하느냐? 내가 보기에 북미지역 빼고 미어를 말하는 나라는 너희 나라밖에 없다"는 어줍잖은 비난을 들은 적도 있었다.

하긴 내가 영국에 살면서, 또 볼 일 없이 여기저기를 여행하면서 느낀 것은 아직도 영국식 영어를 쓰는 나라가 의외로 많다는 점이고, 유럽의 거의 모든 나라들이 여전히 영어를 영국에서 배우고 있다는 점이다. 식민지 경험이 있었던 아프리카나 아시아 국가들의 영어도 도글도글 구르는 미국의 언어가 아니라 영국영어에 가까웠다.

전 세계 산업과 상업, 이미지까지 미국이 독점하다시피 한 상황이니 미국어가 영어에 미친 영향이 없을 리 없고, 아무리 영어가 품위 있다고 우긴들 자라는 아이들이 쏟아져 들어오는 대중매체의 미국어에 노출되는 걸 막기가 어렵다. 그런데도 여전히 영국인들은 아이들이 미국 발음을 하면 '점잖지 못하다', '잘못되었다'고 고쳐준다. 런던의 호더 스터튼에서 나온 중등학교 교과서는 미국어에 대한 영국인들의 태도를 집약한다.

다음 여덟 종류의 발췌문은 미국어에서 뽑은 것입니다. 주의 깊게 읽어보고 British English로 받아들이기 어려운 것이 있으면 적어보세요. 예를 들면 program의 철자가 틀렸다든가, 'stay home'의 표현이 잘못되었다는 식입니다… '미국어'를 말할 수 있습니까? … '미국어'가 있다든지, '영국어'가 있다고 말할 만한 가장 큰 근거는 두 나라의 어휘 자체가 상당히 다르다는 사실일 겁니다.

그러니 programme이라고 썼다든지, stay at home이라고 말했다고 해서 겁 없이 고쳐주겠다고 덤벼들지 말라.

1) 미국영어

미국 역시 2차 대전 직후까지만 해도 동부로 갈수록, 학식 있는 사람일수록 영국식 영어를 선호해서 당시의 미국 영화배우들, 클라크 케이블이나 게리 쿠퍼 등의 미어는 '영국 발음을 흉내 내는 (Anglophile) 미어' 였다. 지금도 미국의 고위 관리들 중 많은 이들이 로즈(Rhodes) 장학금을 받고 옥스퍼드, 케임브리지에서 교환 학생으로 지냈던 경력 탓인지 일반적인 미국인들보다는 발음이 또박또박한 편이다. 대표적으로 로즈 장학생을 지냈던 클린턴 대통령의 영어는 일반 미국인들의 '미어' 보다 '영어' 에 비교적 근접한다.

그러나 팍스 아메리카나(Pax Americana)의 경제력을 자랑하고, 영화를 비롯한 이미지 산업을 미국이 독점하면서 미국인들이 영국식 영어를 동경할 이유는 사라졌다. 1919년 미국 학자인 멘켄(H. L. Menken)은 뉴욕의 알프레드 A. 놉스 출판사에서 미국의 새로운 자존심을 강조하는 책을 냈다. 제목은 『미국어(The American Language)』였다. 그리고 1923년 미국 일리노이 주에서는 법령을 공포하면서 다시 언어의 독립선언을 했다. 일리노이 주 법령 127조 178항은 이렇다. '일리노이 주의 공식 언어는 영국어가 아니라, 미국어라고 한다.'

어떤 미국 아이는 영국 사람의 영어를 듣고 '영국 사투리(British dialect)' 라는 무엄한 말을 하기도 했으니, 영어의 본고장 영국인들이 미어를 좋게 볼 리 없지만, 영미의 많은 언어학자들이 미국어가 미국 건국 조상들이 영국을 떠난 16, 17세기의 영어를 영국어보다 더 많이 보존하고 있다는 점에는 동의하고 있다. 이 주장의 가장 빈번한 근거로 등장하는 것이 미어의 fall과 영어의 autumn 이다. 미국 건국 시기인 16세기, 17세기 당시 영어로 가을은 fall이 었다. 영국은 유럽과 교류하면서 그 후 가을이 autumn으로 바뀌었다. 그러나 영국 본토와 떨어져 있던 미국은 폐쇄된 언어집단끼리 오히려 옛 영어의 순수성을 그대로 보존하면서 fall이라는 단어를 지키고 있다. 미국인들은 그 점을 들어 미어의 정통성을 주장하고, 파울러(Fowler) 형제를 포함한 영국인들은 그래봤자 그건 '옛 영어'일 뿐 지금의 영어는 아니라고 반박한다.

미국영어의 가장 큰 특징은 역시 그 독특한 발음에 있다. 유명한(?) t 음은 미국영어의 본질이라 할 만하다. 모음과 모음 사이에 끼여 있는 t 는 예외없이 유연하게 혀를 굴리는 r음으로 변모한다. 미국 사람들은 '워러(water)'를 마시고, 빵에 '버러(butter)'를 발라 먹는다. 미국 학교는 영국과 달리 일 년에 두 학기, '시메스러 (semester)'로 운영된다. 젊은 사람들은 이제 통기타의 섬세한 음보다는 '헤비메들(heavy metal)'의 쏟아지는 음향을 좋아해서 다종다양한 전자 '기라(guitar)'가 시장에 나와 있다. '컴퓨러(computer)' 모르는 미국 사람은 아마 없을 텐데, '이러넷(internet)'에서 제일 인기 있는 사이트는 유감스럽게도 '에라릭(erotic)'한 것들이라고 한다. 전자 통신 시장의 팽창으로 주가가 그렇게 좋던 개인 휴대폰 통신회사들도 요즈음 주가가 떨어져 고민이다. '마르코니 (Marconi)'는 사라진 지 오래되었고, '에릭슨(Ericksson)'이 고용 감축에 시달리며, 미국 회사 '모로롤라(Motorola)'도 예외는 아니다.

단어의 마지막에 나오는 t는 거의 발음하지 않는 것이 미어의 또 다른 특징이다. 한국에서는 '프로젝트(project)'가 끝나면 '리포트(report)'를 '프린트(print)'해서 제출한다. 미국 사람들은 '프로젯'이 끝나면 '리풋'을 '프린 아웃(print out)' 한다. t가 r로 발음된다면, r은 어떻게 발음될까. r은 원래보다 점점 더 혀를 굴려서 발음하게 된다. more, store, car, park 등은 도무지 한국말로 옮길 수 없을 정도로 목청의 울림만으로 발음이 된다.

미어에서 모음의 발음으로 특기할 것은 앞서 지적했듯이 a는 대체로 '애'나 '에'로 되고, 대신 o가 '아' 음을 내는 점이다. 의회나 기타 권력 기관에 출입하면서 이권운동을 대행하는 사람들을 '로비스트(lobbyist)'라고 하지만, 미국인들은 '라비스트'라고 발음하고, 이들이 만나는 자리는 '로비(lobby)'가 아니고 '라비'가 된다. 자물쇠가 달린 사물함은 '로커(locker)'가 아니라 '라커'고, '모델(model)'이 아니라 '마들', '모던(modern)'이 아니라 '마든'으로 들린다. 밤에 듣는 야상곡은 '녹턴(nocturn)'이 아니라 '낙턴', 연합이나 공동을 나타내는 '콤비네이션(combination)'은 '캄비네이션'이 되는 것도 이런 변화를 따른 것이다. 이렇게 미국어 발음의 특성에 대해 고개를 끄덕일 정도가 되면, 고개를 끄덕인다는 뜻의 미어는 '노드(nod)'가 아니라 '나드'라는 것도 곁들어 익혀두는 게 좋다.

같은 상황에 같은 단어를 쓰지만 미국식 표현은 훨씬 간결하다. 가장 간단한 예는 도로 표지판이나 안내에서 드러난다. 'Do not alight from the bus whilst it is in motion.'이라는 안내와 'Don't get off' 라는 표현이 각각 어느 나라 출신인지 굳이 말하지 않아도 짐작할 수 있다. '버스가 움직이는 동안에는 차에서 내리지 마시오'를 우리나라에서도 '하차금지'라고 간단히 표기하기도 한다. 우리말 안내문과 미국식 표현의 차이는 우리는 짧은 표현을 위해 무리한 한자어를 들여오는데 비해, 미국어는 가장 빈번하게 사용되는 일상적 표현을 선택한다는 점이다.

영국식의 장황한 표현이 어색하긴 하지만, 한편으로는 일리가 없는 것도 아니다. Get이라는 단어가 너무나 일상적으로 쓰이다 보니 그 뜻이 다양할 수밖에 없다. 사실 get off만 해도 '차에서 내리다'라는 뜻 이외에도 '출발하다', '-에 들어가지 않다', '편지를 보내다', '일을 그만두다' 등으로 쓰이는데다가 with니 on이니 전치사까지 붙으면 완전히 다른 의미로 전환이 된다. 이에 비해 alight라는 말은 훨씬 사용빈도수가 적어 말이라든가 자동차 등에서 내린다는 의미를 넘어서는 경우가 훨씬 적다.

영국에 살고 있던 미국인 친구가 오지 않는 버스를 기다리다 표지판 안내장에 불평을 한다. '유감스럽게도 이 버스정류장은 폐쇄되었습니다.(We regret that this bus stop is closed.)'가 거기 붙어 있었다. 미국인의 불만은 '유감스러운 짓을 왜 하느냐'는 것이다. 유감스럽지 않으면서 괜히 말만 한다고 영국인의 한껏 우아한 버스정류장 표현을 비웃는다. 모두 다 짐작하겠지만, 미국식으로는 'No bus'면 된다.

요즈음에는 영국도 미국식의 '살벌한' 간단 표현에 익숙해졌는지 오싹한 표지판들도 등장했다. 영국인들은 겉으로 보기에는 얌전하고 수줍음을 많이 타는 듯하다. 지금은 많이 바뀌었지만 경찰도 뛰는 법이 없이 조용했다. 그런데 핸들만 잡으면 늙고 젊고, 여자고 남자고 없이 속도에 열광한다. 과속운전으로 인한 사고가 큰 골칫거리이다 보니 도저히 영국영어라고 상상할 수 없는 으스스한 총잡이 영어가 도로마다 등장했다. '졸면 죽는다(Tiredness can kill you)'를 처음 봤을 때는 '여기, 영국 맞아?' 하고 놀랐지만 '속도를 죽일래, 네가 죽을래?(Kill speed or speed kill you)'를 보니 드디어 영국이 변한 것을 실감했다.

미국이 부자 나라가 되면서, 미국 사람들도 매사에 상당히 여유롭고 관용적으로 바뀌었다. 언어에 대해서도 마찬가지다. 20세기 초까지만 해도 미국은 독립국가면서도 영국에 부러움과 열등의식을 느꼈다. 미국의 자존심을 내세워 미국어의 독립을 주장하면서도 상류층은 영국식 발음을 따라 하는 걸 은근한 자랑으로 알았다. 2차 대전이 끝나면서 영국이 기울어지고 미국이 막강해지는 걸 느끼고, 이제 그 세력의 판도에 대해 아무도 의심을 가지지 않는 세상이 오니, 미국인 누구도 더 이상 영국 발음을 흉내 낼 필요가 없게 되었다. 지도층은 지도층 나름대로 미국인으로서 미국 발음을 자랑스럽게 드러내고, 일반인들은 또 일반인들대로 미국발음으로 거리낌 없이 전 세계를 여행할 수 있다. 지금은 오히려 미국인들이 문화의 보존이라는 측면에서 영국영어를 대접하는 경향이 있다.

해리 포터가 전 세계를 들썩였던 2000년 7월에 『뉴욕 타임즈』에는 "해리 포터는 어떻게 미국인이 되었나(How Harry Potter became an American)"라는 제목으로 피터 글릭(Peter H. Gleick)의 사설이 실렸다. 그는 미국인들이 자신들에게 익숙하지 않은 건 모두 미국화

시켜 버리려는 나쁜 습관이 있다고 미국인의 편협성을 비판했다. 롤링(J. K. Rowling)의 『해리 포터』 미국판을 출판하면서 그 언어를 '영어(English)'에서 '미어(American)'로 바꾼 것이 사건이었다.

철자상의 변화, 예를 들면 회색은 모두 gray에서 grey로 바뀌었다. 영국적인 단어나 어구도 대치되면서, 경기장은 pitch에서 field로, 2주일은 fortnight에서 two weeks로 모습을 바꾸었다. 그가 비난한 최악의 변화는 '너무나 영국적인 경험이나 대상을 완전히 미국적인 것'으로 바꾸었다는 점이다. 한 예를 들면, 롤링의 해리 포터는 '간식시간에 크럼펫을 먹고 있다(eating crumpets for tea)'인데, 미국으로 간 해리 포터는 '식사에 영국식 머핀을 먹고 있다(eating English muffins during meal)'로 되었다. 영국에서 tea라고 하면 '차'의 의미라기보다는 식사시간 사이의 간식의 의미로 쓰일 때가 많다. 차나 커피와 함께 간단하게 샌드위치라든가 과자, 혹은 빵이 곁들여진다. 미국 사람들은 tea는 언제나 '마시는 차'라고 생각한다는 점에서 우리와 같다. 아니면, 우리가 그들과 같다. 그렇다고 이 영국식 tea를 meal이라는 단어로 바꾸면 나른하면서도 편안한 영국식 간식 시간의 의미가 없어진다.

크럼펫(crumpet)과 영국식 머핀도 마찬가지다. 크럼펫이나 영국 머핀이나 우리나라의 호떡 정도 되는 크기고, 색도 호떡과 같이 누르스름하다. 호떡을 3개쯤 겹쳐놓은 정도의 두께지만 아무 것도 넣지 않는다. 우리로서는 도무지 맛을 느낄 수 없지만 영국인들이 가장 애호하는 음식 중 하나인 크럼펫은 양면에 구멍이 송송 뚫려 있는 둥근 모양의 부드러운 빵이다. 영국인들은 따뜻한 크럼펫 위에 버터를 올려놓고 먹기를 즐긴다. 영국 머핀은 크럼펫과 크기나 두께는 비슷한데, 숭숭 뚫린 구멍이 없고 단단한 빵이다. 둥글고 넙적하다는 것만 빼고 다른 빵과 같이 담백한 맛을 낸다. 영국인들은 두꺼운 머핀을 반으로 나누고, 그 위에 버터를 바른 다음 잼이나 꿀을 넣어 잘 먹는다. 차와 함께 대접하는 스콘도 이런 식으로 먹는데, 머핀은 스콘보다 크고, 담백하며 아무 향이나 과일이 첨가되어 있지 않다.

　우리나라야 미국 문화가 강하니 '머핀' 하면 으레 미국식 컵케이크만을 떠올린다. 컵케이크 안에 넣는 과일에 따라 바나나 머핀이니, 초콜릿 머핀이니, 블루베리 머핀 등등으로 불리지만, 과일향을 담은 달달하고 부드러운 케이크라는 점에서는 같다. 우리나 미국 사람들이나 머핀하면 미국식과 영국식으로 나누어 생각할 수 있는 사람은 극히 드물다. 그렇지만 밀가루로 만들어졌다는 것 이외에는 미국식 머핀과 영국식 머핀에는 공통점이 거의 없어, 마치 미국 문화와 영국 문화의 차이처럼 다른 느낌이 든다. 굳이 구분하자면 미국 머핀은 케이크나 패스트리류에 속하지만, 영국 머핀은 소박한 빵류에 속한다.

　크럼펫이 낯설다는 이유로 영국 머핀이라는 단어를 썼다고 하지만, 이 사소한 단어 차이로 말미암아 해리 포터가 몸담고 있는 영국 문화를 희화화한다. 버터 이외 다른 감미료도 올리지 않은 채, 그야말로 '이스트'의 맛을 즐기는 크럼펫은 소박한 것에서 품위를 구하는 영국인의 취향에 가장 잘 어울린다. 좀 지나친 감은 있지만, 소박하다는 의미를 가진 homely의 용법을 통해 영국과 미국의 취향 차이를 느낄 수 있다. 영어에서 homely는 '소박하면서도 평범해서 편안함을 느끼게 하는', '내 집 같은'의 의미로 이해되는 반면, 같은 단어가 미어에서는 '(특히 사람이나 얼굴 생김새가) 못 생기고 추한' 이라는 뜻으로 받아들여진다. 미국인들 미각 기준에서 보면 영국식 머핀 정도는 되어야 영국인이 크럼펫에서 느끼는 검소하면서도 은은한 맛이 떠오르는 모양이다.

『해리 포터』의 미국판 출판사는 미국인들이 그 원어를 즐기지 못할까봐 도와주기 위해 이런 변화를 감행했다고 변명했다. 『뉴욕 타임즈』의 사설자는 왜 이런 식으로 우스꽝스러운 짓까지 하면서 영 미 간에 아무런 차이가 없다고 생각하게 만드느냐 반문했다. 아이들이 설혹 오해를 하더라도 사전을 뒤져가면서 배우지 않는다면 '우리는 다른 나라의 문화도 우리 문화와 같거나, 아니면 같아져야 한다' 는 해로운 관념을 아이들에게 심어주게 된다는 것이 그의 경고였다.

2) 캐나다, 호주영어

『해리 포터』의 미국판처럼 '미어' 와 '영어' 를 혼합해서 쓰는 곳으로 캐나다나 호주를 들 수 있다. 캐나다는 미국식 발음이 강하지만, 미국에서는 안 쓰는 단어, '스콘(scone)' 이나 '죽(porridge)' 같은 영국식 음식 이름을 들을 수 있는 곳이다. '영국에 어원을 두고 미국에서 영향을 받았지만' 캐나다의 영어 역시 1996년 오랜만에 『캐나다 영어 사전(Canadian Dictionary of English)』을 새롭게 펴면서 자주권을 강력히 주장했다. 호주영어는 이보다 더 적극적이다.

1945년 베이커(Sidney James Baker)는 멘켄의 미국어 독립을 모방

하여 『호주어(The Australian Language)』라는 책을 펴냈다. 호주영어
는 미국 단어들을 영국식 억양으로 말하는 편이다. Centre 같은 표
기는 남아 있지만, 미국식으로 줄여 쓰기를 즐겨서 호주영어에서
는 labor, color가 등장한다. 호주에서는 미국처럼 cookies를 먹지
영국처럼 biscuits을 먹지 않는다. 큰 차를 몰면 estate car가 아니
라 station wagon을 몬다고 한다. 물건을 '트럭(truck)'으로 나르
지, '로리(lorry)'로 나르지 않는다. 은행 창구 직원은 미국식으로
teller이지 영국식으로 cashier가 아니고, mail을 보내지 post라고
말하지 않는다. 선거직에 나서면 영국처럼 stand for election이라
고 하지 않고, run for election이라고 해서 미국식을 따른다.

두 지역 나름의 독특한 영어도 만만치 않다. 특히 호주, 뉴질랜
드의 영어는 지역적 거리감 때문인지 캐나다 영어보다 신선하고
매력적이다. 캐나다에서 만들어진 영어는 선거구라는 의미의
riding을 제외하면 수출된 것이 별로 없다. 이에 비해 독특한 호주
영어들의 확산 속도는 대단히 빠르다. 여기에는 영어권에서 인기
를 끌고 있는 호주산 TV 연속극들 덕도 있다. 이제는 'How are
you?'를 대신해서 영어권의 인사로 정착한 'How're you going?'
도 출신지역은 호주다. 하던 일을 '계속하세요(Go ahead)'도 호주
인들은 'Go for your life'로 한다. '그런데, 그건 재미있니?(Did
you enjoy it, then?)' 물으면 영국인들이 '그럼, 그렇고말고.(not
half)' 할 순간에 호주 사람들은 'Am I ever!' 라는 감탄을 알려준
다. '날 놀리지 마라.(You can't fool me)'가 지루하다면 호주식 표
현, '날 생새우 취급하지 마라.(Don't come the raw prawn)'로 신선함
을 느껴볼 수도 있다.

호주인들은 어떤 기분으로 호주 출발의 역사를 받아들일지 모르지만, 미국이나 호주는 영국의 식민지로 시작했다는 점에서 같다. 특히 식민지 호주는 영국의 변방 감옥으로 이용되었던 것으로 유명하다. '유전무죄, 무전유죄'라는 시정의 말대로 범죄, 더 엄밀히 말해 범죄에 대한 처벌에는 범법자의 경제수준이 많은 작용을 했다. 호주 영어에 빈곤층의 런던 사투리가 남아 있는 것도 그런 연유에서라고 짐작이 된다. 세월이 가면서 두 지역 간의 거리가 너무 멀고 소통이 적어지다 보니 이 사투리도 호주식으로 발전했다.

런던 토박이 말 중에는 일반 영어에 운을 맞추어 완전히 다른 뜻의 단어가 쓰이는 경우가 있다. 예를 들면 '보다(Have a look)'라는 표현의 '루(크)'에 운을 맞추어 '버처스 후(크)butcher's hook'를 쓰는 식이다. 'butcher's hook'는 정육점에서 고기를 걸어두기 위해 쓰는 고리라, 이 말로는 도저히 살펴본다는 뜻을 알아낼 수 없다. 게다가 이 말이 오래 쓰이다 보니 'look'과 운이 맞는 'hook'은 떨어져 나가고 이젠 운도 안 맞고 뜻도 안 맞는 'butcher's'만 남아버렸다. '숙제 좀 보자.(Let's have a look at your homework.)'를 'Let's have a butcher's at your homework'이라고 하니 숙제 안 하면 정육점으로 보내겠다는 말인가 의심할 만도 하다. 이 경우의 호주 표현은 좀 더 호주식이다. 그들에게는 다행히 '쿠(크)' 선장이 있어, 'Let's have a Captain Cook'이라고 한다.

영어권에서 익숙한 호주 영어로는 우선 남자 간에 쓰이는 친구, cobber, 바베큐를 말하는 barbie, 1층짜리 독립가옥인 '방갈로(bungalow)'가 떠오른다. 유행하는 호주 영어의 특징은 이처럼 완전히 다른 단어에 있다기보다는 기존 단어를 변형하거나 줄여서 쓰는 데에서 찾을 수 있다. 호주 영어는 긴 단어들을 줄이고 뒤에 o나 y를 넣는 경향이 강하다. 예를 들면 afternoon을 arvo로, football을 footy로, ompensation을 compo로 줄이는 식이다. Smoke는 호주에서도 담배(cigarette, fag)를 말하지만, smoke-o나 smoko는 차도 마시고 담배도 필 수 있는 자유시간을 말한다.[2] '대학(uni)'으로 떠나면서 '부모(oldies)'에게서 독립하고 자기 나름의 '일이나 사업(bizzo)'을 구상한다는 호주 영어는 이미 영국, 미국을 포함한 모든 영어권으로 퍼져나가 이 언어권 청소년들의 이른 독립선언의 욕구를 담아주고 있다.

호주라는 독특한 환경에서만 가능한 영어도 있다. '부메랑(boomerang)', '코알라(koala)', '캉가루(kangaroo)'는 우리도 알고 있는 호주산 영어다. 재미있는 것은 정작 호주인들은 캥거루 대신에 roo라고 줄여 말한다는 사실이다. 영국에서는 화장실을 loo라는 예쁜 말로 부르기도 하니, 우리처럼 'r'과 'l'을 끝끝내 혀끝으로 나눌 수 없는 사람들은 급할 때 특히 조심해야 한다.

---

2) fag라는 단어는 영국과 미국에서 아주 다른 의미로 쓰여서 특히 주의를 필요로 한다. 영국에서 fag는 동사일 경우와 명사일 경우에 뜻이 다르다. 동사일 때는, 남자 사립학교에서 하급생이 상급생의 종처럼 잔심부름을 한다, 혹은 감옥에서 죄수들 간에 이런 혹사를 시킨다는 뜻이 된다. 명사로 쓰이면, '담배(cigarette)'를 말한다. 미국에서 이 단어는 남자 동성연애자를 의미하는 속어로 쓰인다.

5. 사족 – 사전과 영화

    아주 회의적이고 조심스러운 사람들이 있을까봐 사족을 붙인다. 외국에 살지 않고서야 어찌 영어와 미어의 차이를 아느냐고 묻는 사람이 있을지 모르겠다. 당신은 외국에 사니 그런 차이를 알았고, 나처럼 한국에서만 살아가지고서야 어찌 그 차이를 아느냐고 불평하지 말기를 부탁한다. 인생의 진리는 교과서에 있고, 외국어의 정보는 바로 '사전'에 있다.

    영어 사전에는 영어와 미어, 호주산 영어, 캐나다산 영어, 어휘부터 발음, 문법에 이르기까지 모든 차이와 의미에 대해 자세한 설명이 있다. 관심을 가지지 않고, 잘 읽지 않아서 탈이지, 어느 사전에나 이런 사실을 명기하게 되어 있다. 사전이 두꺼울수록 좋은 건 물론이다. 영영사전이면 좋겠지만, 그런 이상론에 매달려 한 단어의 뜻을 해석하느라 일주일을 보낼 필요는 없다. 영한사전에도 얼마든지 이런 참고사항들이 나와 있다. 현실감 있는 이해를 하고 싶다면 물론 영영사전을 가까이 하는 게 좋다.

사전의 건조함보다 훨씬 더 능동적으로 영어의 차이를 알 수 있는 방법이 있다. 바로 영화라는 장치다. 억양의 차이를 말로만 설명하기는 아주 어렵다. 외국 영화는 영어 발음의 차이를 알려주는 좋은 학습장이다. 물론 거의 모든 배우들이 할리우드를 근거지로 하고 있어 모국을 떠난 세월이 길어질수록 미국식 발성을 보이는 아쉬움은 있다. 최고의 영국영어는 셰익스피어 배우들의 발성에서 나온다고 해도 과언이 아니다. 거기에 대면 '퀸스 잉글리시' 니 'BBC English' 는 '많은 영어 중 하나' 일 뿐이다.

혹시 무엄하게도 셰익스피어 극이 지루하다면 그 배우들이 나온 할리우드 영화라도 괜찮다. 〈아서(Arthur)〉에서 늙은 집사 역을 했던 존 길거드나 〈콰이강의 다리〉의 알렉 기네스의 영어는 영국인들도 부러워하는 발성이다. 한꺼번에 영국 발음을 듣기로는 〈센스 앤드 센스빌리티〉가 가장 좋다. 등장 인물들 모두, 엠마 톰슨과 케이트 윈슬렛, 휴 그란트부터 엘리자베스 스프리그, 젬마 존스 등 조역에 이르기까지 전형적인 영국 발음을 들려준다. 특히 브랜돈 대령을 연기했던 알란 리크만의 낮고 깊은 어조의 영어는 절품이다. 영어 뿐 아니라 장면이나 분위기 모두 영국인들도 놀랄 정도로 영국적인 이 영화를 만든 사람이 대만 출신 감독 앙 리였다는 것도 알았으면 좋겠다. 영화 〈반지대왕〉도 3부작 모두 원저자 톨킨의 국적을 따라 영국식 발음을 따랐다.

미국영어와 영국영어의 발음이 주는 차이를 느끼고 싶은 사람은 〈다이 하드〉를 한번 더 보는 수고를 하면 된다. 브루스 윌리스는 목청을 울리는 미국영어만으로도 다혈질임을 보여주는데, 차가운 테러리스트인 한스 그루버는 아주 정돈된 영국 발음을 들려준다. 브랜돈 대령을 연기한 알란 리크만이 바로 한스 역을 했다는 걸 아는 사람은 의외로 많지 않다. 이런 상상을 해 보면 어떨까. 만약 〈한니발〉에서 한니발이 톰 행크스나 마이클 더글러스의 미어를 발음했다면, 그 경우에도 역시 안소니 홉킨스의 단정한 영어가 전달하는 식인 살인범의 기괴한 지성이 전달되었을지? 과연 의문이다. 몇 년 전 〈하워드 엔즈〉, 〈Shadowland〉, 〈The Remains of the Day〉 등 영화마다 그렇게 영국적이었던 홉킨스가 미국으로 귀화했으니, 영국인들의 분노와 상실감도 이해가 안 되는 건 아니다.

할리우드 영화에서 영국영어를 백발백중 찾아주는 2가지 기준이 있다. 하나는 '악당' 역할이다. 할리우드 영화의 주인공은 늘 미국식 억양을 두드러지게 구사하는 배우가 맡는다. 영화마다 미국 성조기가 배경으로 등장하는 마당이니 이런 배역은 당연하다. 상대역을 맡게 되는, 당연히 악당은 주로 유럽과 영국 출신의 배우들이 담당한다. 엄청난 출연료 때문에 많은 유럽과 영국의 뛰어난 배우들이 이 조연을 받아들였다. 특히 늙은 악당 역은 영국 배우들의 단골 역이다. 홉킨스의 〈한니발〉 렉터라든가, 맥켈렌의 〈X맨〉의 마그네토는 대표적인 예가 된다. 젊은 악당은 주로 마키아벨리적인 모습을 띠고 있다. 〈스파르타쿠스〉의 로렌스 올리비에나 〈북북서로 기수를 돌려라(North by Northwest)〉의 제임스 메이슨이 그런 경우다. 나치 역할도 영국 배우들 전문이다. 제임스 메이슨은 2번이나 롬멜 역을 했고, 올리비에는 〈마라톤 맨〉에서 더스틴 호프만의 앞니를 고문하는 끔찍한 나치 전범 의사로 나왔으며, 알렉 기네스는 〈히틀러: 최후의 10일〉에서 바로 히틀러 역을 했다.

영국 배우들의 2번째 고정 역할은 긴 수염과 초자연적 능력을 가진 '현자' 역할이다. 가장 유명한 경우는 〈스타 워즈〉의 오비완 케노비를 맡았던 알렉 기네스를 들 수 있다. 올리비에는 〈거인의 전투〉에서 현명한 제우스 역을 했고, 제임스 메인스도 〈Heaven Can Wait〉에서 선(善)을 대표했다. 최근에는 리차드 해리스가 〈해리 포터〉 1, 2에서 덤블도어 교장 역을 했고, 이안 맥켈렌이 〈반지 대왕〉에서 최고의 현자 갠달프로 나섰다.

케네스 브레너는 이런 점에서도 영국 배우들의 전형이다. 그의 경력을 보면 영국 배우들이 할리우드에서 맡게 되는 역할의 변천 과정을 곧 알 수 있다. 브레너는 〈헨리 5세〉나 〈햄릿〉 등 소위 셰익스피어 단계를 시작으로 〈Dead Again〉, 〈Wild, Wild West〉의 '악당' 단계와 〈Conspiracy〉의 '나찌' 단계를 거쳐, 이제 적당한 경륜과 나이로 〈해리 포터〉의 '현자' 단계를 맞이하고 있다.

만화 영화라든가 그 정도 수준에서 결코 떠날 수 없는 사람들을 위한 억양 연구용의 근엄한(?) 영화도 있다. 속편으로 계속 이어지는 〈슈렉〉에서, 슈렉을 발성한 마이크 마이어즈는 영국 발음이고, 당나귀인 에디 머피는 누구라도 의심할 수 없는 미국 억양이다. 〈툼 라이더-라라 크로포트〉의 안젤리나 졸리는 미어에서 영어로 전환한 예다. 졸리는 기타 다른 영화에서는 영락없는 미국 여자로 나오지만, 라라 크로포트가 영국 귀족의 딸이라고 설정된 이 황당한 영화를 위해 영국 발음을 배웠다. 〈브리짓 존스〉에 나오느라 피자와 스파게티, 햄버거로 속성 비만을 달성한 르네 질웨거도 이 영화 주인공을 따라 영국영어를 공부했다.

황당하기로는 007 시리즈를 따라 갈 영화가 없다. 새 007인 피어스 브로스넌은 아일랜드 가계 출신인데, 미국화 되었으면서도 007 역을 하느라 발음은 오히려 영국적이다. 아일랜드 영어의 정수는 〈나의 왼발(My Left Foot)〉에서 들을 수 있다. 아역의 휴 오코너와 주인공 다니엘 데이 루이스도 좋지만, 조역 모두 훌륭해서 영어 발음 공부가 아니더라도 충분히 문화감상의 시간이 될 만하다. 〈영원한 007〉 숀 코넬리는 스코틀랜드 사람이지만, 미국에 산 시간이 워낙 오래되다 보니 미어와 영어의 중간 정도 발음을 보인다.

스코틀랜드 영어를 듣고 싶으면 물론 〈브레이브 하트〉를 권하고 싶다. 놀랍게도 정작 주인공 멜 깁슨은 호주 사람이다. 〈리설 웨폰(Lethal Weapon)〉에서는 자유롭게 호주 영어발음을 하던 멜 깁슨은 이 영화를 위해 일부러 스코틀랜드 억양을 배웠다. 호주 영어는 미국보다는 영국식 억양에 가깝지만 더 짧고 빠른 편이다. 멜 깁슨은 '햄릿'을 하느라 영국영어 발음도 들려주었지만, 발음이 된다고 누구나 햄릿이 되는 건 아니라는 교훈을 남기는 걸로 끝났다.

3장

콩글리시만
구박하지 마라

일본이 한국 영어에 남긴 영향은 발음에만 국한된 것이 아니다. 발음이야 대중
매체의 발달로 영어 모국어권의 발음을 직접 들을 수 있으니 얼마든지 고칠 수
있다. 더 큰 문제는 일본에서부터 비롯된 문법에 대한 열렬한 애정과 집착이다.
언어의 구조가 워낙 다르고, 지리적으로 너무나 멀다 보니 일본인들은 문법을
공부하면서 영어를 배운다고 스스로 위로했다. 당장 영어라는 '말'이 필요한 일
본인들은 몇 안 되었기에 그 외 일본인들은 영어라는 '글'을 해부하고, 고문하
는 걸로 학습열의를 채웠다.

일본과 같은 입시제도와 교육열을 가진 한국으로서는 이 열의를 아니 배울 수가
없었다. 일본의 각종 문법책이 한국에서 번역되어 갑자기 '진짜' 영어책으로 둔
갑을 했다.

대원군의 쇄국정책이 아니더라도 우리나라는 지리적 위치상 세계사의 큰 흐름에서 벗어나 있을 수밖에 없었다. 중국이라는 나라인지, 대륙인지 분간이 안 되는 크기의 이웃이 있다 보니 교통, 소통의 한계가 있던 시절에 중국 너머 어디와 통상을 한다는 건 어불성설이었다. 최소한 잠깐 놀러 가보는 것도 꿈만 같았다. 일본이야 세상의 끝처럼 붙어 늘 마찰만 있었으니, 그 너머 또 무엇이 있을까 그려볼 이유도 없었다. 다른 나라와 소통도 없이, 한 자리에서 한 민족끼리 이런 세월을 일이 년도 아니고 장시간 보내다 보면, 폐쇄적이고 자기중심적인 사고방식이 자라나게 마련이다. 우리가 의외로 사소한 문제일 수 있는 것을 확대하여 놀라는 것도 적절한 비교의 경험이 적기 때문이다. 그러다 보니 불필요한 자기비하도 많고, 그에 대한 반작용으로 부당한 자기과시도 많다.

　'콩글리시'에 대한 우리들의 불편한 태도도 우리 문화의 일면을 드러낸다. 세계어로서 영어를 떠받들며 배우고 배웠건만 그에 어울릴만한 적확한 영어를 구사하지 못했다. 늘 국어와 그 사고방식이 영어 사용에 걸림돌이 되어 웃음거리가 되고 말았다. 우리나라 사람들이 유독 영어를 못하고 국어의 영향으로 괴상하고 웃기는 영어를 말한다는 집단적인 열등감과 피해의식이 이렇게 우리 사이에 만연되어 있다. 그렇지만 우리나라만 영어 때문에 고생하는 것은 아니다. 또 영어가 고생하는 곳이 우리나라만도 아니다. 세계 각국에서 영어는 세계어로서 큰 대접을 받고 있지만, 동시에 기기묘묘한 지역적 변형과 고문(!)을 겪고 있다. 영어의 한없는 융통성과 변형가능성을 보고 있노라면 과연 '세계어'답다는 확인이 들 때가 많다.

1. 세계의 영어

　영어를 세계어라고 말하면 제일 화를 낼 사람들은 중국인들이다. 언어 인구 숫자상으로 세계 일등은 중국어다. 일단 인구 자체가 13억을 넘고 있으니 어느 나라의 언어라고 감히 중국어와 게임을 해볼 생각이나마 하겠는가. 인구 통계상 숫자의 오차가 '억' 단위인 나라도 중국밖에 없다. 그렇지만 누구라도 중국어를 세계어라고 하지 않는다. 중국인들조차 세계어라고 억지를 펴지 않는다.

　언어의 세계성은 인구가 결정하는 것이 아니다. 언어 사용지역의 분포도가 세계어의 요인이다. 영어를 모국어로 말하는 나라들이 어떻게 자리하고 있는지 세계 지도를 펴고 찾아보면 과연 '세계어' 라는 표현에 손색이 없다고 수긍하게 된다. 5대양 6대주라는 말대로 세계는 아시아, 아프리카, 아메리카, 유럽, 오세아니아로 나누어진다. 그중 영어 모국어권이 유럽(영국), 아메리카(미국과 캐나다, 중미 일부), 오세아니아(호주와 뉴질랜드, 주변 섬)에 걸쳐 있다.

19세기 말 독일의 철혈재상이라는 비스마르크에게 어떤 기자가 질문했다. "다음 세기를 결정할 최대의 사건은 무엇이겠습니까?" 그의 대답은 정치도 전쟁도 경제도 아니었다. "북미인들이 영어를 쓴다는 사실입니다"가 비스마르크의 대답이다. 함부로 정치하겠다고 나서지 말라는 이유는 우리나라에는 비스마르크의 이런 혜안이 아쉽기 때문이다. 새롭게 팽창하는 북미의 세력이 영어 모국어권으로 들어오면 사실상 세계의 무역과 정치는 영미어로 통일될 수밖에 없다는 걸 이 재상은 이미 알고 있었던 것이다.

그의 말대로 아시아와 아프리카도 영어사용권에서 벗어날 수 없었다. 중국 때문에 우리나라와 지리적으로 멀리 떨어져 있던 동남 아시아권은 영어에 그대로 노출되어 있다. 주권 국가로서 개념도 형성되기 전 식민지를 겪어야 했던 역사를 말해주듯이 동남아시아권의 국가들은 미처 통일된 언어를 준비하기 전에 영어를 공식 언어로 받아들여야 했다. 아시아가 미국의 새로운 상업적 관심과 오세아니아의 근접성으로 영어에 점점 밀착해가고 있다면, 아프리카의 사정은 진행형이 아니라 완료형이다. 유럽에 인접해있다는 지리적 이유 때문에 진작부터 유럽인들의 이런 저런 대상, 어떨 때는 종교적, 어떨 때는 인류학적, 역사적, 고고학적, 또 어떨 때는 인도적, 어떨 때는 군사적, 정치적, 상업적 대상이었던 아프리카가 영어권의 제국주의적인 침략에서 면제될 수는 없었다.

이렇게 많은 나라들이 영어를 사용하고 있는데 영어나 미어만을 영어인양 고집하는 것 자체가 잘못일 수 있다. 언어 사용권에서 보면 영어는 단수가 아니라 '복수(Englishes)'라고 주장하는 데에도 일리가 있다. 게다가 영어 모국어권은 아니지만, 영어권의 식민지를 겪은 지역들은 사실상 영어가 공식적인 통일 언어가 되어 있다.

편의상 영어를 모국어(mother tongue)로 쓰는 언어권을 제1구역(혹은 중심권 Inner Circle), 영어가 모국어는 아니지만, 공식언어로서는 제일 언어(first language)나 공용어로 쓰는 언어권을 제2구역(혹은 외곽권 Outer Circle)이라고 하면, 우리는 이 중 어디에도 속하지 않는다는 것을 알 수 있다. 그럼 우리를 위해 제3구역(혹은 확장권 Expanding Circle)도 있어야 하는데, 이 구역에 해당하는 나라들은 영어가 모국어도 아니고, 일차 언어도 아닌 지역들이다. 중국, 일본, 한국이 이 구역에 대표 선수로 되어 있지만, 유럽과 아시아의 나라들 중, 이집트, 인도네시아, 이스라엘, 사우디아라비아, 소련, 짐바브웨도 같은 항이다. 제3구역에서 영어는 외국어(foreign language)이다. 제3구역의 나라들은 이미 발달된 모국어를 가지고 있는 관계로 국내의 일상생활은 영어와 무관하게 이루어진다. 영어는 순전히 어떤 목적, 즉 유학, 통상, 무역, 외교, 여행 등의 이유 때문에 습득되고 이용되는 언어다.

영어를 모국어로 쓰지 않는 나라들, 1차 언어나 외국어로 쓰는 나라들은 모두 영어에 대해 모국어권 사용자와는 다른 태도를 가질 수밖에 없다. 전통과 자아감을 이어가는 '주체의 언어(language of identity)'로 그 나라의 모국어를 습득하지만, 출세나 승진, 입시,

여행 등 어떤 일의 성취를 가능하게 하는 '기회의 언어(language of opportunity)'로 영어를 학습해야 하기 때문이다. 아무리 외국어를 잘 해도 억양과 문화의 틀까지 습득할 수 없는 노력이니 제2구역이나 3구역의 나라들은 하나같이 나름대로의 독특한 영어를 개발시켜왔다. 즉 그들 나름의 '콩글리시'가 있다는 말이 된다. 1977년 유럽에서 Iveco라는 다국적 트럭제조회사가 만들어졌다. 프랑스, 이태리, 독일, 스위스가 이 회사에 투자를 했는데, 회사의 사용 언어는 영어였다. 이유는, '그래야 우리 모두 똑같이 불편하니까(It puts us all at an equal disadvantage)'.

1) 영어 공용어권 – 인도영어

영어가 모국어는 아니지만 국가의 공용어로 쓰이고 있다는 점에서 인도와 동남아시아가 새삼 우리들의 주목을 받았다. 지금은 우리도 '영어공용화론'이라는 어색한 고집을 부린 걸 부끄럽게 여기리라고 믿는다. 인도, 필리핀, 홍콩, 말레이시아, 싱가포르 등 동남아시아 국가들과 남아프리카의 앙골라, 잠비아 등은 영국 식민지에서 독립을 했으나 언어적으로는 확고한 통일 국어를 마련할 여유가 없었다. 편의상 식민지시절의 공식 언어였던 영어가 그대로 교육과 정치, 경제 일반의 소통 언어로 남아버려 공용어로서 구실을 한다. 그들의 언어독립 투쟁에 대해서는 달리 말할 기회가 있기를 바란다.

단지 여기에서는 영어를 공용어로 한다고 해서 전 국민이 다 영어를 능숙하게 말할 수 있는 건 아니라는 점을 강조하고 싶다. 오히려 사회 계층 간의 영어 사용의 차이가 심화된다. 교육을 받은 계층일수록, 서양 문물에 접촉이 많을수록, 사회의 상층으로 갈수록 영어 사용능력이 우수해질 수밖에 없는 건 사실이다. 교육의 기회가 적고, 경제 수준이 낮고, 여행과 타문화 접촉의 기회가 적은 계층은 영어습득의 기회도 적을 뿐 아니라, 설혹 영어를 배웠다고 해도 영어 사용의 기회도 거의 없다. 이런 상황에서 영어는 국민을 함께 묶어주는 장치라기보다는 국민의 계층을 나누는 지표로 작용한다. 영어를 통해 소통을 하지만, 한편으로는 영어로 인해 오히려 소통이 막히는 모순 상황이 생기는 것이다.

동일 언어권이라고 해도 잘 사는 사람, 못 사는 사람의 사회 계층은 있다. 그렇지만, 이 경우 언어 변이가 있다고 해서 취직이나 입시, 일상생활에 제약을 받는 법은 없다. 영어 공용어권의 영어는 이보다 훨씬 크게 내부 편가름의 도구로 쓰인다. 영어의 공용을 주장하지만, 사실은 차별도구로 영어를 쓰는 셈이다. 또 하나 어리석은 점은 그런 희생을 치른다고 해서 이 지역의 영어가 영어 모국어권의 유창성을 따라가는 건 아니라는 사실이다. 누구나 영어를 하는 것 같지만, 아무도 모국어권 영어를 하지 않는 기형적인 언어 현상이 생긴다.

영어공용어권의 대표이면서, 영미 다음으로 가장 큰 영어 사용국가인 인도의 경우를 들어보자. 우선 그 발음이 특이하다. 인도인들은 마치 준비된 책을 읽듯 그렇게 술술 별 다른 높낮이 없이 영어를 말하기 때문에 듣는 쪽에서 잠깐 여유를 부리다가는 앞뒤 가닥을 잡을 수 없을 정도로 진도가 나가 있어 낭패를 보기 십상이다. 억양의 높낮이가 없다는 점에서는 우리와 비슷하지만, 또글

또글 혀를 굴리는 발음은 인도 특유의 것이다. 알아듣기 어려운데도 유창하다는 점이 영어 식민지권의 영어 특징이다. 식민지 시절에 영어는 생존의 문제였던 만큼 정식의 언어 교육을 받을 형편이 아니었던 사람들도 간단하고 일상적인 표현에 아주 능숙하다. 따라서 잘 되든 안되든 영어를 사용하는 데에는 능숙하지만 억양이나 문법은 사용자의 교육 정도에 따라 천지차이가 난다.

또 'Indian English'는 어떤 경우 식민본국인 영국의 영어보다 훨씬 고풍스럽다. 미국어가 영국어보다 더 정통적이라는 기이한 주장이 가능했던 것도 다 언어의 '고풍스러움'에 근거해서였다. 17세기의 영어가 남아 있는 미국과 달리 인도의 식민지 경험은 19세기로 거슬러 올라간다. 인도에 정착한 영어는 19세기 영국 소설에나 나옴직한 영어가 많다. 이보다 더 중요하게 인도의 언어 사정이 미국과 다른 점은 영어가 일상 언어는 아니라는 점이다. 미국은 영국에서 독립하면서 더 이상 영국에 기웃거리지 않게 되자 이민자들의 언어가 자연스럽게 미국어 속에 수용되고 자체적인 언어발전이 가속화되었다. 미국어는 이렇게 자체적 변화를 거듭할 수 있었지만, 인도의 영어는 정지되어 있었다. 아무리 다수의 국민이 영어로 떠든다 하더라도 인도는 영어를 모국어로 사용하는 국가는 아니다. 통일된 국어가 없었다 뿐이지 인도의 각 지역은 오랫동안 나름대로 발달된 언어를 사용하고 있었다. 즉, 영어는 공식적인 관계나 사회 접촉에 쓰이는 언어였다. 따라서 식민 시절에 쓰이는 문어체적인 영어들이 실생활에서 오는 자연발생적인 언어 자극과 왕성한 변화를 겪을 여지없이 그대로 고착된 경우가 생겼다.

조선족과 이야기를 나누어 볼 기회가 있었던 사람은 인도영어의 엉뚱한 정중성을 이해하기 쉽다. 그들의 느닷없는 문어체 사용이 이와 비슷한 경우이기 때문이다.

　정신을 차릴 수 없이 더운 여름이었다. '왜 이렇게 여름이 덥지?', '여름이라지만 정말 너무 덥다', '더워도 더워도 참 너무하다' 등등 모여 있던 한국 사람들끼리 정신없이 날씨를 탓하고 있었다. 갑자기 더위를 잊게 해 준 것은 조선족 출신의 '담화'였다. '대륙성 기후가 해양성 기후보다 덥지요.' 우리 말 사용자로서 지리 교과서에서 나올 표현을 일상의 잡담에서 그대로 쓸 수 있는 사람은 아마 조선족과 일기예보관뿐일 거다.

　이렇듯 인도영어는 영어 현지 영어보다 느닷없이 고상하다. 인도영어로 어른의 생신을 축하할 때는 celebrate라는 심심한 단어로는 부족하다. 이제는 영어 사전에서 찾기 어려운 고어, '경하드립니다(felicitate)'를 쓴다. 장례식에서도 근엄해서, '얼마나 슬프시겠어요(I am so sorry)'로는 영어도 아니다. '유가족(the bereaved)'에게 '조의를 표하는 바입니다(condole)' 정도는 되어야 한다. 인도의 노상강도는 '도둑(bandit)'이 아니라 '악한(miscreant)'이다. 인도인들은 '도망(flee)' 가지 않는다. 다만 '실종(abscond)'될 뿐이다.

　이렇게 근엄하다가도 실수를 한다. 우리로서는 구별이 안 되지만 영어에는 두 가지의 '가슴'이 있다. 하나는 (정서적으로나 해부학적으로) 좀 더 여성적인 bosom이고, 다른 하나는 좀 더 중성적인 chest다. 털이 나는 가슴은 chest지만, 여자의 가슴이나 따뜻한 정은 bosom이다. 인도인들은 가슴에 통증이 있으면 chest보다 bosom을 쓰는 경우가 많다.

인도인들 나름대로 영어를 가공한 것들도 있다. 인도인들은 대부분 힌두교도들인데도 불구하고 성경의 비유를 따라 여자를 괴롭히는 사람을 eve-teaser라고 한다. 인도 경찰이 범인을 '잡으면(catch)' 늘 '움켜잡는다(nab)'. 재판(trial)을 기다리고 있는 사람을 위해 간단한 undertrial이라는 단어가 준비되어 있다. 영어의 '속옷(underwear)'을 뒤집어 입으면 인도의 '속옷(wearunder)'이 된다. 'fleetfoot'라는 인도영어의 단어를 보고 '무척 큰 발'이냐 '빠른 발'이냐 고민하면 안 된다. 실내화(plimsoll)나 운동화(sneaker)처럼 밑창이 얇은 신을 이렇게 편하게 부른다.

2) 수입 영어 - 유럽, 일본, 우리나라

영어가 모국어도 아니요 공용어도 아닌 나라들, 제 3구역의 나라들은 우리와 같은 처지다. 유럽의 나라들을 떠올리면 백인이니 당연히 영어가 술술 될 거라고 생각하겠지만 이보다 큰 오해도 없다. 유럽의 큰 나라들, 프랑스, 독일, 이태리, 스페인을 여행해 본 사람들은 거의 공포에 가까울 정도로 그 나라 사람들이 영어를 못한다는 걸 알게 된다. '영어는 세계어'라고 믿으며 알량한 영어 하나 믿고 유럽여행에 나서다니, 유럽인들에게 이런 모욕과 만행은 없다.

물론 유럽인들이 영어를 못하는 건 아니다. 같은 어족인데다 같은 기독교 문화이기 때문에 영어를 배우면 우리보다 훨씬 빠르게 배운다. 게다가 일단 외국어를 했다 하면 대여섯 가지는 금방해낸다. 그런가 하면 영국인들의 '외국어 학습 나태증'은 영어가 지금과 같은 사정이 아니었을 때도 여전했다. 이는 영국이라는 섬과 유럽이라는 대륙의 차이로 설명될 수 있다.

유럽이라고 말하면 영국인들이나 유럽인들이나 영국이라는 섬 나라를 빼고 생각한다. 영국인들은 나름대로 대영제국의 환상과 자부심을 가지고 '대륙'과 영국을 구별하고, 유럽인들은 영국인 의 상스러움을 경멸하는 뜻에서 그 구별을 반긴다. 우리가 일본인 을 가리켜 '섬나라 사람' 근성이 있다고 말할 때와 비슷한 편견을 유럽인들은 영국인들에 대해 가지고 있다. 즉 자잘하고, 세세하 며, 섬 안에 모여서 자기들이 제일 잘난 줄 착각하며 산다는 식이 다. 영불해협에 심한 안개가 끼어 배가 뜰 수 없었다. 날씨를 보도 한 한 영국 신문의 헤드라인은 지금까지도 유명하다. '해협 안개 로 유럽인들 발이 묶임(Fog in the Channel, Continent cut off)', 영국인 들은 영국이 세계고 유럽을 작은 섬이라고 보았다는 말이다.

이에 비하면 유럽 대륙인들은 국경에 접한 인접국가들이 워낙 많아 그런지 외교나 무역에 종사하지 않는 일반인들조차도 다른 나라의 문화나 언어에 대해 훨씬 더 잘 알고 있다. (나치 독일의 경우 를 보면, 그렇다고 해서 반드시 대륙인들이 타문화에 훨씬 더 수용적인 것만은 아니라는 것도 잊지 말아야 한다.) 스위스 같이 국어 자체가 3가지인 경 우도 있다. 일찍부터 외국 무역으로 살아온 나라들, 네덜란드나 벨기에, 덴마크에서는 작은 상점이나 여관의 종업원들도 수월하 게 몇 개의 외국어를 구사해서 사람의 기를 질리게 한다. 미국 관 광객이 많이 몰려오는 북구, 스웨덴을 비롯한 네덜란드, 덴마크 등의 영어는 영국영어보다 미국영어에 가까워 t가 변한 r 발음을 많이 들을 수 있다. 새롭게 개방한 동구 지역도 관광이 큰 국가 수

입원이고, 그 관광객의 대다수를 미국인이 차지하다 보니 미국어를 훨씬 더 많이 듣게 된다. 전체적으로 보면 영어 사용이 아주 낮은 수준이지만 의외로 능숙하게 미어를 구사하는 사람들도 만날 수 있고, 웬만한 음식점이나 주점에서는 미국 가수들을 흉내 낸 가수들의 노래도 들린다.

오히려 문제되는 나라들은 지리적으로 영국에 가까우면서 영국만큼 크고 전통이 있는 나라들이다. 보통 유럽의 세력 균형이라고 표현할 때, 유럽은 프랑스, 이태리, 독일, 스페인과 영국을 이르는 말이었다. '기도는 스페인어로, 사랑은 프랑스어로, 노래는 이태리어로, 명령은 독일어로, 장사는 영어로 하라'는 말이 있듯이 다른 나라들에 비해 이들 나라들은 각자의 독특한 문화와 전통을 유독 고집한다. 그런 관계로 이들 나라의 영어도 우리 못지않은 고문을 당하고 있다.

그런 대로 독일의 영어는 소통이 된다. 전후부터 미군이 주둔하고 있어서 그런지, 아니면 독일인들이 원래 언어에 소질이 있어서 그런지는 몰라도 독일에서는 비교적 영어 사용에 불편이 없다. 그들의 영어는 물론 독일식이다. 발음도 딱딱하고 물건 하나 팔면서도 진지하다. 게르만어 자체의 억양이 앵글로 색슨의 언어에 적용되어도 크게 어색함은 없다. 그렇지만, '콩글리시'의 사연을 들은 독일인 친구는 '정글리시(German English=Gernglish)'도 있다고 알려주었다.

유럽의 여러 가지 영어 중에서도 가장 재미있는 것이 프랑스인들의 영어다. 1635년 리셜리외 추기경이 설립한 아카데미 프랑세즈부터 "프랑스는 지금 영어와 전쟁중"이라고 말한 미테랑 전 대통령의 언어 정책까지, 프랑스는 불어에 대한 자긍심을 부추기고 외국어를 배척하는 데 적극적이었다. 1975년부터 시행된 소위 불어 순화 정책은 프랑스어에 대한 프랑스인의 자부심과 애정을 반영한다는 점에서는 사뭇 교훈적이었다.

그러나 사랑도 지나치면 병이라고, weekend, gadget, blue-jeans, self-service 등 너무나 일반화된 영어 사용까지 규제하는 경직성을 보였다. 그래서 그런지 지리상의 근접성, 얽히고설킨 역사, 어순(語順)이나 단어의 유사성에도 불구하고, 프랑스는 영어가 잘 안 통하는 나라 중 하나에 속한다. 지하철 역무원이나 박물관의 직원들도 영어로 물으면 막무가내로 대답을 하지 않는, 아니면 대답을 하지 못하는 경우가 많다. 영어권이 아닌 나라에서 영어가 안 통하는 경험을 하면 갑자기 그 나라가 참으로 매력적으로 보이는 것은 왜일까. 어쨌든 나는 프랑스의 완고함, 분명 질 것이 뻔한 싸움이지만 그 싸움을 치를 줄 아는 여유와 배짱이 좋아서 안 되는 불어를 써가며 다녔다.

그렇다고 해서 프랑스인들이 모두 순화정책의 권고안대로 햄버거라는 영어 대신에 steak hache라고 쓰는 건 아니다. 우리가 자율식당이라고 해석하는 self-service 식당을 불어는 불어의 관사와 영어의 앞 부분을 모아 'le self'라고 줄여 말한다. 맛도 없는 영어가 음식문화의 왕국인 프랑스에 남긴 흔적 역시 이런 '짬뽕'이다. 쇠고기 스테이크는 'le biftek', 로우스트 비프는 'le rosbif'라고 불린다. 음식이나 패션을 평하는 전문가 중에는 유창한 영어를 구사하는 프랑스인들이 많다. 이들의 유창한 영어에서 불어의 독특한 발음, 코를 울리는 비음 '-숑', '-콩'이 함께 섞여 나오는 것을 듣다보면, 진정 영어에서 '불가능, 꽁쁠리뜰리 앵뽀써블 (completely impossible)은 없다' 는 생각이 든다.

유럽 각국의 영어들도 시간이 지나면서 점점 더 미국 이미지 산업의 영향권을 벗어나지 못한다. 프랑스의 유명 잡지에서 조사한 바에 따르면 프랑스인들의 변모가 예사스럽지 않다. 전통적으로 사상과 예술부문의 인물을 사회 저명인사로 꼽던 프랑스인들조차 이제 영화배우나 운동선수를 선호하는 미국화 경향을 보이고 있으며, 영어를 배우려 할 때 가까운 영국보다는 미국을 선호한다. 원래 프랑스, 영국의 관계는 백년전쟁 이래 앙숙이고, 프랑스, 미국의 관계는 미국 독립 전쟁 때부터 우호적이었다. 더욱이 미국 산업계가 세계를 지배하는 것이 엄연한 현실인 다음에야 언어와 산업, 문화를 동시에 익히려면 '후진국' 영국보다는 좀 돈이 들더라도 미국으로 가는 게 낫다는 것이 그들의 계산이다.

유럽과 동남아시아, 중동까지 다 뒤져서 온갖 이상한 억양과 발음에 길들여져 있고, 그 이상함을 사투리 정도라고 융통성있게 받아들이는 대담한 영국인이나 미국인이라도 한번 크게 놀라는 영어가 있다. 바로 일본 영어다. 일본인들의 모방 능력은 이제 창작력의 수준을 넘어 신기에 가까운 지경에 이르렀다. 이건 산업체나 '게이무(game)' 업계에만 해당하는 것이 아니다. 아무리 '수마또 (smart)' 한 '하이쿠라수(high class)' 일본인이라도 '샐러리맨 (salaryman)' 이라는 영어의 창작자가 자신들인지는 모를 것이다. 샐러리맨이 월급쟁이로 옮기기에 가장 적당해 보이긴 하지만, 영어에서는 월급쟁이라는 말보다는 '월급을 받는 사람', ' 샐러리드 맨

(salaried man)'으로 써주길 바란다. 올드미스라고 하면 훨씬 아름다울 '노처녀'도 본토의 영어로는 무슨 방적공이나 되는 '스핀스터(spinster)'나 메마른 '올드 메이드(old maid)'를 써야 하는 것과 마찬가지다.

　동경에 내려, 친절하고 예의바른 일본인 기사가 운전하는 택시를 타고 숙소인 '새틀리트(Satellite)' 호텔을 찾아간 한국인이 있었다. 운전기사는 몇 차례나 공손하게 호텔 이름을 되물으면서 열심히 그 장소를 찾았지만 도무지 호텔을 찾을 수 없었다. 엔화 올라가는 소리에 놀란 한국인 손님이 적극적으로 차창 너머로 고개를 내밀고 찾아보니, 이 택시는 계속 호텔 주변을 '위성처럼' 맴돌고 있는 것이었다. 뒤늦게 이 사실을 깨닫게 된 운전기사는 한국 손님의 영어발음을 정정해주었다. "아하, 사떼라이또!"

　일본인들은 쓰레빠(slipper)를 신고 빠께스(bucket)의 물을 퍼서 샴푸 세또(shampoo set)로 머리를 감는다. 정장을 하면 꼭 네쿠타이(necktie)를 맨다. 군집성이 강해서 에레베타(elevator)도 티무(team)로 탄다. 일찍이 서양 문물을 받아들여 빠다(butter)에 해무(ham), 베이콘(bacon), 치주(cheese)도 먹을 줄 알고, 사라다(salad)와 비푸데키(beafsteak)도 즐긴다. 미루쿠(milk) 넣은 코이이(coffee)를 좋아해서, 한바가(hamburger)와 같이 먹고, 아이수쿠리무(icecream)나 아푸루파이(apple pie) 장사도 잘 된다. 무엇보다도 일본의 제일 큰 산업은 전자분야, 에렉쿠토로니쿠수(electronics)인데, 이 정도의 길이와 변모를 겪게 되면 '한다' 하는 영미인들도 더 이상 어원 추론을 포기하게 된다.

　일본인의 영어는 일본어의 모음이 영어보다 부족한데다가, 영어에 비해 억양 변화나 리듬이 심하지 않은 데에서 기원한다. 또 영어 사용 현장과 너무 멀리 떨어져 있다는 지리적 한계도 일본 영어를 '말' 보다 '글' 중심으로 만든 요인이다. 서양 사람들 사이에 일본은 아주 매력적인 나라다. 작고 못생긴(서양인의 기준에서) 일본인들이 부자라는 데에 어떤 신비감마저 느끼는 모양이다. 일본어를 배우려는 사람들도 많다. 영미인들이 일본어 학습에서 가장 어려워하는 부분이 바로 가다가나로 쓰여져 있는 '영어' 다. 온갖 비영어권 인사들의 갖가지 다채로운 영어 중에서도 일본인들의 영어는 독보적인 경지임에는 틀림없다.

이쯤 되어 한국식 영어, 콩글리시를 내세우지 않으면 한국인의 자존심이 허락하지 않는다. 우리나라는 산업이나 경제, 정치면에서 이론이나 형식논리상으로는 서구 지향적이다. 많은 이들이 서양의 좋다는 교육기관이나 유명한 연구소에 발을 담그고 오거나 몸을 담그고 와서, 열심히 이 사회의 구석구석 비서구적인 면을 지적하고 개선해야 한다고 주장한다. 하지만 속의 내용은 비서구적이다. 정경유착이라든가, 국회에서 의원끼리 몸싸움을 벌인다든가, 위험할 정도로 열심히 공부하지만 별로 창의적인 학생을 만들어내지 못하는 교육제도에 이르기까지 참으로 일본 지향적이다.

영어도 예외가 아니다. 우리나라는 일제 강점기 시대와 거의 같은 시기에 영어를 수입하면서 중간상인인 일본에게 엄청난 수입 중개료를 주었다. '드롭스(drops)' 라는 쉬운 영어를 놔두고 '도로 뽀스' 라 해야 알사탕이라도 먹을 수 있었기 때문이다. 우리도 '비니루(vinyl)' 깔고, '쓰레빠' 신고 '빠마(permanent)' 한다. '레지(lady)' 한테 커피 시키기도 일본인들과 마찬가지다. 일본에서나 우리나 '세비로' 양복, '쎄비루'를 입었다고 하면 제일 고급으로 차려입었다는 말이 된다. 그 어원에서부터 지금의 언어 용도까지의 변천을 이해하려면 국제적인 감각과 고도의 상상력을 요한다.

런던 중심가의 거리는 특색 있는 상가들끼리 모이면서 거리마다 자연스럽게 용도별로 분류가 되어 있다. 말 그대로 Bank street 에는 은행들이 모여 있고, 본드 거리(Bond Street) 근방은 유명 전문점 상가와 화랑들이 들어서 있으며, 옥스퍼드 거리(Oxford Street)는 관광객들로 북적이는 백화점과 젊은이 취향의 상점들로 유명하다. 세빌 로우(Savile Row)는 그 사이에 있는 별로 대수롭지 않아 보이는 좁은 거리다. 이곳의 오래된 상점들은 세계에서 남자 양복을 제일 잘 만드는 곳으로 유명하다. 중동의 석유 부자나 유럽 왕실 사람들, 미국 영화배우들이 이 상점들에서 옷을 해 입는단다. 그 세빌 로우가 쎄비루로 변모되는 데 일본과 한국에서 몇 사람의 입이 필요했는지 모르겠다.

일본이 한국 영어에 남긴 영향은 발음에만 국한된 것이 아니다. 발음이야 대중매체의 발달로 영어 모국어권의 발음을 직접 들을 수 있으니 얼마든지 고칠 수 있다. 더 큰 문제는 일본에서부터 비롯된 문법에 대한 열렬한 애정과 집착이다. 언어의 구조가 워낙 다르고, 지리적으로 너무나 멀다 보니 일본인들은 문법을 공부하면서 영어를 배운다고 스스로 위로했다. 당장 영어라는 '말'이 필요한 일본인들은 몇 안 되었기에 그 외 일본인들은 영어라는 '글'을 해부하고, 고문하는 걸로 학습열의를 채웠다.

일본과 같은 입시제도와 교육열을 가진 한국으로서는 이 열의를 아니 배울 수가 없었다. 일본의 각종 문법책이 한국에서 번역되어 갑자기 '진짜' 영어책으로 둔갑을 했다. 일본의 문법책들은 영미의 문법학자들도 놀랄 정도로 영문법 문제의 보고라, '변별력' 좋아하는 우리 대입준비에도 상당한 역할을 했다. 영국이나 미국에서는 안 쓰는 말을 외우고, 실제 쓰는 말은 상스럽다고 무시했다. 영어를 배우면서도 영어 발음을 해야 될 일이 없으리라 전제했는지, 발음 시험은 엄밀한 의미에서 영어 발음 시험이 아니라 발음기호 시험이었다. 강세(accent) 역시 말로 드러내는 것이 아니라 시험지에 그려 넣는 걸로 족했다. '글'과 문법은 날로 어려워지는데 '말'은 안 되는 영어가 남은 건 이런 연유에서다.

일본 취재를 다녀온 어느 기자의 이야기다. 기자 신분답게 그는 외국인들을 많이 만나 봤지만, 신간선을 타고 가다 만난 일본인하고 제일 많이, 또 제일 깊이 있게 영어로 이야기를 나누었다고 한다. 생각해보니 비록 국적은 다르지만, 같은 문법책 동지가 아니었을까 싶은 마음이 들어서였단다.

2. 우리 영어의 사연

이렇게 다양한 영어들 가운데 우리 영어가 좀 이상하기로서니 너무 기죽을 건 없다. 영어 모국어 사용자들조차도 영국, 미국 사이에서 소통이 안 되는 말들이 있다는데야, 우리처럼 이리 멀리 떨어진 곳에 사는 사람들의 실수는 당연한 일이고, 오히려 적극적인 실수 연발을 통해 즐겁게 개선의 여지를 찾을 것이다. 단지 문제가 있다면 의도적이며 체계적으로 영어에 관해 잘못된 사고방식과 경직된 태도를 바로 잡는 것이다. 각국 나름의 매력을 잊지 않고, 세계인들과 나란히 영어를 즐기자면 제일 먼저 이 경직성을 푸는 일이 급선무다.

누구나 지적하듯 우리의 영어 강박증은 기형적으로 강제된 영어 교육 탓이 크다. 그렇지만, 이와 못지않게 훨씬 단순하면서도 근본적인 현상도 여기에 일조했음을 부정할 수 없다. 즉 영어권과의 지리적인 거리가 너무 멀었다는 너무나 분명한 사실이 영어 교육의 큰 걸림돌이었다. 지리적인 거리감은 분명하게 문화교류의 한계를 설정한다. 지리상으로 우리가 사는 곳과 미국, 영국 그리고 호주 사이에는 대양이 가로 놓여 있다. '안 보면 잊는다' 는 말 그대로 물리적 거리가 심리적 거리를 만드는 것을 보면 우리는 그만큼 영어 사용국들과 물리적으로나 문화적으로 거리를 두고 있는 셈이다. 불합리하고 비현실적인 영어 교육도 어찌 보면 영어 사용권과 동떨어진 데에서 어쩔 수 없이 생긴 결과였다.

국제화되고 개방된 교육 환경으로 바뀌어가면서 요즘 학생들의 영어 실력도 부쩍 성장했다. 우리나라가 둥둥 해양을 떠다니다가 미국이나 호주쯤에 가서 붙는 이상지리변동 현상이 생긴 것도 아닌데, 이런 실력 향상이 가능해진 것은 그만큼 두 언어 간의 교류와 문화 접촉이 빈번해졌기 때문이다. 인터넷을 통한 가상현실의 경험은 지리적인 거리감을 극복하는 효과를 주었다. 영화 개방이나 빈번한 해외여행도 빠르게 문화적인 이질감을 없애가고 있다. 이런 변화가 반드시 좋기만 한 것은 아니겠지만 영어 학습에 관한 한 훨씬 개선된 학습환경임을 부정할 수 없다.

많은 면에서 문화의 충격이 사라지고 있는 마당이니 오히려 두 언어의 차이가 새삼스럽다. 언어와 문화 접촉이 거의 전무했던 별개의 언어를 배우기 위해 우리가 어떤 차이를 극복해야 했는가를 확인하게 되면 우리식 영어를 쓰게 된 배경을 이해할 수 있고, 또 우리식 영어에 대해 지나친 비하와 급한 공격을 삼가게 된다.

1) 국어에서 영어로 가는 길

(1) 관사, 복수, 문장

아무리 영어와 국어가 비슷한 데가 있다고 우기려는 사람이라도 두 언어의 모양새가 너무나 다르다는 점에는 기가 질린다. 우선 영어는 간단히 24자 알파벳의 가로조합만으로 단어를 만들지만, 국어는 자음과 모음에 받침이 어울리는 모아쓰기로 단어를 만든다.

국어와 영어의 품사를 나열해 보면 그 둘의 차이는 모양이나 배열이라는 외형적인 것이 아니라 본질적인 것임을 알게 된다. 국어의 품사는 5언 9품사인데 비해 영어는 8품사로 이루어져 있다. 국어에서 명사, 대명사, 수사는 문장의 주체어가 되는 체언(體言)이요, 조사는 관계언, 관형사와 부사는 관형언이고 감탄사는 독립언이며 동사, 형용사는 용언이다. 영어는 명사, 대명사, 관사, 형용사, 부사, 동사, 전치사, 감탄사의 8품사를 가지고 있다. 우리말은 교착어(膠着語)의 특징을 가지고 있어 조사나 접미사를 붙여서 의미의 변화와 어순의 연결을 이루다 보니 당연히 조사는 의미 전달의 핵심 기능을 담당한다. 그런데 영어에는 국어의 수사, 조사가 없다. 그 반면 국어에는 영미인들이 거의 본능적으로 용법을 구별하는 관사와 전치사가 없다.

우리라면 눈 감고도 구별해 사용할 수 있는 '은/는/이/가'를 외국인에게 차근차근 설명하기란 참으로 고역스런 일이다. '나는 가고 싶다'는 되는데 '나가 가고 싶다'든지 '나이 가고 싶다'는 왜 안 되는지 그들로서는 짐작하기 어렵다. 영어를 배울 때 우리도 관사나 전치사에서 이런 낭패감을 느낀다. 세상에 하나밖에 없으면 정관사를 붙인다고 해서 열심히 "The moon is the satellite of the Earth"를 외웠더니 'Elizabeth, the Queen of England'가 아니라 'Elizabeth, Queen of England'라는 '예외'를 알려준다. 그 '예외'대로 'The New York'이 아니라 'New York'이다. 공공건물에는 정관사를 붙인다고 해서, '청와대, The Blue House'와 '외무부, The Foreign Office'에는 정관사가 붙더니 같은 공공건물이라도 '서울역, Seoul Station'의 경우엔 정관사가 붙지 않는다. 궁전의 이름은 관사 없이 'Hampton Court', 'Kensington Palace', 'Windsor Castle'이라고 하더니 이 모두를 한꺼번에 부를 때에는 'the palaces of Hampton Court, Kensington and Windsor'다.

이렇게 예외가 많은 규칙은 규칙이 아니다. 문법 사항을 외운다고 해서 개별 사항에 별로 도움이 안 될 때에는 그냥 부딪히는 도리밖에 없다. 영어권의 원어 사용자들은 관사가 잘못 쓰인 걸 보면 마치 우리가 조사를 잘못 쓴 것 같은 근지러움을 느끼는 모양이다. '내가 갈게' 대신에 '나가 갈게'라는 말을 들을 때 느끼게 되는 그 근질근질함을 그들은 관사의 사용 실수에서 느끼는 거 같다.

또 다른 예로 사람의 신체 일부를 나타낼 때에는 정관사를 사용한다는 해괴한 문법 사항을 외웠던 기억이 난다. 그래서 '친구가 내 등을 쳤다'는 뜻의 영어는 'My friend touched me on the back'이지 'My friend touched my back'이 아니고, '그가 내 팔을 잡았다'는 말은 'He grabbed my arm'이 아니라 'He grabbed me by the arm'이다. 선생님들은 나름대로 '나'라는 사람을 건드린 것이고 등이나 팔은 내게 닿는 수단이니까 그럴 거라고 착실히 그 문법을 설명하셨던 듯하다. 하지만 문법에 무슨 설명이나 변명이 필요한 것은 아니다. 그냥 그렇게들 쓰니까 그렇게 쓰는 거라고 말하면 족하다. 그런 구차한 설명이 들어가면 갈수록 다양한 용법을 예외라고 변명해야 하는 악순환에 빠진다.

예를 들면, '그녀는 내 어깨에 기대어 울고 있다' 는 말은 'She is crying on me by the shoulder' 가 아니라 그저 'She is crying on my shoulder' 이고, '그는 그녀의 팔을 비틀었다' 는 영어로 'He twisted her in the arm' 이라고 하지 않고 'He twisted her arm' 이라고 해도 틀릴 건 하나도 없다.

아주 간단할 것 같은 명사도 서로 다르다. 영어의 숫자 개념은 우리보다 철저한 것이 사실이다. 우리말에도 복수가 없는 것은 아니다. 셀 수 있는 명사, 대명사는 복수가 가능하고, 셀 수 없는 것은 복수가 불가능하다는 것이 국어 문법 원칙이다. 책들, 학생들은 되지만, '물들' 은 안 된다. 그렇지만 'There are many desks in the classroom' 을 우리말로 정직하게 옮긴 '교실에는 책상들이 많이 있다' 는 참 어색하다. 한국 사람들은 'We need many cups' 를 '컵들이 필요해' 라고 하지 않는다. 사실, '컵들' 이라니 당치 않다. '컵 좀 있어야 되겠어' 가 정다운 우리 말이다.

서양의 가사 작업과 도제 교육을 논하는 글 중 다음과 같은 표현이 있다.

Mothers educates daughters and female servants, fathers educates sons and male servants.

정직한 번역은 '어머니들은 딸들과 하녀들을 가르쳤고, 아버지들은 아들들과 하인들을 가르쳤다'가 된다. 그렇지만 '어머니는 딸과 하녀들을 가르쳤고, 아버지는 아들과 하인들을 가르쳤다'고 해서 '그렇다면 그 당시에는 딱 한 사람의 어머니와 아버지가 있었고, 딱 한 사람의 아들, 딸, 하인, 하녀를 두었나 보다' 생각할 한국인은 없다. 그걸 꼭 그렇게 다 꼬집어 말할 필요가 없다는 식이어서 국어에서 독자나 청중이 문맥에 따라 그 의미를 가다듬어야 할 비율이 영어보다 높은 편이다.

우리말만이 이렇게 상황과 눈치에 많은 비중을 두는 건 아니다. 일본어도 그렇고, 중국어도 이 점에서는 영어보다 우리말에 더 가깝다. 중국어는 심지어 동사의 어제, 오늘 구분이 없다. 한 동안 영국 학생들과 함께 중국어를 배웠던 적이 있다. 영국 학생들은 동사로 시제를 알 수 없다면 도대체 어떻게 시제를 아느냐며 너무나 어이없어했다. 학생들 중에는 영국뿐 아니라 다른 유럽에서 온 학생들도 있었던 걸 보면, 유럽 언어를 사용하는 사람들은 대부분 동사의 시제로 문장의 시제를 결정하는 모양이었다. 중국인 선생은 하나도 놀라지 않았다. 처음에는 그 질문과 학생들의 당황을 이해할 수 없었던 선생은 한참 후 무심히 말했다. 도대체 뭐가 걱정이냐. 말하다 보면 어제 일인지 오늘 일인지 의례 아는 법이지. 뭐 그리 따지냐는 식이었다.

뜻을 파악하기 위해 그 언어 이외에 다른 요인, 즉 상황이나 문맥이 많이 개입해야 한다면 그 언어는 그렇지 않아도 되는 언어보다 소위 과학성, 분석성, 객관성, 또 경제성에서 열등해질 위험이 있다. 우리말은 정서적이고, 영어는 과학적이라는 대비가 난무하는 까닭도 여기에서 온다. 우리말은 말 이외에 말이 쓰여지는 관계가 의미 설정에 중요한 역할을 한다. 오죽하면 시험에 높은 점수를 받기 위해 '출제자의 의도를 파악하라' 는 조언까지 있겠는가. 어떤 정해진 답, 게다가 우리나라처럼 '객관적' '공명정대함' 만을 요구하는 시험에서 시험 문제의 맞고 그름을 결정하는 데 있어 출제자의 의도와 심리 상태는 절대로 변수가 되어서는 안 된다. 그럼에도 불구하고, 오락가락하는 문제에 대한 논쟁을 매듭짓는 말로 자주 '출제자의 의도' 를 들먹인다. 가장 엄정하고 명증해야 할 시험 문제의 국어조차 이렇게 문제 출제자의 심리를 파고들어가는 묘수를 요구하는 데야 일반인들 사이의 턱없이 허술한 대화는 말할 필요도 없다.

영어의 분석성, 과학성을 드러낸다는 실례를 하나 더 들어보자.

'서울 인구는 부산 인구보다 많다' 를 영어로 옮기면 'The population of Seoul is much larger than that of Pusan' 이 된다.

'말레이시아의 산골 사람들은 한국의 도시 사람들과는 다른 관습을 가졌다' 는 'The hill people of Malaysia have customs different from those of the city people of Korea' 가 된다.

고등학교 영어를 배운 사람이라면 기억하겠지만 우리가 흔히 저지르는 실수는 'that of Pusan', 'those of the city people of Korea' 에서 'that' 이나 'those' 라는 지시대명사를 잊어버린다는 점이다.

우리말에서 '서울 인구는 부산보다 많다', 혹은 '말레이시아의 산골 사람들은 한국의 도시 사람들과는 다른 관습을 가졌다' 는 말은 되지만, '서울 인구는 부산의 그것보다 많다' 든지 '말레이시아의 산골 사람들은 한국의 도시 사람들의 그것과는 다른 관습을 가졌다' 같은 민망한 표현은 없기 때문이다. 그러나 요즈음에는 순 한국말이나 글에도 '서울 인구는 부산의 그것보다 많다' 든지 '말레이시아의 산골 사람들은 한국의 도시 사람들의 그것과는 다른 관습을 가졌다' 는 말을 겁도 없이 쓴 것을 보게 된다.

이것이 한국어보다 영어의 분석적, 객관적, 과학적 성질을 보이는 예라고 할 수는 없다. 번역투에 익숙하고 영어의 지칭 결벽증이 한국어의 두루뭉수리보다 낫다는 식자들의 고지식한 사대사상을 반영한다고 볼 수 있을 뿐이다. 우리말에서 느닷없이 쓰인 '그것' 이라는 단어는 차마 말로 담기 어려운 말, 성적 은유(性的 隱喩)라는 함의(含意)를 가진다는 점을 떠올리게 되면 지나친 모방도 조심할 일이다.

(2) 동사

어느 나라 말이든 동사를 익히기가 제일 어렵다. 자주 쓰이고, 변화가 많고, 뜻을 결정하는 데 핵심적이기 때문이다. 가장 기본적인 동사로 be동사의 예를 들어보자. 대학원서를 구해보니 총장님의 인사말이 나와 있다.

'우리 대학에 지원해주셔서 감사합니다'

'Thank you for your application' 이라는 간단한 영어보다는 되도록 주어와 동사를 살려 영어로 만들면 이쯤 된다. 'I am delighted that you are applying for the University.' 이 문장에서 소위 본동사라고 하는 것은 'am delighted' 가 된다. am이야 당연히 be동사의 변화형이고, delighted는 delight라는 동사의 과거분

사형으로 형용사로 전이된 형태임을 알고 있다. 그러니 'I am delighted' 는 '나는 기쁘다' 로 번역되는 데 아무 문제가 없다고 여긴다.

그렇지만 우리말에는 엄밀한 의미로 영어의 '-이다' 라는 뜻의 be동사가 없다. '-있다' 나 '-이다' 라는 뜻으로 쓰이는 영어의 be동사는 위 예문처럼 형용사와 만나 술부를 이룬다. 또 의문문, 부정문, 수동태에서는 조동사로 쓰인다. 위 문장의 부정문은 우리말로 하면 '나는 기쁘지 않다' 가 되지만 '-않다(아니다)' 처럼 술부자체가 부정인 경우가 없는 영어는 'I am not delighted' 가 되어 be동사에 not을 붙이는 방법을 택한다. Be동사의 역할이 여기에만 그치는 것이 아니다. 'been' 이나 'being' 으로 분사가 되어 완료 시제를 이루거나 분사 구문을 만들기도 한다.

이런 관계를 문법 용어를 동원해서 설명해보자. 이미 국어를 모국어로 사용하는 사람들로서는 국어에 의식적인 분석을 가할 수가 없지만, 국문법의 설명을 따르면 be동사의 특이성이 더욱 분명하다. 'I am a student' 에서 'am' 은 be동사다. 하지만, '나는 학생이다' 에서 '-이다' 는 서술격 조사가 된다. 조사이기 때문에 격변화가 일어날 수 있다. '학생인', '학생인고로' 등의 변화는 우리말의 서술격 조사 '-이다' 의 변모를 보여주는 예가 된다. 그렇지만 '나는 학생이 아니다' 의 '-아니다' 는 서술격 조사가 아니라, 마치 be동사의 부정형처럼 용언이 된다. 즉 활용이 가능하게 된다. 활용을 통해 '내가 학생이 아니냐?' 고 물을 수 있다. '나는 학생이 아니었다' 처럼 시제 변화도 있을 수 있다.

'She is so pretty' 는 '그녀는 그다지도 곱다' 로 번역된다. 이때의 과정을 보면 영어 be동사 '-이다'에 형용사(우리말의 관형사), '고운(pretty)'을 붙여 '고운-이다' 즉 '곱다'로 변모된 것을 알 수 있다. 영어에는 '곱다'라는 동사가 없이 be동사가 적절한 형용사를 만나 동사를 이룰 수 있다. 반면 우리말에는 '곱다'라는 술부가 가능하다. 달리 말해 우리말의 이 관형어는 우리말의 동사와 함께 용언이 되지만 영어에서는 동사만이 활용 가능한 용언으로 쓰인다.

처음 배울 때부터 수상쩍더니 한참 지나서도 be동사가 낯선 이유가 있었던 것이다. '있다'도 되었다가 '-이다'도 되고, 조동사로도 쓰이는 이 동사를 익히기가 생각처럼 만만치 않다. 우리말로는 술부 없이 말을 맺을 수가 없다. 따라서 가장 자주 쓰이는 동사인 be동사에 능숙해지는 건 영어 학습의 기본이다. be동사가 중학교 영어교재 시작부터 단골로 등장하는 이유도 여기에 있다. 그렇지만 두 언어의 차이, 특히 우리말에는 없고, 영어에는 있는 항목을 익히는 데에는 아주 오랜 시간과 지속적인 반복이 필요하다.

Be동사만 어려운 게 아니다. 다음으로 쉽다고 하는 do동사를 습득하기도 만만치 않다. 체코 여행 중에 실제로 겪은 일을 들어보면 우리 모두에게 위로가 되리라 믿는다. 동구권 국가들이 시장 경제와 민주주의를 받아들이면서 미국 관광객들이 주요한 관광지 수입원으로 떠올랐다. 갑작스럽게 관광천국으로 각광을 받다보니 사회 전체의 운영에 미숙함이 없을 리 없다. 그 중에 가장 큰 문제가 언어 소통 장애였다. 관광객들 대부분이 동구권 국가들의 언어를 사용할 줄 모르는 것은 물론이고, 그 나라 언어가 쓰여 있는 걸 처음 본 사람도 많았다. 이런 마당에 수적으로나 소비량으로나 당

연히 우위를 차지하고 있는 미국식 영어가 관광안내원의 언어로
자리잡는 건 당연했다.

그러나 관광안내원들과 관광객용 상가를 벗어나면 영어는 무용
지물이었다. 수도인 프라하에서도 마찬가지였다. 관광객 전용의
전문 상점이 아니라 일반상점에서는 영어로 소통할 수 있는 직원
을 거의 만날 수 없었다. 물론 그렇다고 사고 싶은 물건을 사고파
는 데 지장이 있는 건 아니다. 그저 아라비아 숫자만으로도 얼마
든지 물건을 살 수 있다. 이런 마당에 그나마 영어로 물건 개수와
액수나마 물어볼 수 있는 점원을 만나게 되었으니 미국인 관광객
이 구세주를 만난 것처럼 기뻐했다. 물론 그 아가씨는 한번도 완
전한 문장을 만들지 못했지만 그래도 'twenty-one' 이라든지,
'not for sale' 이라는 정보는 주었다. 그는 그녀에게 내일도 근무
하느냐고 물었다. 점원의 대답은 'I am Today' 였다. 미국인은 웃
었지만, 그렇다고 그 말을 이해하지 못한 건 아니었다. 점원은 물
론 끝까지 진지했다.

우리라고 이보다 나을 건 없다. 영어를 '말' 로 하자고 떠들썩했
던 시절 농담 겸 진담 중 이런 이야기가 있다. 로마에서 공부하는
한국학생이 있었다. 한국에서 관광객이 오면 로마관광 안내를 하
는 것이 그의 아르바이트였다. 어느 날 관광 안내 중 우연히 곤경
에 빠진 한국인을 보았다. 한국인이리라 추측을 했지만 한국인인
지 아닌지 확인을 할 수 없었다. 분명 이태리어를 못하니 저렇게
한심한 영어를 쓰고 있겠지 싶어 우리의 관광 안내 학생은 애국심
과 연민을 가지고 물었다.

"Do you Korean?"
곤경에 빠진 상대방의 대답
"Yes, I do."

아직도 이 상황이 왜 우스운지 모르는 사람은 영어 공부 완전히 헛한 거다.

Be동사의 멋진 가능성을 알려주는 실제 사건은 바로 우리나라에서 있었다. 점심 직후에 있는 수업은 어떤 과목이 되든 노곤한 오수를 당할 재간이 없어 졸 때가 있다. 잠이 솔솔 오는 날씨에 셰익스피어 강의가 있었다. 한 남학생이 결국 이 잠귀신한테 잡혀서 쉴새없이 꾸벅였다. 교수님은 꾸욱 참았지만, 드디어 한계를 넘어 저 사람을 깨우는 것이 스승의 도리라는 생각을 하시게 되었다. 인간의 비극적 상황을 이렇게 아름다운 언어로 그려 놓은 '햄릿'을 읽고 있는데 잠을 자다니. 교수님은 '저기 남학생, 이 부분 좀 해석해 보겠나' 말씀하셨다. 교수님이 지적하신 부분은 이랬다.

'To be or not to be, that is a question.'

혹시 이 문장을 처음 본 불운한 사람이 있을까봐 미리 고백하자면 이 번역은 이렇다. '사느냐 죽느냐, 그것이 문제로다'

교수님은 결코 학생에게 창피를 주자는 음모를 가지신 것은 아니었다. 단지 이때의 be동사가 존재의 있고 없음, 삶과 죽음으로 번역이 되기 위해서는 뒤에 이어지는 나머지 독백과 연관지어야 한다는 점을 잊고 계셨을 뿐이다. 교수님은 영어의 be동사가 낯설다고 하지만 설마 햄릿의 유명한 독백을 모를 리 없다고 상상하셨을 거다. 이 학생은 아직도 영문과 사람들 사이에 전설로 전해지는 명번역을 남겼다.

'있는 것이 없는 것이냐, 이것이 웬 말이냐.'

그래서 잠자는 사자를 깨우지 말라고 했다.

2) 영어에서 국어로 가는 길

국어를 영어로 옮기기는 어려워도 영어를 국어로 옮기기는 쉽다고 생각하는 사람들이 많다. 사실 일리도 있는 생각이다. 영어는 외국어고 국어는 모국어니 이미 다 되어 있는 외국어를 익숙한 우리말로 만드는 데에는 별로 실수가 없을 것 같다. 그렇지만, 국어에서 영어로 전환하기 어려운 만큼이나 영어가 국어로 들어오기도 만만치 않다. 여기에는 우리 문화와 영어 문화권의 깊은 차이도 함께 한다.

(1) 너무 먼 그대 1_인칭대명사

이미 영어가 넘쳐 나는 세상이라 아무도 그걸 놀라움으로 기억하고 있지 않을 뿐인데, 순진한 시절로 돌아가 영어를 막 시작한 때를 기억해보자. 우리가 영어에 대해 느꼈던 최초의 충격은 무엇이었을까. 알파벳으로 가로쓰기를 하는 것도 낯설고, '쏼라' 거리는 발음도 낯설었다. 그렇지만 그건 이미 외국어였기 때문에 기대했던 바였다. 그 모든 것보다 진중하면서도 울림이 큰 충격은 바로 '너(you)'를 만난 탓에 왔다. 그 단어 때문에 왜 충격을 받느냐고 저항하는 사람을 위해 아주 쉬운 문장의 번역을 권한다.

'You're so smart.'

이를 어떻게 번역할까.

문장 자체는 막 영어를 배우기 시작한 사람을 위한 수준이다. 그러니 이 쉬운 문장을 우리말로 옮기는데 아무런 문제가 없다고 자신하기 쉽다. 다음의 번역 중 어느 것이 거기에 가장 합당할까.

'너 참 영리하구나'
'참 현명하십니다'
'자네 참 현명하네'
'당신 참 현명하구려'
'참 현명하네요'
'참 영리하시네'

위의 번역 문장이 다 가능한 이유는 앞뒤 맥락 없이는 이 간단한 문장의 'you'가 누구인지 알 길이 없는 데에서 생긴다. 다음 경우를 들어보면 이 말의 뜻이 좀 더 분명해진다.

10여 년 전 처음 영국에 와 에딘버러에 살 때 일이다. 옆집 꼬마는 7살에서 8살을 향해가던 중이라 앞니가 거의 빠져 있어 무슨 말을 해도 잘 알아듣기 어려웠다. 그래도 스코틀랜드 아이치고는 의외로 붙임성이 있어 우리 집 아이들과 잘 어울렸다. 그 꼬마를 처음 보던 날 물었다.

"What′s your name?"

난 분명히 마음속에서 '넌 이름이 뭐니?' 하는 울림을 가지고 있었다.

꼬마가 '슈슈슈토바' 라고 대답을 했다. 나중에 알았지만, 아이 이름은 '크리스토파' 였는데, 앞니가 워낙 빠지다 보니 '슈슈슈토바' 로 바뀌었던 터였다. 하여간, 거참 괴이한 이름이로다 생각하고 있을 때 꼬마가 내게 물었다.

"What′s your name?"

방금 전 나는 '넌 이름이 뭐니?' 의 분위기로 물었던 그 질문을 바로 그 꼬마가 내게 하다니, 그렇다면 이 아이도 내게 '넌 이름이 뭐니?' 라고 묻는다는 게 아닌가. 이렇게 건방진 꼬마가 있나. 그걸로 작은 충격을 받았으니 나도 어지간히 문화차이에 대한 준비가 안 되어 있었던 모양이다.

영어에서 you는 남녀노소 그리고 직위에 관계없이 쓸 수 있다. 영어의 2인칭 대명사 you는 다른 어느 외국어에도 없는 대표성을 가지고 있다. 영어권과 이웃한 나라들, 불어에서도 2인칭은 가깝고 먼 정도, 정중함에 따라 tu, vous로 나뉘고, 독일어에서도 du, Sie가 그와 같은 기능을 한다. 처음에는 you의 당돌함에 당황하지만, 일단 그 자유로움에 익숙해지면 새로운 세상이 보인다.

앞니가 빠져서 크리스토바를 슈슈슈토바라고 발음하는 8살짜리 꼬마에게서 '너는 몇 살이니' 를 들을 때 느꼈던 당혹감은 곧 해방감으로 바뀐다. 나이 든 교수에게도 you라고 하고, 옆집 꼬마에게도 you라고 할 때 그런 해방감이 든다. 할아버지에게 '넌 어디 사니'를 말하면서, 또 그 할아버지의 4살짜리 손녀에게도 '넌 뭘 먹을래'를 물으면서 외국어지만 마음이 참 편안해진다.

우리말의 2인칭은 언어사용의 운치 있는 변화를 배우게 해주지만 이런 편안함을 주지는 않는다. 우리말의 2인칭과 그에 얽힌 복잡함은 전 세계 언어 중에서도 단연 압권이다. 우리말의 '너'는 대상이 누구냐에 따라 어르신, 어른, 당신, 자네, 그대, 임자 등으로 바뀌어야 한다. 그게 끝이 아니라는 데 문제가 있다. 2인칭 대명사가 바뀌는 데에 따라 동반된 술부도 바뀌는 게 우리말 용법이다.

You뿐 아니라 우리말과 영어의 다른 인칭 대명사를 비교해보아도 '점잖은' 우리말과 영어의 '상스러움'을 아주 잘 알 수 있다. 친구의 어머니를 뵙고 보니 상당한 미모를 지닌 분이었다. 우리 문화에서는 남의 어머니의 미모에 대해 말하는 것도 그리 자연스러운 일은 아니다. 굳이 언어로 옮긴다면 '어머니께서 대단한 미인이시네'라고 하거나 주어를 슬쩍 생략하면서 어색하게 '참 미인이세요'라고 하게 된다. 할머니에게 이런 칭찬을 하면 가당찮은 무례가 된다. 영어에는 이런 차별이 없다. 어떤 연령의 여성에게나 'She is a beauty'라고 할 수 있다. 남자에게도 마찬가지다. 의젓하고 반듯한 일을 한 꼬마에게도, 언제나 예의바른 할아버지에게도 'He is a gentleman'을 쓸 수 있다.

지금 나는 우리말과 영어 중 어느 것이 더 낫다는 말을 하고 있는 게 아니다. 우리말의 존칭어에는 남다른 운치와 단아함이 있고, 영어의 평어사용은 신속함과 해방감을 가지고 있어 서로 다른 차원의 즐거움을 느끼게 해준다. 단지 내가 지적하고 싶은 점은 언어사용의 차이와 거기에서 오는 문화의 차이가 크다는 것이다. 또 그러한 차이는 알게 모르게 해당 외국어를 배우는데 심리적인 걸림돌로 작용하고 있다. 영어의 you와 우리말의 당신 혹은 너, 그리고 당신이나 너라고 함부로 부를 수 없는 상대방, 예를 들면 선생님, 아저씨, 아줌마, 학생, 기사 아저씨, 교수님 등등의 차이가 무슨 대단한 차이가 되겠느냐는 반문을 할 수도 있지만, 아주 작은 문장에서조차 이것이 만만치 않은 방해가 될 수 있다.

이는 2인칭에만 해당되는 것도 아니다. 우리말 1인칭이 '나' 만 뜻하는지도 질문거리다. 영어의 you가 상대와의 관계에 따라 거의 무한 변화하듯, 영어의 I도 우리말의 '나' 로 편안한 등식을 가질 수 없다.

간단한 예를 들어보자.

"Can you play the violin?"
"Yes, I can."

친구와 이 문장을 나누는 중이라고 하면, 질문은 '바이올린 할 줄 아니?' 고 대답은 '나 할 줄 알아' 가 된다. 선생님과 이 문장을 나누는 중이라면, 질문은 '바이올린 할 줄 아니?' 가 되고, 대답은 '네 저 할 줄 압니다' 가 된다. 영어로는 쉬운데 우리말로 옮기자니 어려운 경우는 대부분 이럴 때 생긴다.

영어와 우리말의 인칭 대비가 1, 2인칭 대명사에만 그치는 것은 아니다. 앞뒤 문맥을 다 잘라낸 다음 문장을 보자.

'She took him to the park.'

간단한 문장들의 건조한 나열을 영어라고 생각하는 수준이라면, 이 정도의 영어는 쉽다고 단언한다. 그때의 해석은 단호하게 이렇다.

'그 여자는 그를 공원으로 데려갔다.'

그러나 곰곰 생각해보면 우리말의 '그 여자'는 정체불명이라는 걸 알게 된다. 우선 '그 여자', '그녀'라는 말 자체가 우리말에서는 생소하다. 어쩔 수 없이 '그 여자'라고 하는 경우는 그 여자와 내가 몹시 불편한 관계에 있을 때, 혹은 영화나 소설의 제목으로 남의 눈길을 끌고 싶을 때, 아니면 영어 번역을 했을 때가 대부분이다. 그 보다는 내 여동생이라고 하거나, 여자친구라고 하거나, '경숙'이나 '정미'라고 지칭하는 게 보통이다. 거기에서 끝나면 다행이다. 여동생도 she가 되는가 하면 할머니도, 어머니도 she가 된다. 물론 증조모, 고조모 모두 she라고 한다. 또 경숙이도 she고 경숙이 선생님도 she라고 한다. 여자 친구만 she인 것이 아니라 여자 친구의 어머니도, 또 할머니도 이런 식으로 she가 된다.

He의 형편이라고 나을 건 없다. 형님도, 동생도, 삼촌도, 아버지도, 할아버지도, 이웃 아저씨도, 선생님도, 선생님 아들도 모두 he다. 더 나아가 성별이 분명하게 알려져 있는 가축들, 짐승들도 she나 he로 즐거이 나누어진다. 서양인들은 이런 식으로 자신이 기르는 애완동물의 성별을 분명하게 밝히기를 좋아한다. 그렇게 하면서 개나 고양이, 돼지, 햄스터라는 괴이쩍은 이름의 쥐 등등이 그 주인과 아주 밀접한 관계에 있음을 알려준다.

이런 형편이니, '그 여자는 그를 공원으로 데려갔다' 는 해석이 지나치게 단순했었다는 걸 지적하지 않을 수 없다. 우리말로는 한없이 변종이 가능하다. '할머니께서 할아버지를 공원으로 모셔갔다' 부터 '옆집 고양이 메리가 우리 집 강아지 쫑을 공원으로 몰고 갔다' 까지 이어지는 스펙트럼에는 별별 이야기들이 다 들어올 수 있다.

영어의 인칭대명사가 어떤 충격으로 왔는지 알려주는 재미있는 일화를 들어보자. 오래 전에 타계하신 양주동 박사는 가난한 시골에서 태어나 독학으로 대학 교수에 오른 분으로 많은 이들의 기억에 남아 있다. 그 분의 자서전에 산골소년이 어떻게 독학으로 영어를 배우게 되는지 알려주는 부분이 있다. 이 소년은 문명과 동떨어진 후미진 산골에 살고 있어 TV는커녕 라디오를 통해서라도 영어에 접해본 적이 없었다. 하다못해 중학교에서 영어를 흉내라도 내 본 적도 없었다. 단지 어찌 어찌 구한 문법책이 영어를 대하는 유일한 보고였다고 한다. 그럭저럭 책을 읽어가던 중 소년은 '인칭대명사' 란에서 막히게 된다. '독서백편의자현(讀書百遍義自見)' 이라는 옛 성인의 말을 따라 백 번을 읽다 보면 저절로 알게 되겠거니 하는 기대로 읽고 또 읽어도 '인칭대명사' 라는 것의 뜻과 용법을 알 길이 없었다.

눈이 가슴까지 차 올라오는 산길을 따라 소년은 읍내 중학교 교장선생님을 찾아갔다. 그 분이 근처에서 가장 유식한 분이었기 때문이었다. 다시 또 가득한 눈을 밟고 돌아오자마자 그날의 귀중한 학습을 잊지 않기 위해 노트에 적었다.

'1인칭은 나, 2인칭은 너, 그 외 우수마발(牛溲馬勃)이 다 3인칭이니라'

우리는 아무 의문의 여지도 없이 사뭇 당연한 듯 받아들이는 인 칭대명사 문제를 두고 씨름하면서 두 언어의 차이를 알려준 소년 의 끈질김과 명민함도 놀랍지만, 그 차이를 이렇게 간단명료하게 잡아낼 수 있는 시골 중학교 교장선생님의 가르침도 새삼스러운 경탄을 자아낸다.

(2) 너무 먼 그대 2 _존칭어

우리말로 처음 세상을 바라다 본 사람들은 영어의 무례함과 한 편 평등함을 감당하기 어렵다. 물론 영어라고 해서 정중한 표현이 없을 리 없다. 'Come here' 가 '이리 와' 라면, 'Would you come here' 는 '이리 오시겠습니까?' 이고, 'Would you come here, please' 는 '이리 와 주실 수 있겠습니까' 쯤 될 것 같다. 'Please, come here' 는 '이리 오세요' 로 누구에게나 두루 쓸 수 있는 정중 한 어투가 된다. 아주 지나치게 정중해 지려면 'Would you mind if I want you come here' 를 쓸 수도 있을 것이다.

그렇지만 여기에도 차이는 있다. 우리말의 존칭어와 영어의 정 중한 표현이 그 용법에서 사뭇 다르다는 점이다. 우리는 상대의 입장과 자리, 또 그에 대한 내 관계를 확인시키기 위해 존칭어를 쓴다. '할아버지, 이리 오세요'를 쓰는 사람이 나이 어린 아들에게 '인수야. 이리 오세요'라고 하지는 않는다. 우리말의 존칭어 구조는 상대방의 연령, 서열, 직위 등에 따라 이미 외부에서 정해져 있는 사회적 틀과 같은 기능을 한다.

영어는 다르다. 이웃집 할아버지 피터(Peter)와는 알고 지낸 지 오래되었다. 그는 물론 나보다 나이가 20살도 넘게 많다. 그 집 손자 매튜(Matthew)는 7살이다. 쇼핑센터에서 우연히 피터 할아버지가 손자 매튜와 함께 계시는 걸 보았는데, 할아버지는 내게 손자를 소개한다. 우리는 같이 아이스크림을 먹자고 했다.

"Fancy an ice-cream? Ya?"

"OK, why not?"

"Would you like an ice-cream?"

"Sure."

이 흔한 대화체 문장의 주인공을 한번 정해보면 재미있는 사실을 알 수 있다. 우선 한국말로 옮기려는 사람이 있다면 결코 정답에 다다를 수 없다는 사실을 지적하고 싶다. 주어도 없이, 격의 없이 묻는 질문 '근데 아이스크림 괜찮지?'를 할아버지에게 물었다고 가정할만한 배짱 좋은 한국인은 없다. 또 '아이스크림 드실래요'라는 '정중한' 질문이 7살짜리 꼬마를 향했다고 상상할 한국인 아동보호론자도 없을 거다. 영어의 정중한 표현은 일단 거리감을 전제로 한다. 따라서 소위 영어의 '정중한 표현'은 10년 사귄 60세 노인보다는 처음 만난 7살짜리에게 써야 더 어울린다.

우리말의 존칭어 관계는 이보다 훨씬 복잡하다. 빌 브라이슨(Bill Bryson)은 각국 언어의 특징을 설명하면서 한국어에 대해서도 "한국인은 지칭 대상의 지위에 따라 6가지 서술어 중에서 하나를 골라 써야 한다"고 한 줄 남긴 바 있는데, 그가 보기에 이 점이야말로 한국어의 특징 혹은 기이한 점이었던 모양이다. 문장의 주체가 누구냐에 따라 서술어가 달라지는 정도가 우리말처럼 복잡한 말은 찾아보기 어렵다. 일본어도 어렵다지만 우리말에 비할 수 없다.

서술어뿐만이 아니다. 단어 자체도 예삿말과 높임말로 구분되는 경우도 있다. 아이는 '집'에서 '밥'을 먹다가 '이'가 아프면 병원에 가지만, 어른은 '댁'에서 '진지'를 드시다가 '치아'가 불편해서 병원에 가신다. 내 '원고'는 '졸고'이지만 내로라하는 유명 작가의 글은 '옥고'다. 이러니 기분이 나쁘면 누구는 '술'을 마시고 누구는 '약주'를 드신다. 이런 까닭에 우리말에서는 남편이 아내에게 하는 말인 경우와 아내가 남편에게 하는 말, 선생님이 학생에게 하는 말인 경우와 학생이 선생님께 하는 말, 딸이 아버지께 하는 말인 경우와 아들이 엄마에게 하는 말인 경우가 다 다르게 나타난다.

존칭어가 영어와 우리말에서 어떤 차이를 만들어내는지 아주 간단한 문장을 골라보자. 다음 영문은 16세기 유럽의 종교 개혁기에 관한 글이다. 글에 등장하는 남편은 당대 뛰어난 신학자였다. 개신교도로서 구교에 맞서는 방법으로 성서를 번역하는 것이 그의 임무였다. 문제는 그의 부인이다. 부인은 당시로서는 너무나 드물게도 라틴어와 희랍어에 남편과 상응하는 실력을 가지고 있었다. 이 부부는 함께 성서를 번역하고 함께 다듬었다. 우리나라나 남의 나라나 여자들은 한번도 제대로 된 학습 기회를 가져본 적도 없으면서 학업가능성이 없는 성별이라는 부당한 편견을 겪고 있었던 것이 역사적인 사실이다. 이 부인은 좋은 아버지와 남편을 만난 덕분에 뛰어난 학식을 갖추게 되었고, 그런 잘못된 편견의 부당성을 생생히 보여준 경우로 기억되고 있다. 그들이 함께 작업하던 내용은 동료 학자들과의 편지에서 남아 있다.

부부는 함께 성서 번역을 했고, 서로의 번역을 검토하고 의견을 교환하면서 최고의 문장을 찾아냈다. 다음은 이 부부의 전형적인 일과 중에 생긴 대화로, 부부 중 한 사람이 다른 사람에게 의견을 구하고 있다.

"I'm reading Mattew 20. I see that Erasmus had added something. Let's read them."

이 말을 한 사람이 남편이라고 가정하는 경우와 부인이라고 가정하는 경우의 해석이 어떻게 달라지는지 쉽게 상상할 수 있다. 나의 실험 대상이 되었던 학생들의 해석을 모아보면 그 차이가 훨씬 현실적으로 느껴진다. 우선 부인이 남편에게 이 말을 하고 있는 경우라면, 학생들은 거의 모두 이 부분을 이렇게 해석한다.

"지금 마태복음 20장을 읽고 있는데요, 에라스무스가 좀 덧붙인 것 같아요. 함께 읽어 봐요."

남편이 아내에게 말을 하고 있는 경우라면 이렇게 된다.

"지금 마태복음 20장을 읽고 있소. 에라스무스가 좀 덧붙였군. 함께 읽어볼까."

하나의 문장이 이렇게 달리 번역되는 이유는 우리말은 너무 '점잖고' 영어는 너무 '상스럽기' 때문이다. 상스러운 영어를 점잖은 우리말로 옮기는 과정을 통해 우리말 속에 숨겨져 있는 부부간의 권력관계가 암암리에 드러난다.

(3) 주어 _살릴 것이냐 죽일 것이냐

처음 영어를 배울 때, '나(I)' 는 언제 어디서나 한결같이 대문자로 쓴다는 것은 작지만 충격이었다. 우리말은 '나' 를 축소하고, 주어를 생략하는 경향이 강하다. '나' 를 너무 명시하면 '웅변하시냐' 는 핀잔을 듣기 십상이다. 특히 주어가 대명사이고 문맥상 의미가 분명하게 드러나 있으면 주어를 생략하는 것이 보통이다. '너 못지 않게 슬프다', '함께 합시다', '같이 가자', '그래, 열심히 해야지' 같은 문장들은 완전한 문장이지만 주어가 없다.(혹은 생략되어 있다)

영어에서도 구어체 회화에서 주어가 없는 경우는 많다. 특히 대화중인 경우, 인칭대명사에서 이 생략이 심하다. '(Do you) Want some coffee?' 에서 'Do you' 를 생략하고 문장의 끝만 올리는 것으로 뜻을 전달할 수 있다. '(I) Beg your pardon' 에서도 'I' 가 분명한 경우가 되면 생략된다. '(It) doesn't matter' 에서도 삼인칭

대명사 주어 it은 자주 생략된다. 구어에서 뿐 아니라 문장 속에서도 주어의 생략을 볼 수 있다. 앙케이트 조사의 답변이라든지, 일기는 그런 대표적인 경우다. 이 경우 주어가 분명하기 때문에 굳이 I를 쓰지 않는다.

하지만 우리말과 영어에서 주어 생략의 사용이 다르다는 것은 의문문을 보면 분명해진다. 친구가 '축구하고 싶냐?'고 물으면 '그래, 하고 싶지' 답하는 것이 보통이다. 선생님이나 연장자가 물으면 '네, 하고 싶습니다'가 된다. 여기에 '나는 하고 싶어'라든가, '네 저는 하고 싶습니다'라는 대답이 나온다면 특별히 축구에 끼고 싶어 하지 않는 사람을 꼬집거나 '나'를 강조할 어떤 사정이 있을 때다.

그러나 같은 사정을 영어로 바꾸어 생각해보자. 친구든 연장자이든 대답은 같다.

"Do you want to play football?"
"Yes, I do"(혹은 No, I don't.)

질문하는 사람과 대답하는 사람 사이에 이건 뻔한 상황이라고 해서 'Yes, do'라고 주어를 생략해서 말할 수 없다. 우리는 의미가 통하면 주어를 생략할 수 있다. 영어는 가주어, 의미상 주어, 비인칭주어, 진주어 등을 만들 정도로 주어를 고집한다.

우리말은 주어를 고집하지 않는 언어이다 보니 언어 사용자들이 영어 사용자들보다 자기주장이 강하지 않은 것도 사실이다. 문화적으로도 나이가 어린 사람일수록, 배운 게 적을수록, 남자보다 여자가 자기주장의 기회를 더 많이 박탈당한다. 교육에서도 자기 발표라든가 자기표현의 훈련장이나 시간이 거의 부족하고, 그걸 미덕으로 여기지 않는 분위기가 강하다. 그러다 보니 영어권의 부산스러운 발표와 질문, 표현이 큰 문화충격으로 다가오고, 언어 습득에 방해가 된다.

주어 내세우기를 기피하고, 단도직입적인 태도를 불편해 하는 우리 심기가 잘 드러나는 곳이 우리들의 다양한 호칭이 아닌가 한다. 우리나라의 웬만한 양반들이나 역사에 이름을 남긴 사람치고 이름 석 자만 남긴 사람은 드물다. 조선말 의병대장 신돌석이 거의 예외적인 존재일까. 하긴 아이들이 그를 '태백산 호랑이'라고 불렀다 하니 별명이 없는 것은 아니다.

그런 별명이라면 서양에도 있다. 영국을 정복한 윌리암의 별명은 당연히 '정복왕'이다. 그의 아버지인 노르망디 공 로버트의 별명은 '악마(Devil)'였다. 10세기, 11세기 암흑기의 기준으로 보아도 아주 잔혹한 사람이었던 것 같다. 윌리암의 둘째 아들로 영국 왕이 된 윌리암 2세의 별명은 '붉은 머리'라는 뜻의 '루퍼스(Rufus)'였다. 십자군 원정으로 세월을 보낸 리처드 1세의 별명은 '사자왕(Lionheart)'이고, 신교도를 대량으로 죽였던 매리 여왕의 별명 '피의 매리(Bloody Mary)', 오랫동안 해군에 복무하다가 형의 갑작스런 죽음으로 예기치 않게 왕이 된 윌리암 4세의 별명은 놀랍게도 '바보 빌리(Silly Billy)'였다.

여기에서 비교하려는 것은 그런 별명의 있고 없음이 아니다. 자신의 실명을 얼마나 편하게 사용하느냐는 태도의 차이를 보자는 것이다. 우리는 자기 이름을 아끼고 부르지 않는 문화에서 살아왔다. 옛날 양반들은 자기 이름 이외에 호, 아호, 별호, 아명, 자 따위의 이름을 가지고 있었다. (우리가 실명제를 싫어하는 것도 혹 이런 연유가 아닐까?) 간단한 예로 서화가인 김정희를 들 수 있다. 그의 자는 '원춘(元春)' 호는 '추사(秋史)', 아니 가장 유명한 호가 추사다. 그는 이것 외에 완당, 예당, 담재, 시암, 과파, 노과 등 수십 개에 이르는 호를 가지고 있었다.

중국 문화권에서 미국의 세력권으로 편입되면서 이제는 인기있는 별칭은 한자 호가 아니라 영어 약자로 부르기도 한다. DJ, YS, JP, MB를 모르는 사람은 전혀 신문도 안 보고, 정치 이야기는 사절하는 사람일 게다. 도대체 언제부터 이런 약칭을 부르게 되었는지 모르겠지만, 한 가지 분명한 것은 아무나 영어 약어로 이름을 대신할 수는 없다는 것이다. 박정희, 최규하, 전두환, 노태우 대통령들은 굳이 영어 약칭으로 이름을 대신하지 않았고 대신할 수도 없었다. 전두환을 DH라고 하면 누가 알아듣겠는가. 나를 IS로 불러달라고 하면 웃음거리가 되는 걸 보면 영어식 별칭을 사용하는 데에는 어떤 사회적인 승인과 정치적인 함의가 필요하다는 뜻이 된다.

이제 옛날처럼 관리들의 호를 부르고 친구끼리 자를 부르는 일은 없어졌다. 몇 안 되는 정치인들에게 기자들이 열심히 영어 약칭을 붙여주기는 하지만 평범한 사람들은 서로 상대방의 이름을 부르며 살고 있다. 아니 정확히 말하면, 그렇다고 생각하고 있다. 그러나 찬찬히 살펴보면 우리들도 역시 실명기피증 증세를 지니고 있다는 것을 알게 된다.

아주 친한 사이가 아니면 여전히 사람의 이름을 부르는 것을 불편해 하기는 옛날과 마찬가지다. 그 대신 그 사람을 자리나 직위로 부르는 경우가 많다. 이 선생님, 박 교수님, 박사님, 장관님, 과장님에서부터 수위 아저씨, 생선장사 이씨, 김 기사 등으로 부른다. (그런데 영어로 김 기사는 뭐라 할까. 'Mr. Driver Kim'인가, 무척 수상스러운 영어지만 'Mr. Kim'이라고만 하면 기사인지 교수인지 모를 텐데.) 영국에서 알고 지내던 한국인들끼리도 마찬가지다. 동현이 아빠는 처음 영국에 왔을 때 회사에서 직위가 대리였단다. 그 당시 알고 지내던 사람들은 모두 그분을 김 대리라고 한다. 우리가 도착할 무렵 그분은 승진을 해서 김 차장이라는 이름을 달았다. 귀국하고 나니 김 부장이라는데, 우리야 아직도 김 차장이라고 부르고 있다. (그런데, 동현 아빠 이름은 뭐였던가?)

영국에서 시인 엘리엇(Eliot)이 시의 소재로 삼았던 곳을 찾은 적이 있다. 우리나라로 치면 일종의 신앙촌 비슷한 공동체를 형성하고(그렇다고 무슨 광신도 집단은 아니다), 십여 명의 사람들이 모여 사는 곳이었다. 이 지역은 너무나 조용하고 그윽한 곳이어서 어지간한 지도에는 나와 있지도 않았다. 늦은 가을에 축축한 낙엽이 깔려 있는 교회 옆 찻집에서 아저씨가 친절하게 커피와 과자를 대접하면서 엘리엇 때문에 왔느냐고 했다.

'이러니 영어 실력이 늘 수가 없네. 영국 사람들은 왜 이리 눈치가 빠르냐.' 속으로 혀를 차면서 그가 가져다 준 방명록에서 엘리엇의 서명을 찾았다. 그 특유의 비틀린 듯하면서 힘 있는 솜씨로 쓰여진 T. S. Eliot이라는 서명을 한참 바라보았다. 그저 찾아온 날짜만 적었을 뿐 주소도 없이 그저 '엘리엇'이란다. 거만한 엘리엇이라고 생각했다.

　최근의 방명 기록을 뒤적거리다가 세상에 이런 외진 곳까지 한국인이 왔다 갔다는 것을 알았다. 내가 오기 얼마 전에 한국의 대학 교수 네 분이 이 외진 곳에 왔다가 방명록에 서명을 남겼던 것이다. 내가 그 분들이 대학 교수인지 알게 된 까닭은 아주 간단하다. 그들은 모두 친절하게도 집 주소가 아니라 재직 학교를 적었고, 모두 'Professor Kim' 이라든가 'Professor Park' 이라고 적었다. 방명록 전체를 보아도 자기 이름 앞에 번듯하게 직위를 적은 사람들은 그분들 뿐이었던 기억이 난다.

　자기 이름만으로 당당하던 엘리엇과 직위를 이름과 동일시하는 우리의 차이를 이처럼 잘 보여주는 경우는 없던 것 같다. 물론 엘리엇은 어떤 사회적 직위에 연연하기보다 자기 잘난 맛에 사는 시인이어서 자기 이름만 달랑 썼을 거라고 생각하는 사람도 있을 거다. 그러나 방명록을 빼곡히 채운 수많은 사람들, 영국인뿐 아니라 미국인, 프랑스인, 이태리인들이 자신의 직위를 밝히지 않았고 해서 모두가 무직(無職)이었을 리는 없다. 내 이름보다는 내 자리, 내 관계가 나를 더 잘 설명한다고 보는 우리 문화가 거기 강렬한 그림자로 남아 있었던 것이 분명하다.

　관계가 존재 자체를 설정한다는 이 태도는 '나' 를 표현할 때도 나타난다. '나' 는 그냥 이름 석 자의 '내' 가 아니다. '나' 조차도 관계와 직위에 따라 '저' 로 달라진다. 최근에 번역서를 교열하던 편집부원이 원문의 '나' 를 모두 '필자' 로 바꾸는 수고를 했다. 나는 '필자' 를 다시 '나' 로 바꾸는 일을 했다.

　그런데다 나는 참 그 '필자' 라는 말이 거슬린다. 왜 '나' 를 '나'

라고 하지 않는지 모를 일이다. 하긴 필자만 있는 것이 아니라, 화자, 청자도 있다. 어느 교수님은 그게 어느 기방 아가씨 이름이냐고 짜증을 내시던데, 아직도 그 단어들이 여전히 유효한 걸 보면 '나 숨기기' 전략은 아직도 유효한 모양이다.

(4) 어순 _말의 순서, 생각의 순서

두 언어의 '숨기기 전략'과 '드러내기 전략'이 잘 드러나는 부분으로 어순(語順)을 빼놓을 수 없다. 우리말의 어순은 기본적으로 '주어-목적어-술부(SOV)'이다. 이에 비해 영어는 '주어-동사-목적어(SVO)'라는 낯선 구조를 보이고 있다. 어느 나라 말이든 부정의 내용인지 긍정의 내용인지를 전달하고 싶다든가, 그 내용이 옳은지 그른지를 결정하는 것은 대개의 경우 서술어다. 우리말에서 '나는 너를'이라고만 하면 이 문장만 가지고는 말하는 이의 속을 헤아리기 어렵다. 그 뒤에 '싫어한다', '좋아한다' 따위의 서술어가 와야 생각이 마무리된다.

그러면서도 우리말에서는 단어의 배열순서가 영어만큼 중요하지 않다. 바로 조사, 혹은 연결사, 토씨라는 기능이 있어 말과 말을 이어주기 때문이다. 우리말은 조사 덕택에 단어 순서를 바꾸어도 동일의미를 전달할 수 있다. '나는 영어를 좋아해'라는 간단한 문장만 해도 '나는 좋아해, 영어를' '영어를 좋아해, 나는' '좋아하지, 나는, 영어를' '영어가 나는 좋아' 등으로 바꿔 쓸 수 있다. 이 문장들이 쓰이는 경우나 문맥은 다를지 몰라도 '나는 영어를 좋아해'와 의미상의 기본적인 공통성은 유지하고 있다.

영어에서는 말과 말을 이어주는 격조사가 없기 때문에 그저 문장 속의 위치에 특히 주의해야 한다. 영어를 좋아한다는 문장 'I like English'도 우리말을 바꾸어 보듯 바꾸어볼 수 있다. 영어에 대한 짝사랑을 고백할 때는 목적어를 강조하면서 'English, I like' 할 수 있다. 하지만 'I English like'라든가 'Like I English'는 지나치게 멀리 나간 사랑이다.

영어에서는 'I like'가 먼저 오고 그 다음에 목적어가 오기 때문에 듣는 사람은 말하는 사람의 핵심 요지를 우선적으로 파악하게 된다. 부정문의 경우 'I don´t-'처럼 동사 앞에 부정어를 넣고, 의문문의 경우 'Do you-'처럼 조동사를 앞으로 돌려 말하는 사람의 의도를 먼저 밝힌다. 우리말은 끝까지 들어봐야, 끝까지 읽어봐야 그 문장이 의문문인지 부정문인지 알 수 있다. 물론 영어 표현으로도 평서문의 끝말을 살짝 올려 의문문을 나타내는 수가 있기는 하다. 그러나 이것은 어디까지나 비정형적인 문장이고, 그런 경우조차도 동사의 위치는 주어 바로 뒤에 온다.

'I like you' 정도의 짧은 문장을 해석할 때에는 두 나라 말의 어순 차이가 그다지 걸림돌이 되지 않는다. '나는 너를 좋아한다'라는 문장에서 주어와 서술어 사이의 거리는 아무리 큼지막하게 글씨를 썼다 하더라도 기껏 1cm 정도밖에 안 되니 어지간히 기억력이 나쁜 사람이 아니고서는 주어와 서술어의 관계를 놓칠 수가 없다. 그러나 여러 문장을 안고 있는 겹문장이 되면 이야기가 달라진다.

내가 좋아하는 역사학자 러너(Gerda Lerner)의 건조하면서도 분명한 문장을 예로 들어보자.

It seems to me that these women ought to use that excellent freedom which our sex desired so much formerly, to devote themselves to study.

이 문장은 3개의 문장으로 이루어진 겹문장이다.

하나는 문장 전체를 이끌고 있는 'It seems to me', 또 하나는 these women을 주어로 하는 'these women ought to use that excellent freedom' 그리고 마지막으로 'that excellent freedom'을 선행사로 하는 관계절, 'our sex desired so much formerly'이다. 이 절의 주어는 물론 our sex(여기에서는 '여성'을 지칭함)가 된다. 마지막의 'to devote themselves to study'는 'that excellent freedom'을 다시 설명하는 어구이다.

우리말로 뜻이 통하든 말든 이 문장을 영어식대로 옮기면 글의 흐름은 이렇게 된다.

그것은 나에게 보인다. 이 여성들은 마땅히 사용해야만 한다. 저 뛰어난 자유를, 우리 여자들이 원했던 자유, 이전에 그토록, 학문에 정진할 자유를.

도저히 의미가 있는 정격의 문장이라고 보기 어렵다. 이 문장의 안고 안기는 관계를 고려하면서 우리말로 옮겨 보면 이렇게 된다.

우리 여자들이 이전에 그토록 원했던 저 뛰어난 자유, 즉 학문에 정진할 수 있는 자유를 이 여성들이 마땅히 행사해야 한다고 나는 생각한다.

이렇게 보면 영어 원문과 우리말 번역문의 순서가 어떻게 뒤바뀌었는지 드러난다. 우리말은 영어에서 제일 뒤로 돌려진 문장을 제일 앞에 세운다. 즉 영어에서는 한정이나 조건 등을 나타내는 절들이 뒤로 가는 반면 우리말에서는 그것들이 앞에 오고 나서야 주요 문장을 보게 된다. 그래서 영어를 국어로 옮기려면 반드시 끝까지 읽고 순서를 뒤집어 다듬어야 한다.

위의 영어 문장을 그럭저럭 영어 어순을 살리면서 다시 번역해 보면 이렇다.

> 내가 보기에 (내 생각으로는) 이 여성들은 저 뛰어난 자유, 우리 여자들이 이전에 그토록 원하던 자유를 마땅히 행사해야만 한다. 바로 학문에 정진할 수 있는 자유 말이다.

영어 어순을 의식하다보면 '자유'라는 단어를 여러 차례 반복하게 된다. 원문에서 그 단어를 수식하는 부분이 여럿 있었기 때문이다. '내가 보기에'라는 번역 어구는 'It seems to me'를 그런대로 어그러지지 않을 정도로 우리말로 옮기면서도 원문과 마찬가지로 문장 처음에 두는 데 성공했다.

문제는 우리말 번역에서 '이 여성들은'이라는 주어와 '행사해야만 한다'라는 서술어의 거리, 또 그 안의 문장 속의 '우리 여자들이'라는 주어와 '원하던'이라는 서술어의 거리를 도저히 좁힐 수 없다는 것이다. 이러다 보니 멀리 떨어져 있는 주어와 서술어의 호응관계를 놓치는 수가 있다.

흔히 겹문장의 영어를 우리말로 번역하기 어렵다고 생각한다. 또 그 이유는 영어의 겹문장이 길고 복잡한 탓으로 돌린다. 하지만 이때의 불편함은 단순히 길이의 문제만이 아니다. 짧은 겹문장의 예를 들어보자.

'The parcel came after I had gone(내가 나간 다음에 그 소포가 왔다).'

영어의 종속절은 뒤에 왔지만 우리말에서는 그 종속절이 앞에 온다. 아무리 간단한 문장이라도 영어 문장 전부를 읽고 뒤집는 작업을 하기는 마찬가지다. (물론 영어에서도 'After I had gone, the parcel came'의 어순이 가능하다. 실제로 가정법을 사용하는 경우 'If it was fine, I would go for a walk'의 사용 빈도는 'I would go for a walk if it was fine'의 사용 빈도와 비슷하다고 한다. 영어는 이런 식으로 주절과 부사적인 용법의 종속절의 위치를 바꾸어도 뜻이나 느낌이 크게 달라지지 않는다. 우리말에서는 '날씨가 좋았다면 산책했겠지'라는 문장보다 '산책했겠지, 날씨가 좋았다면'이 덜 정형적이고 따라서 구어체에 가깝다).

말의 순서는 곧 생각의 순서이다. 서술어를 목적어 앞에 내세우고 주절을 종속절의 앞에 놓을 수 있는 영어의 어순은 곧 영미인들의 단도직입적이고 핵심돌파적인 문화를 연상시킨다. 우리는 의미 파악의 핵심적인 단서가 되는 서술어를 뒤로 돌림으로써 일종의 '핵심 도피' 전략을 구사하는 셈이다. 의미를 단도직입적으로 드러내는 것을 꺼리는 문화가 언어에 반영된다. 아니면 문화가 언어를 반영하는 것인가. 문화와 언어 중 어느 것이 거울이고 어느 것이 대상인지 모르겠지만 우리말이 영어의 직설적인 언어 전략과는 사뭇 다른 전략을 구사하는 것만은 사실이다.

70년대까지만 해도 서울로 유학(?)간 아들이 아버지에게 생활비를 보내달라는 편지를 쓰는 것은 흔한 일이었다. 그런데 아들은 편지를 쓰면서 끝끝내 핵심을 뒤로 돌린다. '기체후일양만강하옵시고'로 시작한 편지는 할머니, 할아버지, 어머니부터 동네 어른들의 건강을 일일이 묻고 아이들의 안부까지 챙긴다. '옆집 복순이의 혼례는 잘 치루었는지요, 뒷집의 암소는 새끼를 몇 마리 낳았는지요' 까지 이어지는 편지는 결국 '이만 총총'으로 끝날 때까지 말은 많으나 핵심은 없는 전략을 구사한다. 정작 생활비를 보내달라는 내용은 추신에 들어가 있다. 그것도 '아뢰올 말씀은 다름아니옵고', '집안의 어려움을 모르는 바 아니지만', '아버님께 면목이 없습니다만' 따위로 구구절절 딴 소리만 하다가 겨우 꺼낸다. 어떤 경우에는 정말 하고 싶은 말은 쓰지도 못하고 끝맺는 경우도 있다.

(5) Aunt Polly의 정체

우리나라 말이라고 해서 영어의 세분화된 지칭을 가지지 않은 것은 아니다. 언어의 과학성이니 분석성, 혹은 정서적이니 하는 평가적 단어는 몹시 조심해서 사용할 일이다. 우선 우리가 세상 모든 언어와 그 언어사용 현장에 공평하게 익숙할 수는 없기 때문이다. 또 그 언어들을 다 안다고 해도 언어들 간의 가치와 서열을 매길 수 있는 기준이 없다. 언어의 분석성은 그 언어의 사용현장에 따라 달라지는 것이 당연하다. 예를 들어 에스키모인들의 생활 수준이 영어 사용자들보다 아무리 뒤떨어진다고 해도 에스키모어는 지구상 어느 언어보다 더 예민하게 '눈'의 종류와 특징을 분류하는 단어들을 많이 가지고 있다. 이태리어에는 마카로니를 뜻하는 단어가 50가지가 넘는다.

어떤 언어가 다른 언어보다 더 분석적이고 과학적이라는 판단은 따라서 위험하다. 오히려 한 언어권 내에서 무엇이 유독 분석적으로, 또 세밀하게 나뉘어 쓰였는가를 보면 그 언어사용권의 관심사를 알 수 있는 중요한 장치가 된다. 한국어라고 해서 이런 분석성을 가지지 말라는 법이 없다. 우리말에서는 친족을 나타내는 단어가 이렇게 미세하게 분석적이다.

영어에서 친족을 나타내는 단어들을 머리에 떠오르는 대로 써보자.

father, mother, father-in-law, mother-in-law, brother, sister, aunt, uncle, cousin, niece, nephew, son, daughter, grandfather, grandmother, great grandparent 등이다.

(여성의 동등성을 주장한다고 하면서 역시 언어 나열의 순서가 아버지부터 시작하는 걸 보면 얼마나 내 의식이 가부장제에 길들여져 있는지, 굳이 심리치료를 받지 않고도 반성해야 할 부분이다. 어쨌든 서양 문화도 아버지의 문화이지 어머니의 문화는 아니다. 하느님 아버지를 부르고, 아버지의 성을 물려받고, 아버지의 가계를 따라 상속이 이루어진다. 영국 여왕만 빼고).

아버지, 어머니라는 단어는 두 언어권에서 다 지칭 대상이 같다. 하지만 brother, sister만 돼도 이야기가 달라진다. 얼마 전 번역했던 책에서 Emily Dickinson과 그녀의 brother인 Austin 사이의 묘한 갈등이 제시된 부분이 나타났다. 오스틴이 에밀리의 오빠인지, 동생인지 그들에게는 전혀 중요하지 않은데, 나로서는 번역이 안 되는 순간이다. sister도 마찬가지다. 언니인지 동생인지 모르겠다. 그러니 'brother-in-law' 쯤 되면 어지러워진다. 여자 편에서 brother-in-law라고 한다면 형부인지 제부(弟夫)인지 시숙인지 시동생인지, 남자 편에서 본다면 동서인지 자형인지 매형인지 매제인지 처남인지, 아니면 남자, 여자 모두의 입장에서 입양 형제인지, 그렇다면 또 누가 형이고 아우인지 도통 영어에는 정보가 없다. 'sister-in-law' 의 형편도 나을 것은 없다. 동서, 처형, 처제, 형수, 제수 등에서 골라야 한다. 요즈음 처음 이혼, 재혼 가정이 많다 보니, brother와 brother-in-law, half-brother가 함께 만나기도 한다.

이혼, 재혼에 얽힌 가족 관계의 변화는 언어에도 그대로 반영되어 있다. 법적인 관계를 정리하는 데에는 우리보다 영어권 사람들이 더 날카롭다. 우리는 이혼이든 사별이든 상관없이 전처, 전남편, 혹은 전부인을 쓴다. 영어에서는 죽어서 헤어진 부부와 살아생전 법적으로 갈라진 부부는 다르다. '나의 전처(my late wife)' 는 나보다 일찍 세상을 떠난 부인이다. 그러나 이혼으로 갈라선 전부인은 'my ex-wife' 가 된다. 이처럼 법률적으로 갈라서게 된 모든 관계는 모두 'ex-' 라는 접두사를 사용한다.

한동안 우울한 농담 중에 '당신 아이하고 내 아이가 우리 아이를 때리고 있어요' 라는 표현이 있었다. '아내의 딸(my wife's daughter)', '남편의 아들(my husband's son)' 은 모두 그 아내나 남편과 '의붓부모 자녀 관계(step-)' 를 맺고 있다. 이런 경우의 아버지는 계부(step-father), 어머니는 계모(step-mother)가 되고, 아들과 딸은 의붓아들(stepson), 의붓딸(stepdaughter)이라 한다. 그렇지만 이들도 우리와 비슷해서 '의붓 관계'임을 알리는 접두사 'step-'을 생략 해서 쓰는 경우가 있다. 유독 관계가 좋으면 그냥 아버지, 어머니 라고 부른다.

이러다 보니 충격적인 일은 '나의 전 엄마(my ex-mother)'라는 표 현이 가능하다는 점이다. 처음 이 단어를 들었을 때의 놀라움은 어떻게 표현할 길이 없었다. 집에 돌아와 곰곰이 그 집안의 내력 과 가족관계를 더듬어보니, 이 '전 엄마'는 바로 그의 계모(step-mother)라는 걸 알게 되었다. 그의 아버지는 계모와 살다가 이혼을 하고 다시 재혼을 했다. 그러니 그는 생모(mother) 한 분과 두 분의 계모(step-mother)를 어머니라 부를 수 있었다. 지시대명사를 써서 부르면 모두 '그 여자(she)'가 되니 구분을 위해, 어머니(mother), 전 어머니(ex-mother), 현재의 계모(step-mother)로 구별한다. 가히 '어머니 전성시대'라 할 만하다.

『톰 소오여의 모험』에서 톰을 돌보는 사람은 Aunt Polly다. 소설 전체의 분위기를 보건대 대충 눈치로는 폴리 이모쯤 되는 것 같 다. 번역서에는 그냥 '폴리 아줌마'로 하는 것이 보통이다. 이모, 고모, 숙모, 외숙모부터 그냥 동네 아줌마까지 넘나드는 이 aunt 의 방자함을 감당하기 어렵기 때문이다. uncle은 삼촌, 백부, 숙 부, 외숙, 처숙, 이모부, 고모부부터 그냥 동네 아저씨까지 다양하 다. 결혼하지 않은 상태에서 동거 관계에 있는 여자들은 자기 아 이들에게 상대방 남자를 uncle이라 부르라고 하는 것이 예사다. 스토우 부인의 유명한 『Uncle Tom's Cabin』의 톰 아저씨는 이도

저도 아닌 흑인 노예였다.

　그렇다고 영어의 친족 명칭이 완전히 무성(無性)인 것은 아니다. daughter나 son이 있듯이 조카는 남자 nephew와 여자 niece가 있다. 영어의 cousin이 우리말의 외사촌, 친사촌, 이종, 고종을 나타내는 데 비해 nephew, niece는 여자 형제의 자녀냐 남자 형제의 자녀냐에 따라 생질, 조카, 질녀 정도의 차이만 있다. 그 정도 되면 그렇게 세분하지 않아도 되는 소원한 관계가 되나 보다. 그 다음 차례가 되면 재종형제, 삼종형제, 사종형제로 이어진다. 영어에서도 first cousin, second cousin이라는 표현이 있기는 한데, 이를 유별나게 강조하기보다는 그 사촌들 중에서 혈족으로 가까운 관계보다는 마음 맞는 사람끼리 어울리는 게 보통이다.

　우리나라 친족 명칭을 귀찮게 까다롭다고만 생각하는 사람들이 많지만, 그건 어쩌면 조금도 그 관계를 배우려 하지 않는 게으름의 변명이기도 하다. 이런 식으로 구분하는 것이 사실 지나치게 가족관계를 배타적으로 만든다는 말에도 일리는 있다. 그렇지만, 서양인들이라고 해서 자기 피붙이에 대한 배타적 관심을 가지지 않는 건 아니다. 서양 사람들도 유산계층일수록 친족관계에 더욱 연연해하기는 마찬가지다. 단지 아쉬운 점이 있다면 우리의 이렇게 세분된 분류가 오로지 부계쪽으로만 발달된 점이다. 모계 친족은 조부모, 이종, 외사촌, 생질 다음에는 '사돈의 팔촌(kissing cousin)'이 된다. 영어에서 남녀의 친족 범위가 공평하게 두루뭉수리인 반면 국어는 편파적으로 세분화되어 있다고 할 수 있다.

　또 영어에서는 비록 친척이라고 하더라도 이름을 부르기를 좋아한다. 형제간에도 의례 형, 아우 없이 이름을 부르고, 사촌이나 그 이상의 친족 관계도 이름을 부른다. 다시 말하게 되지만, 우리는 이름 부르기를 기피한다. 가능하면 관계를 강조하는 말을 쓴다. 동생은 형이나 언니, 누나의 이름을 부를 수 없다. 최소한 그렇게 못하도록 배웠다. 언제나 형, 언니, 누나라고 부른다. 형이 여럿 있으면 '큰 형님'부터 '막내 형'까지 순서도 다양하다. 여기에 이름까지 붙이면 친형제 관계가 아닌 연장자를 뜻한다. 이름 없이 부르는 '형'은 친형제 간이고 이름을 붙인 '형'은 선배나 연장자를 의미하는 경우가 많다.

우리말처럼 이렇게 유별나게 관계를 중시하는 언어권에서 개별성을 강조하는 영어를 배우면서 어떤 교육경험을 겪었나를 반성해보면 관계나 문맥, 상황을 기이할 정도로 무시해왔던 것을 알게 된다. 영어 교육만이 아니라 모든 언어 교육에서 의미를 만들어내는 장치로 '언어'만 신봉하지 않는다.

언어는 가장 중요한 의미 생산 장치이지만 그렇다고 언어만 가지고 모든 의미를 정확하게 생산해낼 수도 없고, 전달할 수도 없다. 한국어에서만 관계나 상황이 중요한 것이 아니다. 영어 역시 언어로서 제 기능을 하자면 문맥에 대한 관심과 언어 상황에 대한 배려를 잊어서는 안된다. 어떤 문화나 현실과도 동떨어져서 언어만 따로 진공 속에 떠 있는 언어는 살아 있는 언어가 아니다. 영어는 살아 있는 언어 중에서도 가장 활발하게 살아 있는 언어인데, '관계지향적'인 언어 사용자인 우리들은 이상하게도 영어에 대해서만큼은 막무가내로 '관계 무시', '상황 무시', '문맥 무시'다.

4장
'말'이 되는 '말'

연전에 불교 방송을 듣다 영어에도 '인연의 질긴 끈'이 있어 놀랐던 적이 있다. 어느 스님이 불교의 현장을 찾아 인도에 가셨던 모양이다. 가게에서 물건을 사려니 주인이 외국인이라고 바가지를 씌웠다. 스님은 강경하게 맞서서 원하던 가격으로 물건을 사셨다. 물건을 건네주면서 주인이 묻더란다.

'Are you happy, now?'

스님은 '이제 행복하시냐'는 질문을 듣고 움찔하셨단다. 물건을 사고, 돈을 깎는 데에서 행복을 구하는 것으로 보였던가, 그렇다면 나는 아직 속세의 물욕에서 해방되지 못했던가. 스님은 시정의 한 복판에서 장사꾼이 던진 영어 단어를 너무 크게 받아들이시는 바람에 유학 길에 회향을 결심하던 원효대사만큼 각성을 하신 듯하다

1. 영어 : 진공의 언어

　물리학에서도 가장 힘이 센 것은 진공이다. 아무런 상황도 없이, 문맥도 없이, 문화적 연관성도 없이, 그야말로 느닷없이 진공 중에 나타나는 영어가 우리들에게 얼마나 큰 무게였겠는가. 세상을 담지 않는 영어를 배우니 영어를 배워도 세상을 살 수 없는 건 당연하다. 변하는 세상은 저기 따로 돌아가고 우리 영어는 여기 그래도 고정되어 있으면 우리 영어가 살아 있는 자리로 돌아왔을 때 실수하지 않기를 기다리는 건 무리다. 문맥이나 상황을 무시하고도 의미가 발생할 수 있다는 소박하지만 위험한 영어 교육 태도로 말미암아 우리가 저지른 실수가 어디 한두 가지겠는가.

1) 한국인의 유언은 'fine'

영어 공포증이 없다고 자부하는 한국인이 외국 여행 중 교통사고를 당했다. 심한 부상으로 피를 많이 흘리고 움직이지도 못한 채 길에 누워 있었다. 앰뷸런스가 달려오고 경찰관들이 둘러쌌다. 경찰관 한 사람이 사고를 당한 한국인에게 다가와 아주 조심스럽게 물었다.

"How are you?"
고통으로 신음하면서 한국인은 대답했다.
"I´m fine, thank you. And you?"

그의 불운에 우리 모두 더욱 안타까운 마음이 드는 건 이 절묘한 영어 탓이 크다. 그가 앰뷸런스에 실려가서 치료를 잘 받았을까 염려스럽기도 하다.

틀리는 건 아닌데, 그렇다고 맞는 것도 아닌 영어가 우리가 배운 영어다. 우리는 영어 덕분에 'I can´t breathe'를 간신히 더듬거려야 하는 위기상황에서도 상대방의 안부를 걱정하는 예의를 잊지 않는다. 한국인 몇 명과 인사라도 나누어 본 외국인이라면 한국인들은 언제나 '안녕하다(I´m fine)'는 걸 알고 있다. 병원에 있어도, 사고를 당해도, 승진을 해도, 낙방을 해도 언제나 우리는 '안녕하다'.

우리를 이렇게 온순 명랑형으로 대량 생산한 데에는, 우선, 우리 영어 교육의 힘이 크다. 우리 영어 교육은 우리 교육 학습의 일부이며 에센스라, 많이 배우지만, 충분히 익히지 않는다는 특징을 공유하고 있다. 학습(學習)이란 말 그대로 '배우고 익히는' 활동인데도 불구하고, 우리의 학습 활동에는 배움만 강조되고 익힘은 외면되는 경향이 있다. 영어뿐 아니라 모든 교과 과정들이 진도 중심이고, 선행 학습을 조장하며, 빠른 성과를 원한다. 과외며, 학원이며, 보충수업이며, 과도하게 늘어지는 수업시간과 그 사이에 들어오는 막대한 정보와 지식 때문에 아이들은 새로 배운 교과 내용을 스스로 충분히 '익히는' 시간을 갖지 못한다.

'익힘'은 '암기'와는 다른 활동이다. 암기는 정해진 단위를 기억하는 데에 그치지만, 익힘이란 학습된 교과 단위를 기억할 뿐 아니라 그것을 기본으로 다양한 변형을 연습하는 데까지 나아가는 일이다. 예를 들어 새로운 단어를 만났다고 하자. 암기는 이 단어를 말해보고 써보고, 그 맞고 그름을 확인하는 데에서 끝난다. 이 단어를 '익히려면' 비슷하지만 조금씩 다른 상황에서 써보고, 새로운 용법을 발견하며, 새로운 뜻을 찾아보는 일을 해야 한다. 우리 영어 교육은 새 단어를 외우는 데에 중점을 두기 때문에 익힘을 위한 충분한 여유를 담고 있지 않다. 여기저기에서 새 단어, 새로운 구문들이 인해전술로 밀어닥치니 문장이나 문맥, 상황을 상상하며 언어사용을 즐겨볼 겨를이 없다.

상황이나 문맥을 배제한 진공 언어 교육은 사실상 언어의 기본 '의미 전달 기능'을 무시한다. 모든 언어 교육의 목표와 마찬가지로 영어 교육의 목표 역시 그 언어를 사용하는 사람들과 연결시키려는 것이다. 언어의 주요한 기능은 사람들 간의 소통을 가능하게 하려는 것이다. 이 기능을 3가지로 나누어, '정보전달의 기능', '친교의 기능(사람 사귐의 기능)', '미적 기능(글쟁이 '들의 작업')'으로 나누지만, 이 모두 언어가 내용을 전달하는 도구임을 강조한다. 어떤 언어라도, 영어든 국어든 연관된 상황 없이, 내용 없이 홀로 떠도는 유령은 없다. 모국어든, 외국어든 언어를 배우려면 최소한 적절하고 흥미있는 상황이 설정되어 있어야 한다. 다음에는 가능한 많은 수의 상황 변수들을 가정하여 그에 맞춘 변화 적응력을 키워주는 것이 언어 교육의 최소 임무일텐데, 우리 교육에서는 이 상황 변수를 익히는 여유가 없다.

간단히 단어만 들어서 생각해보자. 단어는 홀로 의미를 만드는 것이 아니라 그 단어가 쓰이는 문맥과 상황에 따라 의미를 생성한다. 그래서 단음절 단어가 홀로 쓰였을 때 그 뜻을 파악하기란 거의 불가능하다. 그냥 홀로 쓰인 '아'는 도대체 무슨 뜻을 가질 수 있을까. '아, 아프다', '아, 곱기도 하네', '아, 정말 슬픈 영화야', '아, 그렇구나', '아, 그러니?' 따위로 한없이 의미가 확산되어 갈 수 있다. 그래서 언어학자 퍼스(J. R. Firth)는 친구를 보면 그 사람을 알 수 있듯이, "그 단어가 사귀는 친구(문맥)를 보면 그 단어 뜻을 알게 되리라(You shall know a word by the company it keeps)"고 말했다. 단어 하나만 해도 이럴진대, 상황이나 문맥과 상관없이 단어나 문장이 쓰인다면 어떤 오해라도 가능해진다.

2) 대답은 '예스' 뿐?

상황은 배제되고 의미의 다양성은 무시한 채 일방적으로 문장을 암기한 여파는 교통사고 현장으로 끝나는 것이 아니다. '어려운' 영어는 많이 배웠지만, '쉬운' 영어를 다양하게 구사할 줄 아는 능력이 부족하기 때문에 생기는 사건 사고는 많다. 그 대표적인 예가 'yes'를 사용하는 경우라고 할 수 있다. 우리는 영어로 질문을 당하면 반드시 어떤 식으로든 대답을 하게 되어 있다. 물론 정해진 대답이다. 선택 의문문이 아니면 조건 반사화된 대답은 yes나 no 중 하나다. 그렇게 일찍부터 단련이 되었으니 우리 중 누가 감히 yes를 모른다고 말하겠는가. 그렇지만 외국인과 만나 입이라도 떼어 본 사람이라면 yes의 무게에 질리지 않는 사람도 드물다. 우리 문화가 워낙 no를 좋아하지 않는 것도 우리들의 yes 과다증의 원인이다. 우린 자기주장이 강하면 고집스럽고 억세다는 비난과 만나게 된다. 웬만하면 남 따라 한다.

이러니 대개의 질문에 대답은 Yes뿐이다. '밥 먹었니?', '재미있니?'. '집에 가는구나?', '날씨 좋지?', '날씨 나쁘지?', '영어 재미있지?', '영어 너무 재미없지?' 뭐라고 물어도 언제나 yes니 나중에는 말하는 내가 질린다. 그러니, 'O.K.'를 만나 안도감을 느끼지 않을 수 없다. 새로 유행한다는 'yeah'를 간신히 익히고 나니 이제 그 유행은 유행도 아니란다. 'Yep'이라고 해야 '짱'이다. Good, fine, well, great도 모두 점잖게 yes를 대신할 수 있다. 나도 알아들었다는 걸 알리고 싶으면 right으로, 'that's right'으로, 'I think so'로 한도 없이 '당신이 옳다'는 걸 알릴 방법이 있다. 'Really?'라고 했다고 '진짜니 가짜니'로 알아들을 미국인은 없다. 그건 그냥 '그랬어?'라는 가벼운 뜻이라 yes보다는 좀 더 분명하게 내가 살아있다는 걸 알리는 장치다.

한국에서 영어 20년 배우고 영국 사람과 부딪혀 충격 받은 사람이 있다. 신속하게 한국인은 말했다.

"I´m sorry."

당연히 'It´s O.K' 나 'Never mind' 를 기대했다.

그런데, 상대방 영국인은 그 인사를 받았다.

"You´re welcome."

그러면 영어가 안 되는 건데, 그 한국인은 부딪힌 충격보다 참고서로 영어 공부도 안 하는 영국인 때문에 더 놀랐다.

우리의 언어현장이라면 어땠을까. 누군가 '미안합니다' 고 하면 언제 어떤 상황에서라도 '괜찮습니다' 라고만 하나. '고맙습니다' 고 하면 반드시 '천만의 말씀입니다', '고맙긴요' 만 해야 하는가. '고마워요' 했더니 '저도 빚이 있는데요' 라기도 하고, '어려운 일이 있으면 언제든 부탁하세요' 도 하는가 하면, '고마운 건 아니?' 하며 맞받아치는 사람도 있다. '이게 마지막이야' 으름장을 놓는 사람도 본다. '미안해' 라고 했더니 '당연히 미안해야지' 라고 되받는 썰렁한 친구도 있는가하면, '다음에 갚으라' 는 빚쟁이도 있다. 그 사람의 국어는 정형화된 반응이 아니니 '틀렸다' 고 하고 싶은데, 사실은 그렇지 않다. 오히려 그 반대다. 언제나 '미안해' 에는 '괜찮아' 고, '고마워' 에는 '천만에' 라고 답하는 사람을 보면, '말도 어쩜 저렇게 못할까' 생각한다.

그런데 똑같은 상황이 영어로 바뀌면 언제나 정형화된, 공식화된, 틀에 박힌 말이 있으리라고 기대한다. 막 영어를 배우기 시작한 학생들을 대상으로 이런 문제가 있다.

· I'm sorry에 대한 답으로 쓸 수 없는 것은?

　　1) It's O.K.

　　2) Don't mention it.

　　3) Never mind.

　　4) You're welcome.

　　위의 선택사항에서 물론 답은 '천만에요(You're welcome)' 가 된다. 참고서나 교과서의 문항 옆 해설란에는 친절하게도 '천만예요(You're welcome)' 는 '고맙습니다(Thank you)' 에 대해서만 쓴다고 설명해준다. 이렇게 영어 문장들은 언어가 실제로 쓰이는 상황과는 동떨어진 채, 박제화된 상태로 암기의 대상,' '정복의 대상' 이 되고 만다.

　　'How are you?' 를 보면 'I'm fine' 으로 정복하려고 한다. 실제로 Fine이라는 대답도 틀렸다고 하던 중학교 선생님도 봤다. '교과서에 나와 있는 대로 쓰지 않아서' 점수를 줄 수 없다는 이유였는데, 교과서에는 'I'm fine' 으로 나와 있었다. 그렇게 경직된 접근을 가지고 있으면 '잘 지내느냐' 는 인사의 다양한 대답을 적절하게 구사하기 어렵다. '잘 지내요(Very well)' 도 배우고, '그저 그래(Not bad)' 라는 말도 나올 수 있고, 그저 그런 사정을 'As usual', 'So and so', 'Nothing special' 등등으로 바꾸어 쓸 수 있다는 정보를 얻었던들 아무 소용이 없다. 어차피 'How are you?' 는 기억력 좋던 학창시절 'I'm fine' 으로 정복되었기 때문이다.

　　우리 소망이야 늘 안녕하고 싶지만, 현실은 그렇지 않으니 대답도 많을 수밖에 없다. 대답이 많아지는 거 못지않게 질문도 다양

하게 쓰인다. 같은 'How are you?' 라도 그저 의미 없는 인사말로
만 쓰이는 것이 아니다. 실제로 '어떠십니까?', '괜찮니?' 의 의미
로 여러 경우에 쓰일 수 있다. 아침에 친구를 만나 'How are
you?' 를 하고 그가 넘어지기라도 하면 또 'How are you?' 라고
한다. 크고 작은 사고에서도 쓰고, 편지의 안부로도 쓰고, 병문안
을 가서도 쓸 수 있다. 그때그때 상황에 따른 적절한 반응들이 있
어야 한다.

　'How are you?' 만 인사가 아니다. 'How are you doing?' 도 인
사고, 'How are you going?' 도 같은 내용의 인사말이다. 교정에
서 처음 유학 온 한국 학생에게 'How are you going?' 이라고 묻
고 지나치려다 진지한 얼굴로 자신의 행선지를 밝히는 바람에 놀
랐다는 미국인도 여럿 있다.

　이런 고정관념에서 선택까지 요구하는 문장이 나타나면 더욱
난감하다. '영화를 좋아하니 연극을 좋아하니?(Which do you prefer,
movie or drama?)' 질문이 떨어지면 우리는 반드시 둘 중 하나를 좋
아해야 한다. 누구 탓을 하겠는가. 우리 교과서와 시험에는 아직
도 '어느 게 좋으냐, 농구야, 축구야?(Which do you prefer, basketball
or football?)' 라는 질문에 대한 대답은 '농구를 좋아해(I like
basketball)' 이거나 '축구를 좋아해(I like football)' 만 정답으로 되어
있다. 여기에 '야, 뭐 세상에 그 지겨운 농구하고 축구밖에 없
냐?(Why don't you think about any other sports than these terrible two?)' 라
고 했다가는 '너 잘났으면 얼마나 잘났냐' 는 선생님의 문책만 따
를 뿐이다.

　나이 들어 질문의 내용이 달라진다고 이미 고정된 대답이 달라

질 수 없다. 일단 파블로프의 개가 되면 음식의 종류가 바뀐다고 종소리에 침이 안 나오는 게 아니다. 연극이 좋으냐, 영화가 좋으냐고 하면 대답은 반드시 '영화가 좋아(I prefer movie).'거나 '연극이 좋아(I prefer drama)'여야 한다. '아무 것도 안 좋아(I don´t like anything whatever)'라든가 '둘 다 좋아(I like both)'라는 가능성, 더 나아가 '뭐라고 했냐?(Pardon)', '왜 묻는데?(Why do you ask it?)', '뮤지컬은 어떠냐?(Why don´t you ask me about musical?)'등 수많은 현실 변화는 들어 올 자리가 없다.

3) '행복하십니까?'

문맥 없이, 상황 없이 배운 영어 단어 때문에 놀란 내 경험을 고백할 차례다.

영국에서 처음 강의를 듣던 때의 일이다. 원래 신청했던 강의 대신 학생 수가 적은 강의로 옮기려다 다시 동양인답게 그냥 묵묵히 있기로 재차 결심을 바꾸었다. 영국인 교수는 내 결심이 확고하냐고 물었다.

그렇다. 강의를 바꾸느니 마음을 바꾸겠다.

그렇게 대꾸할 때까지는 좋았다. 그 선생님의 다음 질문은 청천벽력이었다.

"Are you happy with that?"

나는 '행복한(happy)'이라는 단어에 놀라서 'happy?'하고 되물었다.

이 단어는 'happy birthday!'에 쓰는 단어가 아닌가. 빨리 이야기를 끝낼 심사로 그래 뭐 행복하다고 해두자, 마음을 정리하고, 선심 쓰듯 대답을 했다.

"O. K. I'm happy."

그때 심사는 전혀 행복하지 않았다. '뭐, 행복하다고까지 할 거야 있나' 싶어 껄끄러운 기분은 오래 남았다. 조금 시간이 지나자 나도 이 껄끄러운 심사가 내 무지의 소치라는 걸 알았다. 'happy'를 '행복한'이라고만 외운 사람의 용량으로는 'Are you happy with that?'을 '너 그래도 괜찮니?'로 받아들일 재간이 없었다. 그 후로 보게 된 영어에는 왜 그리 'happy'가 많이 눈에 띄던지, 게다가 그 모든 경우의 'happy'는 그저 '괜찮은', '(네 덕에) 즐거운' 정도의 가벼운 뜻이었다. 'Happy birthday'는 따라서 '행복한 생일 되세요'라기보다 '생일 잘 보내' 정도였던 거다.

연전에 불교 방송을 듣다 영어에도 '인연의 질긴 끈'이 있어 놀랐던 적이 있다. 어느 스님이 불교의 현장을 찾아 인도에 가셨던 모양이다. 가게에서 물건을 사려니 주인이 외국인이라고 바가지를 씌웠다. 스님은 강경하게 맞서서 원하던 가격으로 물건을 사셨다. 물건을 건네주면서 주인이 묻더란다.

"Are you happy, now?"

스님은 '이제 행복하시냐'는 질문을 듣고 움찔하셨단다. 물건을 사고, 돈을 깎는 데에서 행복을 구하는 것으로 보였던가, 그렇다면 나는 아직 속세의 물욕에서 해방되지 못했던가. 스님은 시장한 복판에서 장사꾼이 던진 영어 단어를 너무 크게 받아들이시는 바람에 유학 길에 회향을 결심하던 원효대사만큼 각성을 하신 듯하다. 불교도인 선배가 최근에 전해 준 사연에 따르면, 불교도들 사이에 '지금 행복하십니까?'를 인사말로 나누면서 진정한 행복의 의미를 구해보자는 움직임이 있다고 한다. 역시 고수의 세계는 다르구나 싶으면서도 혹시 그 스님도 나와 같은 영어 수업을 들었던 건 아닌가 궁금했다.

　주변의 친구(문맥, 상황)를 통해 어떤 유형인지 알아보고 사귀어야 하는데 무작정 happy만 데리고 나오면 다 행복해지려니 생각했으니, 이런 일들이 있다. 더 많은 용례들 속에서 단어를 익혔더라면 이런 대오각성은 없었을 텐데, 단숨에 빠른 길로 가려다 이렇게 난처한 꼴을 겪는다. 언어를 언어 상황과 떼어내서 보는 경직된 태도는 단어 문제로만 끝나지 않는다. 단어는 그야말로 작은 시작일 뿐이고, 그런 태도는 전반적인 영어 활동에 만연되어 있다.

4) 엿장수 가위

　문화나 내용 없이 언어가 허공에 따로 떠있다고 생각하는 언어관 때문에 영문학 전공자들이 먹고살기 어려운 사연이 생긴다. 대학원에서 학위 논문이나 일반 논문을 제출할 때가 되면 여지없이 영문과 출신들에게 영문 초록을 써달라는 청탁이 들어온다. 심리학, 철학, 문학 같은 인문학부터 체육, 음악, 미술의 예능, 의학, 공학, 교육학 등에 이르기까지 초록 의뢰자는 누구나 백 페이지 논문을 썼건 천 페이지 논문을 썼건 초록 한 장이나 두 장만 달랑 들고 나타난다. 미술 작품 전시회의 도록(圖錄)을 만들기 위해서도, 음악회 설명문도, 한국말로도 못 알아듣는 온갖 기계나 질병의 이름으로 가득한 공학이나 의학의 논문들도, 모두모두 그 해당 국문 원고만 주면 된다고 생각한다. '뭐, 몇 장 안 되는데 빨리 해달라'는 부탁도 꼭 빼먹지 않는다.

논문으로 발표하고 전시회를 할 정도의 수준이면 그 이론과 작품은 이미 상식의 수준을 넘어선다. 또 전문 분야는 그 영역마다 쓰는 전문 용어나 표현 양식이 있는 법이다. 영문학을 공부한 사람은 소설도 읽고 시도 읽지만, 불행하게도 만물박사는 아니다. 자연과학의 글들을 보면, 기껏 해 봐야 수동태를 주로 써야 하지 않나 어색하게 고집하는 정도다. 어느 정도의 문법 지식이 있다고 해서 갑자기 최신 의학 이론, 기계 설명서를 옮길 수는 없다. 적어도 내용에 대한 개략적인 설명이라든가, 참고할 수 있는 영문 몇 장이라도 있어야만 그 세계를 이해할 수 있고, 그래야만 문맥상의 오해 없이 외국어로 옮겨 볼 엄두라도 내게 된다.

시를 영역해달라는 부탁을 받았던 적이 있다. 지금도 '엿장수 가위'라는 표현을 옮길 수 없어 난감했던 기억이 난다. 영어에도 가위는 있다. 옷감 등을 자를 때 쓰는 평범한 가위 scissors, 정원의 관목이나 양털을 깎을 때 쓰는 크고 넓적한 가위 shears, 머리카락을 자른다거나 손톱을 깎을 때 쓰는 가위 clippers는 있다. 그렇지만, 자기 마음대로 잘라주는 엿장수 가위는 영어에 없다.

거기에다 이 단어가 시에 쓰였다는 것도 어려운 문제다. 시어는 아무리 일상어를 그대로 쓴다 하더라도 시의 세계에 맞도록 고른 것이다. 여기에는 단어의 뜻 못지않게 단어의 '음'도 중요하게 작용한다. 김소월의 〈진달래〉가 지금까지 애송되는 이유는 우리나라 사람들이 유독 진달래꽃을 좋아해서도 아니고, 헤어질 때 그저 그 꽃을 뿌리면 가는 사람 발등이 부러진다는 확인된 임상결과가 있어서도 아니다. 진달래꽃의 선연한 이미지가 '사뿐히 즈려 밟힌' 가슴과 일맥상통하는데다가, 시 전체의 감추어진 운율이 저절로 노래를 만들다보니 오래도록 남게 된 것이다. 이렇게 시의 운율을 맞추기 위해 같은 뜻의 단어 중에서 골라야 한다. 그때의 운율을 결정하는 것도 시인의 깊은 의도를 담고 있다. 내재율이냐 외재률이냐, 또 이행 대구 형식인지 4행률인지 까다로운 주문이 있어야 한다. 그런 테두리는 전혀 없이 그저 시를 옮겨달라고 하면, 이는 시를 쓰라는 주문과 별로 다르지 않다. 언어를 다룬다는 시인도 이럴진대 일반 학문 전공자의 무관심, 또 일반인들의 지나치게 산문적이고 기계적인 태도를 나무랄 수도 없다.

2. "푸르스름한 아이디어가
깊은 잠에 빠져 있노라"

   '배우고 익히지 아니 하는' 전반적인 교육 분위기에 더하여 우리 영어에 해당되는 독특한 문제가 있다. 바로 '교과서 영어'를 배운다는 점이다. 우리나라 영어 교과서는 자유로운 시장 경제 원칙에 따라 선생님이나 학생들이 마음대로 정하는 것이 아니다. 국정은 아니지만, 여전히 교육부의 검인정을 받아야 교과서가 된다.

   다음으로 이 교과서 영어를 '입시용'으로 배운다는 이유가 덧붙여진다. 학생들에게 영어를 배우는 이유를 물으면 물론 '국제화된 상황에 어쩌고' 하는 정해진 모범답안이 나오긴 한다. 그렇지만, 중고등학교 시절 영어를 배우는 진짜 이유는 훨씬 단기적 목적달성에 있다. '그래야 좋은 대학 가니까', 이것이 정직한 이유가 된다. 일단 이번에는 이렇게 영어를 '때우고' 나면 사회에

나갈 때를 대비해서 '진짜로 영어 공부해야지' 라는 말도 한다.

우리나라와 영어권 국가들이 지리적으로 떨어져 있다는 건 그만큼 문화상으로나 언어상으로 서로 영향을 주거나 소통할 기회가 적다는 의미이기도 하다. 지금이야 다르지만, 70년대까지만 해도 일반인들에게 외국 여행은 그림의 떡이었다. 그런 마당에 영어 선생님이라고 예외일 수는 없다. 중고등학교 선생님들 중 몇 분이나 외국에 나가 껌이라도 사 본 적이 있었겠으며, 영어에 관한 한 자타가 전문가라 하는 대학의 선생님들이라도 '영어를 공부하러 갔다' 왔을 뿐, 영어 모국어권에 살면서 특정도구용 언어가 아니라 '생활의 언어'로 영어를 사용해 본 사람은 사실상 극히 드물었다.

모국어권에서 오는 언어적 자극도 없고, 가르치는 사람도 영어권의 현장을 모르는 사정이니 우리 영어에 현장감이 떨어질 수밖에 없다. 엎친 데 덮친다고 외국 여행이 금지되었을 뿐 아니라, 모든 도서와 잡지를 비롯한 일체의 출판물이 규제를 받았다. 외국 출판물도 예외가 아니었다. 젊은 사람들이 관심을 가질만한 내용들은 퇴폐적이라는 이유로, 국보법 위반이라는 이유로, 국가 질서를 위해 미리 잘라져 나가거나 아예 출판되지 못했다. 모든 정보는 정부의 가공을 거쳐야만 시중에 유통되었기 때문에 사람들은 자주 '내용의 신뢰도'를 문제삼았다. 같은 말을 영어 교육에 한해 바꾸면, 당시 유통되던 외국 서적들조차 '내용의 신선도'가 없었다. 학교에서 가르치는 영어도 인위적으로 가공된 것인데, 학교 이외의 일반 자료들조차 그를 보충해주지 못했던 것이다.

이런 점에서 보면, 우리 영어의 특징은 인도영어와 비슷하다.

즉 영어 모국어권에서는 더 이상 쓰지 않는 말이나 문법이 아직 활개를 펴고 있는가 하면, 새로운 변화에는 무지하다. 아이들의 점수를 일렬로 세우기 위해서는 '고정된 언어'가 있다고 상정하는 것이 훨씬 편하다. 이것도 되고, 저것도 되고, 예전에는 이렇게 쓰였는데 지금은 이렇게도 쓰고, 영국에서는 이렇게 쓰는데, 미국에서는 아니라는 식이면 영어 성적을 낼 수 없다. 그러면 누구나 다 알고 있듯이 '변별력'이 없어지지 않는가? 공부하겠다는 학생들을 하나라도 살리는 제도가 아니라 하나라도 떨어뜨리려는 제도가 우리 입시고 보면, '변별력'의 도구로는 영어만큼 안성맞춤도 없었다.

이런 사정에서 문법만큼 적절한 칼은 없었다. '문법에 맞지 않음'이라는 평은 곧 영어점수에 관한 한 사형선고였다. 문법에 맞으면 무슨 말을 했든 맞는 영어였다. 죽어 가는 사람이 '저는 안녕합니다(I'm fine)'고 말한다고 해도 우리나라에서는 누구도 그게 틀린 영어라고 말하지 않는다. 지금도 망설이는 사람이 있을까봐 강조하건대 그 영어는 틀렸다. 영어로서 틀렸다고 하기 이전에 언어로서 기본 자격이 없는 대답이다.

문법에 맞는다고 말이 되는 것은 아니다. 우리 모두 이것을 알고 있으면서도 영어 공부에서는 자주 이 평범한 진리를 잊어버린다. 촘스키(Noam Chomsky)를 들먹이면 아마 이 진리가 더 그럴듯해 보이려나 모르겠다. 그는 '문법적인(grammatical)' 것과 '의미있는(meaningful, significant)' 것이 다르다는 점을 주지시키면서 유명한 영어 예문을 들었다.

Colourless green ideas sleep furiously.

Furiously sleep ideas green colourless.

영어만 보면 일단 기를 쓰고 해석부터 하려는 사람을 위해 서둘러 알리는 바인데, 두 번째 문장은 문법적으로 잘못 되어 있어 의미를 읽을 수가 없다. 첫 번째 문장은 문법적이다. 그러나 무의미하기는 두 번째 비문법적 문장과 마찬가지라는 것이다. '푸르스름한 아이디어가 깊은 잠에 빠져 있노라.' 얼마나 운치 있는 말인가. 제임스 조이스나 랭보가 했다면 기를 쓰고 외워야 했을 이 문장은 사실 산문과 상식의 세계에서는 '말이 안 되는 말', 의미없는 문장인 것이다.

대학 시절, 계속 철학을 공부하고 품위 있게 굶을 것이냐, 영문학을 하여 그럭저럭 먹고 살 것이냐 쓸데없이 고민하던 때(살다보니, 어느 쪽을 하든 품위 없이 굶기는 매 한가지였다), 언어 철학 수업을 듣고 있었다. 선생님은 비트겐슈타인의 언어관을 쉽게 설명하시던 중, 용법에 맞지 않는 문장으로 '국그릇은 밥그릇을 사랑하나 봐'를 즉흥적으로 만들어 내셨다. 철학 수업으로서는 드물게 모두 함께 웃었다. 그렇지만 얼마나 시적인 말인가. 한식에서 국 없는 밥은 너무 푸대접받은 느낌이고 쓸쓸해 보인다. '국그릇과 밥그릇이 사랑하는' 것을 인정하는 것이 시의 세계라면, 상식과 산문의 세계는 그 말이 틀렸음을 알리는 곳이다. 일상생활에서는 문법을 맞추면 말이 될 것 같지만, 사실상 전달하는 내용이나 의미가 없어 말이 되지 못하는, '말 아닌 말'을 조심해야 한다.

'푸르스름한 아이디어가 깊은 잠에 빠져 있다'를 현실의 영어라고 배웠다지만 우리들 영어의 색은 '푸르스름함'이 아니다. 굳이 색으로 나타내자면 '진초록'이다. 강렬한 색이 아니면 색이 아니라고 생각하니, 푸르스름하고, 푸릇하고, 푸리딩딩하고, 푸르고, 푸리시리한 초록은 아예 없다. 같은 색이라도 색조의 차이가 다양하게 있는 법인데, 그런 것에 대해서는 관심이 없다. 무궁무진한 현실 상황이라든가 다양한 언어의 변화도 전혀 고려되지 않는다. 강렬한 색으로 불안한 현실을 전부 칠할 수 있다고 장담한다.

영어의 진공상태를 없애고 다채로운 색을 넣어주자면 영어가 사용되는 현장의 현장감, 현실감을 배우는 것이 가장 좋은 방법이다. 시험용이나 유학, 취직용으로만 영어를 배울 것이 아니라 영어에 내용과 문화를 찾아주어야 한다. 아이에게 영어 동요를 틀어주고 영어 동화를 읽으라고 강요하면서 자신은 한번도 영어 잡지나 신문을 보려들지 않는 사람들이 많다. 일일이 그 많은 영어를 다 번역해야 한다는 부담감 때문에 이런 거부감이 생긴다는 것도 알고 있다. 그렇지만 대개의 경우 지적 게으름이 진짜 이유일 때가 많다.

컴퓨터를 켜면 세계의 언어가 내 앞에 놓여 있는 세상을 살면서 영어의 현실이 멀다고 불평할 수 없다. 물리적인 영어 사용 현장에 살지 않는다고 하더라도 누구나 마음만 먹으면 가상 영어 사용 현실을 내 공간에 만들어낼 수 있다. 지금까지 우리가 영어를 배우지 않은 것은 아니다. 너무 배웠다는 것이 문제가 되었으면 되었지, 결코 덜 배웠다고 할 수 없다. 단지 거기에 입체감과 현실감을 불어넣지 않았다는 것만이 문제가 된다. 지금까지 내가 배운 영어를 타산지석으로 삼아 진공의 무게를 거두면, 가볍고 즐겁게 영어를 즐길 수 있는 길이 있다.

5장

이 세상은
결정판이 아니다

한국인들의 문법강박증을 알려주는 실례 중 하나로 한국 영어 교사가 분리부정
사를 가르치던 영국 선생님에게 '문법에 맞지 않는 영어'를 불평했던 일이 있
다. 영국 사람이라고 다 영어를 잘 하는 건 아니다. 그렇지만 최소한 외국인을
상대로 영어를 가르치는 사람들의 영어는 일반 영국인들의 영어보다 훨씬 문법
적이다. 엉터리 선생님이 아니라면, 모국어인데도 불구하고 영어 문법에 대한
지식도 갖추고 있다. 그런 전후 사정을 두고 보면 영국의 영어 선생님한테 '문
법을 모른다'고 했다는 한국의 영어 선생님은 대단한 '문법학자'일 텐데, 문제
는 그 분의 영어가 그다지 유창하지 않았다는 데에 있었다.

문맥이나 상황에 대한 무시도 문제지만, 우리의 영어 활동을 한없이 무겁게 만드는 요인을 들자면, 영어 불변론을 말하지 않을 수 없다. 영어에 관한 한 우리들의 현실은 정지되어 있다. 영어가 변하고, 없어지고, 생겨나고, 사라져간다는 건 상상할 수 없다. 못마땅한 변화를 뛰어넘는 어떤 정지점, 어떤 원칙, 정해진 반응이 있으리라 굳게 믿고 그것을 구한다. 이 접근이 어리석다는 건 어른이라면 누구나 알고 있다. 세상은 변하고, 사람도 변하고, 어떤 언어든 변하기 때문이다. '해 아래 변하지 않는 것은 없고,' 생로병사의 순환을 따르지 않는 것은 없다. 에밀리 디킨슨의 시 그대로 '이 세상은 결정판이 아니다.(This world is not conclusion.)'

어느 나라 언어나 시간에 따라 합리적 이유 없이 흥망성쇠를 겪는다. 영어도 마찬가지다. 마찬가지 정도가 아니라 영어는 이 흥망성쇠의 사이클이 아주 급한 언어에 속한다. 영어권은 원래부터 외래어에 상당히 수용적인 입장이었던 데가 새로운 기계 문명의 선두 주자가 되면서 새로운 단어와 어휘의 생산지가 되다 보니 언어 변화가 빠르고, 흐름이 거세다. 세계어로서 면모를 유지하기 위해 기를 쓰고 세계 여러 나라의 새로운 언어들을 영어 속에 편입시키는가 하면, 영어권 국가들끼리 서로 다른 어휘를 공용하거나 경쟁한다. 한번 정해진 틀이 그대로 고정불변하리라고 기대한다면 '만들고 쓰고 버리고 바꾸는' 영어의 유동성의 재미를 배우기 어렵다.

어휘를 포함한 언어의 모든 영역, 용법, 철자, 발음 등이 천천히 또 어떤 경우에는 급격하게 변화하고 있다. 그 중 어휘와 문법의 2가지 측면에서 영어의 변화무쌍함을 실감해보자.

1. 변하는 '어휘'

1) 영어의 '생과 사'

'영어사'를 공부한 적이 있는 사람이라면 영어의 변화를 실감 나게 느꼈을 것이다. 그 중에서도 영어 어휘들이 갑자기 생기고, 갑자기 사라지는 현상들은 특히 주목할 만하다. 갑자기라고 하지만, 물론 하루아침은 아니다. 그렇다고 또 한 어휘가 사장되는데 천 년, 백 년의 긴 세월이 걸리는 것도 아니다. 한 세대만에 어휘의 사용이 현저하게 변모하는 경우가 허다하다. 재미있는 점은 이 변화에 대한 합리적인 듯한 설명들이 없는 것은 아니지만, 이 모두 그럴 듯할 뿐인 사후약방문에 불과하다. 몇 가지 독특한 어휘들의 경우들을 보면 영어의 신속한 생사 현상을 실감나게 느끼게 된다.

중세의 영어 단어들은 불어와 유사하게 마지막을 e로 끝내는 단어들이 많았다. 그 단어들이 아주 완전히 사라져서 표기는 물론 발음 자체도 상실된 지 오래다. 영어의 이런 죽음 가운데 아주 특이한 경우로 긍정의 원어는 사라지고 오히려 부정접두사나 접미사를 가진 파생어가 살아남은 단어들이 있다. 구제 불가능한 (incorrigible) 단어는 있는데 구제가능한(corrigible)은 없고, 부적절한 (inept) 단어는 살아남았는데 적절한(ept) 단어는 사라졌다. 불활성의(inert) 단어는 남았는데 활발한(ert) 단어는 죽었다. 너저분한 (unkempt) 단어는 끝까지 버티고 있는데 깔끔한(kempt) 단어는 쓰지 않는다. 무자비한(ruthless) 성질은 여전한데 자비함(ruth)은 이제 실제 생활에서 찾아 볼 수 없다.

원래 없었으면 섭섭하지도 않다. 17세기 시인 존 밀턴의 시행에서 만나는 표현이다.

Look homeward, Angel, now, and melt with ruth
저기 집을 바라보라, 천사여. 자비를 가득 담고

17세기에는 잘 쓰던 자비(ruth)가 왜 없어졌는지 고민하지 마라. 그냥 없어져 버렸다는 말이 가장 적절한 표현이다. 쇠퇴의 이유를 모른다. 그저 사람들이 잘 쓰지 않았다는 말밖에 달리 설명할 길이 없다. 시간의 낮을 견디지 못했다는 표현은 사람의 운명에도 쓰지만 언어의 쇠퇴에도 쓸 수 있다. 부정적인 파생어는 이 세상의 혼탁을 잘 표현했는데 긍정적인 원래 어휘는 그다지 필요하지 않았는지도 모른다.

사라지는 것이 있으면 새로이 생기는 것도 있다. 영어의 '생' 에 제일 먼저 들어야 하는 어휘들은 20세기 들어 활발해진 여성 운동과 상당히 영향이 있다. 그 중 여성의 경칭으로 쓰이는 'Ms.' 는 좋은 예가 된다. 서양 여자들은 결혼하면 남편의 성을 따라 'Mrs.' 라고 불렸지만, 1900년대 중반 여성 운동의 영향으로 여자들도 남자와 같은 경칭방식을 쓰길 주장했다. 결혼 여부와 무관하게 남자가 미스터(Mr.)를 쓰듯 이제는 미즈(Ms.)를 쓰는 여자들이 많아졌다.

의장을 chairman이라고만 생각하면 여성 의장을 Ms. Chairman이라고 부르는 우스꽝스러운 일이 생긴다. Mr. Chairman이야 경칭과 성별이 어울리지만 Ms. Chairman은 부조리한 표현이다. 그래서 한동안 여성 의장을 chairwoman이라고 했다. 지금은 의장이면 됐지 남녀 구별은 중요하지 않다는 뜻에서 chairperson이나 그저 chair라고 쓰기도 한다. 영국 성공회는 이제 여자 사제를 인정하고 있다. 실제로 서품을 받고 사제직을 수행하는 성공회의 여자 목사님들이 있다. 사제 일반이 남자였던 때 clergyman은 아무 문제가 없었는데 이런 사정으로 변하고 나니 새 단어가 필요했다. clergyperson이 생겨난 연유다.

영국 의회 의장은 speaker라고 한다. '의장님' 은 언제나 Mr. Speaker였다. 항상 남자였으니까 이 표현에 이의를 제기할 이유가 없었다. 그러다 여자 의장이 나타났다. 이 할머니는 은퇴할 때까지 Madame Speaker로 의사진행을 해나갔다. 미국에 여자 대통령이 생긴다면, Mr. President로는 안 된다. 영국식을 따라 Madame President라 하거나 Ms. President라고 하려는지, 두고 볼 일이다.

언어가 세상을 반영한다고 쉽게 말할 수 있는 경우들이 있다. 제법 철학적인 듯한 문장을 보자.

Man is mortal, but he hopes for immortality.

우리말로 옮기면 '사람은 죽을 수밖에 없는 운명이면서도 영생을 바란다' 쯤 된다. 여기에서 남녀차이를 고민하며 어떻게 해석해야 옳을지 망설이는 사람은 거의 없다. 우리말 번역에서 차분하고 중성적인 문장이 나타나기 때문에 잠깐 그런 문제를 잊을런지 모르지만, 그 번역의 과정에서 드러나는 본질적인 남녀 차별은 영어나 국어나 마찬가지다. 여기에서 어떻게 남자(man)가 인류와 동의어로 쓰일 수 있으며 남성 인칭 대명사 he가 무슨 자격으로 남녀를 통칭하는가 심각한 질문이 생긴다. 이렇게 무비판적인 의식 때문에 역사(history) 전체가 '그(남자)의 역사(his story)'와 동의어라고 여기지 않느냐는 비판도 있다. 더 나아가 '여성의 역사(herstory)'를 되찾아야 한다는 주장도 가능하다.

그건 극단적인 여성학자의 주장일 뿐 일반 영어에서야 그런 단어를 만나겠느냐고 방심하면 안 된다. 대중을 대상으로 하는 글이나 신문 잡지에 글을 쓰는 사람들도 3인칭 인칭대명사를 he로 통일하던 옛 방식에 거부감을 가지는 수가 많다. 예전 같았으면 he로 통일했었을 주어에서 'he or she' 혹은 'he/she'로 대신하는 글들을 볼 수 있다. 더 나아가 he/she를 쓰기가 복잡하니 줄여서 they로 쓰자는 사람들도 있다. 이렇게 되면 they는 it과는 또 다른 삼인칭 중성 단수대명사로 보아야 한다.

우리는 지금도 여류시인, 여류소설가, 여류정치인, 여류기업가라는 말을 써서 '한가한 여자들이 시간이 많다보니' 시인도 되고, 정치도 한다고 애써 구별을 해준다. 영어에도 여류시인이 없었던 건 아니다. poetess나 woman-poet라는 표현이 있고, 그들을 악착같이 시인(poet)과 구별해서 불렀던 적도 있다. 지금은 남자든 여자든 시를 쓰는 사람은 poet로 통일되어 있다. 세상이 바뀌면 바뀐 세상을 바르게 전달하기 위해 언어도 바뀌어야 한다. 기왕이면 언어를 주도적으로 사용하는 계층에서부터 의식적인 노력을 해야 하지 않을까 아쉬울 때가 많다.

세상이 바뀌면서 영어가 새로 생기는 경우는 이루 말할 수 없이 많다. 기존 단어와 타협하는 것으로는 도저히 만족할 수 없는 변화가 생길 수 있다. 완전히 새로운 사건이나 물건이 생기면 그에 걸맞게 완전히 새로운 단어가 요구된다. 스케이트보드(skateboard)는 기존의 단어 롤러스케이트(roller skate)로는 표현할 수 없는 물건을 지칭한다. 두발을 하나의 스키 위에 올려놓고 언덕을 타고 내려오면 monoboarding인데 옆으로 비껴 서서 내려오면 snowsurfing이다. 둘 다 새 단어다.

녹색당(Green Party)은 지구 환경을 보존하자는 것이 주된 강령이다. 그 중 극단적인 입장을 취해서 가끔 폭력으로까지 저항하는 사람들은 '진녹색(dark-green)'이다. 정당에 가입하는 지경까지 가지는 않았지만, 어떤 이들은 물건을 사거나 기관을 후원할 때 환경친화적(eco-friendly)인가 아닌가 여부를 꼭 챙긴다. 직장에서는 성차별(sexism) 못지 않게 연령차별(ageism)도 정식 불만 사항으로 항의할 수 있다.

날씬해진 코미디언을 두고 성형외과에서 지방을 뺐느니 넣느니 말이 많았던 적이 있다. 우리나라 여자들은 한결같이 – 건강하기보다는 – 말라야 된다고 생각하는데, '복부지방흡입수술'이라는 괴상한 우리말보다 이에 해당되는 영어가 훨씬 간단하고 날씬하다. 배, 복부를 나타내는 tummy와 '밀어 넣는다', '쑤셔 넣는다'는 의미의 tuck가 만나 'tummytuck'이라는 단어를 만들어냈다. 복부에 가는 관을 집어넣어 지방을 빼내는 현장감이 영어에서 훨씬 생생하다.

세상의 변화에 익숙하게 잘 따라가는 사람은 출근도 안 하고 컴퓨터나 팩스만으로도 근무를 할 수 있다. 한쪽에서는 이렇게 teleworking의 세계가 있는가 하면 한쪽에서는 실직자와 노숙자들의 세계가 있다. 이런 저런 이유로 집도 없이 거리에서 신문지나 박스를 모아 잠자리를 구하는 사람이 많으면 서울을 cardboard city라 불러도 변명을 못한다.

얼마 전 옥스포드 사전 출판 담당자는 사전에 등록될 새로운 단어를 발표했다. 영어는 원래부터 외래어를 수용하는 데 대단히 적극적인 언어다. 영어에 수많은 동의어가 있는 이유도 외래어의 무제한 수용 때문이다. 이 전통에 이제는 상술까지 더해서 영어의 어휘 수는 날로 늘어가고 있다.

영국이나 미국, 영어권 국가들이 세계어 구실을 하는 언어를 모국어로 사용한다는 한 가지 이유만으로 누리는 특권과 수입은 엄청나다. 이 특혜를 잃지 않으려면 계속 영어를 세계어로 만들어가고 유지해 가야 한다. 기기묘묘한 전략 중에는 세계의 다양한 언어들을 영어 속으로 받아들이자는 입장도 들어간다. 문화의 포용성을 보인다는 정치적 이유 뿐 아니라 장사로서도 이건 큰돈이 된다.

옥스포드 사전은 매년 새롭게 개정된다. 전 세계에 걸쳐 새로운 단어가 많이 나왔기 때문이다. 몇 년 전에는 포켓몬(pokemon)도 올랐다. 살만 루시디를 죽이라는 호메이니의 명령이 내렸을 때는 파트와(fatwa)도 올랐다. 얼마 전 새로 오른 단어 중에는 휴대전화의 메시지 축약어들이 들어있다. 단어로는 'before' 를 뜻하는 'B4', 'you' 를 줄인 'U' 가 눈에 띈다. 문장 전체가 축약어로 오른 경우도 있다. 'Where have you been?' 을 나타내는 'WERV U BIN', 'Have a nice day' 를 뜻하는 'HAND', 'Be back later' 의 'BBL', 'Be seeing you' 의 'BCNU' 등이 그 예다. 'Thanks' 는 'TX' 로 올랐다.

얼굴 표정으로 감정을 표현하는 상징들도 새로운 어휘로 대접받았다. ':-)' 는 기쁘다, ':-(' 는 우울하다, ':-Q' 는 혀를 빼어물 정도로 '이해할 수 없다'. 옥스포드 사전 담당자는 '사용빈도수가 높아서 무시할 수 없기 때문에' 이들을 새로운 어휘로 등재했다고 설명했다. 이런 기호까지 영어라고 해야 하는지, 그래서 옥스포드 영어사전에 올라야 하는지. 배운 대로 써보면, ':-Q'. 하여간 그래서 그 사전은 매년 새로운 구매자층을 만들어낸다.

2) 언어는 과학이 아닙니다. 언어는 패션입니다

어휘가 살고 죽는 일만 영어에서 일어나는 건 아니다. 시대 상황의 변화에 따라 어휘들 간의 인기 판도가 새로 편성되기도 하고, 기존의 단어가 새로운 의미와 용법으로 확장되기도 한다. 이런 점을 들어, 빌 브라이슨(Bill Bryson)은 '언어는 과학이라기보다는 패션에 가깝다'고 했다. 언어가 고정된 것이 아니라 시대와 장소에 따라 유동적으로 움직이고 있다는 점을 강조하는 적절한 표현이다.

it을 가주어, to부정사를 진주어로 하는 형용사들을 신나게 외우다 보면 impossible이나 available은 동사구를 이루기 위해서만 쓰이는 걸로 착각하기 쉽다. 별다른 용례도 다시 만나지 못하다 보니 이 착각이 굳어진다. 이렇게만 알고 있다가 '지금 시간 있으세요?'로 'Are you available?'을 들으면 가당치 않은 일이 벌어진 꼴이다. '가당치 않다'는 영어 표현으로 가장 그럴 듯한 것이 'What an impossible thing!'이니, 참으로 가당치 않다.

영국의 계관시인이었던 테드 휴즈(Ted Hughes)와 자살로 더 유명해진 시인 실비아 플라스(Sylvia Plath) 사이에는 딸 하나, 아들 하나가 있다. 아들은 진작 캐나다로 이민을 가버려 부모의 소문에서 도망갔는데, 딸은 뒤늦게 작가로 데뷔하면서 매스컴의 조명을 받았다. 그녀가 신문 인터뷰에서 아버지에 대한 반항으로 어린 나이에 성급하게 결혼했었다는 사연을 말하는 중이었다. 그녀의 첫 남편은 우리에게 좋은 영어 공부감이다.

"I thought he was an impossibly romantic, but he's just impossible.(난 그가 감당할 수 없을 정도로 낭만적이라고 생각했는데 알고 보니 그냥 감당할 수 없는 인간이더군요)"

이 멋진 문장이 아니더라도 impossible이 유독 나한테 깊은 인상을 남긴 까닭은 좀 더 고상하다. 다이애나가 살아 있을 때 일이다. BBC TV의 한 프로그램에서 이 왕자비는 애인이 있었고 진심으로 좋아했다고 고백했다. 여왕님도 그걸 시청하셨던 모양이다. 여왕님이 화를 내시며 한 마디 하셨다는 기사가 났다.

"What an impossible girl."

저런 발칙한 것이 있나, 쯤 될 거다. 그리고 2년 있다가 이 'impossible girl'이 차 사고로 사망했다. 영국 방송은 전세계에 장례식을 생중계로 팔아 상당한 돈을 챙겼고, 지금까지도 죽은 왕자비를 띄워 시청률을 올리지만, 아무도 그 교통사고의 책임으로 처벌받은 사람은 없다. 참으로 '있을 수 없는(impossible)' 일이다.

12세기의 영국 왕 헨리 2세는 유럽 제일의 땅부자였다. 영국뿐 아니라 프랑스에도 프랑스 왕보다 더 큰 땅을 가지고 있었다. 토마스 베케트는 당시 켄터베리 대주교로서 땅 한 평 없는 형편이면서 성질이 과격하고 고집스러운 왕에 맞서서 종교가 정치보다 우월하다는 '건방진' 주장을 했다. 재산을 몰수하고, 국외로 추방하고, 달래봐도 베케트의 입장은 요지부동이었다. 거기에 교황이 끼어들고, 늘 땅이 적어 심술이 난 프랑스 왕이 끼어들었다. 베케트가 가시 같았던 왕은 '누가 이 소란한 신부를 치워주려나(Who's rid of this turbulent priest)?' 라는 말을 했다. 왕은 혼잣말을 했다지만, 4명의 기사들이 듣기에는 충분히 큰 목소리였다. 그날 밤 베케트가 암살되었다.

turbulent라는 단어는 사람을 수식하는 형용사로는 거의 안 쓴다. 사건이나 상황, 감정 상태를 드러내는 표현으로 자주 쓰이는데, 왕이 썼으니 누가 틀렸다고 했다가는 암살감이다. impossible도 사람을 수식하는 말로 유행하기는 최근이다. 12세기 헨리 2세와 21세기 엘리자베스 2세의 닮은 점은 이런 데에서도 찾을 수 있다.

한때는 속어였는데, 이제는 여왕님도 쓰는 격식 영어로 자리잡는 경우도 많다. 사이비를 뜻하는 bogus, 호경기나 갑작스러운 인기의 의미로 쓰이는 boom이 그 예가 된다. '흥겹게 뛰논다'는 뜻의 rollicking도 그렇고, '싸우기 좋아하는, 떠들썩한'이라는 의미로 쓰이는 rowdy나 '야단법석, 소동, 싸움'의 row 등도 계층 상승한 단어들이다. 우리 영한사전에는 아직도 이 말들이 속어나 구어로 분류되어 있는 게 아쉽다.

우리말도 이제 '가라사대'니 '이만 총총' 같은 말은 거의 사어(死語)가 되었지만, 그에 비해 '정신치료상담'이니 '왕초보', '왕따'니 하는 새로운 말들이 유행하고 있다. 어느 말이 끝까지 살아남으려는지 결정하는 건 세월이다. 언어 사용에 강제 개입을 극도로 자제하는 영어권에서는 최소한 그렇다.

20세기 중반 이후 영어권에서 자주 쓰는 단어로 치면 단연 great와 nice다. 웬만큼 괜찮다고 느꼈으면 무조건 '대단하다(great)', '멋있다(nice)'고 하니 그걸 특별한 칭찬으로 오해하는 실수는 말아야 한다. good도 마찬가지다. 잘해도 good이고, 못해도 good이랄 때가 있다. 그냥 말을 이어가는 역할만 하는 기능어일 뿐 의미어는 아니니, 부디 그걸 우리말로 옮겨 괜한 감정 느끼지 말기 바란다. 아이를 외국 학교에 보낸 학부모들이 저지르는 실수 중 하나가 바로 이 good에 대한 순진한 오해일 때가 많다. 외국 학교에서는 아이를 무조건 칭찬하더라, 혹은 외국 학교에 가니 우리 아이가 그렇게 잘 한다더라는 외국 선생님들의 무차별적인 good을 사뭇 심각하게 우리말로 옮긴 경우일 때가 많다. 미국에서 공부하고 있는 인미가 전해준 말대로 하자면, 미국 선생님들은 잘하면 good job, 못하면 good try, anyway good이라고 하니, 어디까지 그 good을 믿어야 하는지 알 길이 없다. 이렇게 good이 인플레라면, 우리도 영어에 자주 good을 넣어 버벅거리는 우리 영어에 양념을 치는 것도 괜찮은 전략 같다.

다음에 good이나 great에 비해 비교적 본래 의미를 보존하면서도 최근 인기를 누리는 단어들을 두서없이 정리해 보았다. 자본주의 시대 최고의 수식어를 사용하여 소위 '상종가' 라고 할 만한 이 단어들을 보고 있노라면 과연 우리가 어떤 시대를 살고 있는지 저절로 알게 된다.

- **feasible** : '실행할 수 있는' 이라는 거창한 의미보다는 '그럴듯한', '있음직한' 의 뜻으로 많이 쓰인다.
- **hectic** : '소모성의 열이 있는' 질병의 일종으로 쓰이는 것이 아니라, 그 병의 증세를 빗대어 쓴다. '들떠있는', '분주한,' '정신 없이 바쁜' 이라는 의미로 확장되어 우리의 두서없이 분주한 생활을 표현하기에 아주 적절하다.

- **ridiculous** : '우스꽝스러운', '말도 안 되게 터무니없는' 상황에서 쓰면 적절하다. 외국인이 사용하기에는 조심스러운 단어라는 것도 잊지 말아야 한다. 원래 뜻에서 좀 더 나아가 요즈음에는 '불합리할 정도로 바쁘게 사는' 의미도 가지고 있다. 세계를 돌아다니며 공연을 해야 하는 연주자는 '정신없이 바쁜 스케줄 (your ridiculous schedule)'로 시간을 낼 틈이 없다.

- **personally** : 사전에 나타나는 '몸소', '친히', '개인적으로', '하나의 인간으로서' 보다는 '나로서는', '내 입장으로' 라고 알아두면 쓰기에 편하다. 문장 앞에 두는 것이 보통이지만, 그렇다고 맨 처음에 느닷없이 나오는 법은 거의 드물다. 예를 들면, '저로 말씀드릴 것 같으면, 그건 별로 좋은 생각이 아닌 것 같군요 (Personally, I don't think much of the idea)' 보다는 '글쎄, 제 생각인데, 그건 별로 좋은 거 같지 않네요(I, personally, don't think much of the idea)'를 더 많이 쓴다. 또 다른 용도에서는 '딱 그 사람만을 염두에 두고', '그 사람만 딱 꼬집어'의 뜻으로 쓰인다. 무례하게 구는 사람 때문에 마음이 상한 친구가 있으면 이렇게 위로할 수 있다. '너한테만 그랬다고 생각하지 말아. 그 사람 누구한테나 그렇더라(Don't take it personally. He's rude to everyone.)'

- **individual** : '개개의', '개별의', '독특한', '개성을 발휘한' 것은 모두 이 단어로 수식될 수 있어, 무조건 색다른 것이면 열광하고 보는 사람들에게 특히 애용된다.

- **movement** : '운동'이나 '활동'이라는 본래 뜻보다는 개인들이 모여 익명의 동향을 만들어 낸 경우를 지칭할 때가 많다. '정치적,

사회적 운동', '운동 조직', '사건이나 이야기에서 진전상태', '변화', '상태의 큰 변화' 등을 의미한다. 이 단어의 유행을 보면, 개인적인 것을 숭배하는 건 '그저 그렇게 보일 뿐'인 거짓말임을 알게 된다. 우리 모두 점점 더 무리에서 떨어져나갈까 걱정이라 해야 솔직하다.

- psychological : '심리학의', '심리적인'이라는 원래 의미가 그대로 남아 있다. 웬만한 심리적 갈등은 전문가를 찾아가는 서구인들에게는 아주 편리한 단어다. 뭐라고 딱 꼬집어서 설명할 수 없는 상태일 때는 뭐든지 다 이 표현을 쓴다.

- therapeutic : '치료의 효과가 있는', '건강을 유지하는 데에 도움이 되는' 단어인데, 특히 이때의 건강은 정신건강을 말한다. 의학의 전문지식에서는 확인된 바 없지만 일상의 지혜에서 보아 정신 건강에 도움이 될 만한 것을 권할 때 이 표현을 쓴다. 지난겨울에 난생 처음 집에 페인트칠을 하느라 딱 죽다 산 기분이었다. 이웃에는 잘난 척하는 선생님이 살고 있다. 그가 위로랍시고 하는 말은 이 단어의 생생한 의미를 알게 만든다.

'그래, 그게 굉장히 정신건강에 도움이 되잖니(Well, I said, it's very therapeutic.)'

- fabulous : 이 단어를 어원과 연관지어 '전설상의'라든가 '전설적인'이라든가 '전설에 남은' 따위로 이해하면 큰일난다. 이제 그렇게 쓰이는 경우는 거의 없다. 그저 '굉장한', '엄청난', '무지무지'의 뜻이라 아무 데나 쓰면 된다. '굉장한 파티,' '무지 큰 집', '무지 잘 생긴 남자', '무지 괜찮은 여자'는 다 이 단어로 통일된다. a fabulous party, a fabulous house, a fabulous guy, a fabulous girl은 또 모두 다 fab으로 줄여지기도 한다.

- **terrific** : 이 형용사의 명사형은 '공포(terror)'고, 이 형용사의 동사형은 '무섭게 하다(terrify)'니 이 형용사의 뜻은 당연히 '무서운'이다. 그런데 그런 의미로 쓰는 경우는 절대 없다고 봐도 과장이 아니다. 신나게 놀고 나서 '정말 이번 파티 끝내줬지' 말하고 싶으면 이 단어를 쓰면 된다. Wonderful이니 great, nice, exciting, 심지어 fabulous도 그에는 모자른다. 'We had a terrific party.'가 흥분된 느낌을 가장 실감나게 전달한다.

이만큼은 아니지만 그에 버금가는 인기 단어들도 몇 개 골라보자.

- **allergic** : '알레르기에 걸린'이라는 뜻으로 쓰이는 경우는 의학적인 현상일 때다. '햇빛 알레르기가 있다(I´m allergic to sun.)', '그 여자는 땅콩류에 심한 알레르기가 있다(She´s so allergic to nuts.)'는 질병에 가까운 증상을 말한다. 일상생활에서 이 단어를 쓰면 '알레르기가 될 정도로 싫은', '설명할 수 없는 이유로 대단히 질색인' 뜻이 된다. 'He´s allergic to card playing'쯤 되면, '그 사람은 카드놀이엔 질색이야' 정도로 이해된다.
- **nostalgic** : 고향이나 과거를 그리워한다는 의미에서 더 나아가 매사에 지나치게 감상적인 사람을 설명할 때 자주 쓴다.
- **expertise** : '전문적인 기술이나 지식', 또 '전문가의 전문적인 의견'까지 말한다. 이력서나 자기소개서에 반드시 이 항목을 장황하게 기술해야만 현대의 직업시장에서 상품으로서 가치를 인

정받는다.

- literally : '문자 그대로', '축어적으로', '글자 그대로'라는 원래 의미로 이해하기에는 너무 고리타분하다. '사실상', '진짜', '완전히'의 의미로 쓰인다.

- chronic : '만성의', '장기간에 걸친', '오래 계속하는'이라는 원뜻에는 아무런 감정적 연상이 작용하지 않는데 비해, 일상 영어에서는 부정적인 느낌이 가득하다. '질질 시간만 끄는', '해결되지 않고 고질적으로 남아 있는', '(그러다 보니) 아주 싫은' 상태까지 나타낸다.

- phenomenal : '자연 현상의', '자연 현상에 관한', '인지할 수 있는'이라는 사전적인 뜻은 잊어버리는 게 좋다. 'fabulous'나 마찬가지로 별 뜻 없이 놀라고 싶을 때 많이 쓴다. '놀랄만한', '굉장한', '거대한' 등의 의미로 보면 된다. '내 인생에 강렬한 인상을 남긴 훌륭한 선생님'을 영어로 옮기려고 너무 애쓰지 마라. 'a phenomenal teacher'라는 간단한 표현이면 된다.

- ongoing : 명사나 형용사로 쓰이지만, 수식형용사로 훨씬 용도가 많다. '진행중인', '따라서 끝이 없이 이어지는'의 의미로 보면 좋다. 협상이 끝없이 이어질 듯 계속되면 '그건 아직도 끝이 안 난 협상이다(It's on-going project)'. oncoming이라는 말도 있다. 나를 향해서 '다가오고 있는' 것을 지칭할 때 쓰는 형용사이지만, 실제로 쓰이는 빈도는 아주 적다.

어휘의 무궁무진한 변화를 어찌 따라가느냐고 지레 절망하거나 불평할 수 있다. 그렇지만 앞에서도 말한 바처럼 사전에는 단어들의 뜻뿐 아니라 용례까지 친절하게 설명되어 있다. 심지어 어떤 사전에서는 유행의 변화, 사용빈도의 퍼센트까지 친절하게 소개해준다. 사전을 볼 때는 반드시 용례를 함께 보는 걸 습관으로 삼아야 한다.

일상언어가 될수록 한국말과 영어가 1:1의 행복한 대응을 이루는 경우는 극히 드무니 특히 조심해야 한다. 위의 단어들처럼 널리 알려지고 의미가 확인된 단어들은 적절하게 사용하는 걸 익히는 게 좋다. 보통 이런 단어들은 사전의 딱딱하고 전문적인 의미가 아니라 실제로는 좀 더 자연스럽고 편안하게 쓰이고 있다.

영한사전보다는 영영사전을 권하는 이유도 이 때문이다. 영영사전의 용례를 보면서 단어의 의미와 그 쓰임새를 자연스럽게 익힐 수 있다. 다소 귀찮더라도 한영사전과 영한사전을 함께 이용해서 익히면 어휘가 훨씬 오래 남고 사용할 때 실수도 적어진다. 어떨 때는 돌아가는 길이 빠를 수도 있다.

그리고 어휘의 이 변화를 따라가느라 시간이 들었다면 문법의 변화에서 그를 보상받을 수 있다. 문법이 변하다니! 이 말에 놀라고 거부감을 보이는 사람들이 많다. 융통성 없이 꽉 막힌 영어 교육을 진행하기에 문법을 강조하는 것만큼 쉬운 일은 없어 보인다. 문법 교육을 주장하는 사람들은 문법의 경직성을 사랑하는 것 같다. 변치 않을 듯한 어떤 축을 배우면 영어의 핵심을 알 수 있으리라 기대한다. 사소한 실수도 문법의 지식이 부족한 탓으로 돌린다. 그렇지만 문법도 변한다. 아니 더 정확히 말하면, 세상이 변하면 그 세상을 담는 언어도 변하고, 그 언어의 정수인 문법은 당연히 변하게 되어 있다.

2. 런던 가는 길

런던행 기차표를 사는 한국인이 있었다. 매표 창구에 대고 힘을 내어 영어로 소리지른다.

"To London"

그러자 창구에서 기차표가 2장 나왔다. 전형적인 한국인의 영어 문법 콤플렉스가 작동한다.

'아차, 이거 방향을 나타낼 때 전치사는 to가 아니라 for였나 보구나' 라는 생각에 다시 한 번 소리친다.

"For London"

이번에는 표가 4장 나왔다. 이제 쓸 만한 전치사 지식도 없다. 혼자 가는데 나머지 3장은 어쩌란 말이냐.

"에잇" 하고 기차표를 던졌다. 그랬더니 창구에서 기차표 8장이

나왔다.

열심히 공부한 덕분에 한국인이면서도 짧은 to와 긴 too를 구별하는 것은 배울 수 있었다. 그렇지만 to와 같이 긴 two까지 구별할 만한 예민한 구강 구조를 가지기는 어렵다. 같은 발음 기호를 가지는 for, fore, four의 구분도 마찬가지다. 발음이나 문맥의 문제도 한국인들은 모두 문법의 문제로 환원시킨다.

혹시 런던 가는 기차표를 못 살까봐 전전긍긍하는 사람이 있을지 몰라 잠깐 쉬어가자. 이런 경우에는 왕복이냐 편도냐에 따라 달라진다. 위의 예화가 농담인 걸 알 수 있는 까닭은 바로 역원이 이 질문을 안 했다는 점이다.

'Single or return?'

뉴욕에서 표를 사려면 말이 달라지니 그것도 조심해야 한다.

'One way or round-trip?'

우리들이야 미국영어를 배우니 이 말에 훨씬 익숙하다. 영국인들도 워낙 미국 영화를 많이 보다 보니 이젠 도시 사람들은 미국영어를 오해하지 않는다. 이에 비하면 미국인들이 영국식 표현에 당황한다.

런던 행 기차표를 사고 싶으면 편도인 경우 'Single to London', 왕복인 경우 'Return to London' 이라고 한다. 혼자면 'One(adult) single to London' 을 쓰면 된다. 이런 경우 to 대신 for를 썼다고 표 안 파는 역원은 없다. 성인 모국어 사용자라면 중요한 정보가 들어 있기만 하면 그 정보를 전달하는 문장의 문법이 어수선해도 대충 맞추어 들을 줄 안다. 이런 이유 때문에 영국이나 미국에 오래 살면서도 영어가 어수선한 사람들을 만나는 희귀한 경험을 하게 된다.

한국인들의 문법강박증을 알려주는 실례 중 하나로 한국인 영어 교사가 분리부정사를 가르치던 영국 선생님에게 '문법에 맞지 않는 영어'를 불평했던 일이 있다. 영국 사람이라고 다 영어를 잘하는 건 아니다. 그렇지만 최소한 외국인을 상대로 영어를 가르치는 사람들의 영어는 일반 영국인들의 영어보다 훨씬 문법적이다. 엉터리 선생님이 아니라면, 모국어인데도 불구하고 영어 문법에 대한 지식도 갖추고 있다. 그런 전후 사정을 두고 보면 영국의 영어 선생님한테 '문법을 모른다'고 했다는 한국의 영어 선생님은 대단한 '문법학자'일 텐데, 문제는 그분의 영어가 그다지 유창하지 않았다는 데에 있었다.

백 번 양보해서 문법을 잘 안다 해도, 문법 지식이 반드시 언어의 유창성을 보장하는 건 아니다. 즉 문법을 잘 안다고 말을 잘 하는 건 아니다. 파울러(H. W. Fowler) 형제는 『왕의 영어(King's English)』라는 책에서 영어권의 그럴듯한 작가나 유명인사들의 영어의 비문법성을 사정없이 비판해서 사람들의 간담을 서늘하게 했다.

1926년에 나온 『현대 영어(Modern English Usage)』에서 파울러는 영어 사용권을 문법 지식에 따라 4가지로 분류했다. 첫째, 분리 부정사가 무엇인지 알지도 못하고 관심도 없는 사람들, 둘째, 알지는 못하지만 관심은 아주 많은 사람들, 셋째, 알지만 경멸하는 사람들, 넷째, 그 부정사에 대해 알고 있고 구별도 할 줄 아는 사람들이다.

문법과 정형 언어에 열중한 사람답게 파울러의 꿈은 '분리부정사(split infinitive)의 전문가가 되는 것'이었다. 그렇다고 파울러 자신을 포함해서 누구도 그의 영어를 최고의 영어라고 보지 않는다. 파울러조차도 일상적으로 쓰이는 말에까지 시비를 붙지는 않았다.

그럴듯해 보이는 문법이 사실은 얼마나 작위적인지 알 만한 사람은 다 알 것이다. 원래 문법에 따라 언어가 생긴 것이 아니다. 실제로 쓰이고 있는 말에서 어떤 일반적인 틀을 뽑아낸 것이 문법이다. '-습니다'에서 '-읍니다'로, 다시 '-습니다'로 바뀌어 세대 간의 오해를 증폭시키는 우리나라의 맞춤법 통일안도 그렇고, 시대에 따라 바뀌는 영어 표기법의 변천을 보아도 '문법보다 용법'이라는 주장에 수긍이 간다. 이런 점에서 문법은 '무지한 자들이 학식 있는 사람들에게 처방한 규칙'이다.

변하지 않는 말이 없듯이 변하지 않는 문법은 없다. 「용비어천가」의 문법과 『딴지일보』의 문법이 다르다는 건 알고 있으면서, 세계인이 나누어 쓰는 영어 문법의 변화무쌍함은 인정하지 않는다면 그건 공부를 하면서도 게으른 사람의 태도다. 스티븐 핑커(Steven Pinker)는 『언어 본능(The Language Instinct)』에서 중요한 지적을 한 적이 있다. 육감적인 '글래머(glamour)'라는 단어가 고상하기 그지없는 문법 '그래머(grammar)'에서 나왔다는 것이다.

그의 주장에 따르면 한정된 몇 개의 원칙을 가지고 수많은 표현을 가능하게 하는 것이 문법 능력이다. 겉으로 보기에는 건조하기 짝이 없지만, 문법의 틀에서 '육감적일 정도로' 풍부한 표현들이 쏟아져 나오고, 또 '육감적일 정도로' 움직이고 있다. 이러니 우리 정신의 문법 구조가 가지고 있는 풍부한(육감적인) 창의력에 놀라지 않을 수 없다. 불변의 문법을 고집하는 우리로서는 아연할 말씀이다.

영어 문법의 육감적인 풍요로움을 즐기려면 너무 세세한 부분까지 꼬집어 뜯듯이 분류하고 암송하라고 권해서는 안 될 것이다. 부사가 여럿 사용될 때에는 장소, 방법, 시간의 순서로 사용하고, 형용사는 형태, 색깔의 순서로 쓴다는 사항을 무슨 교리 항목처럼 외워야 한다면 그 문법은 이미 '마를린 먼로' 로서의 자격이 없다.

판타지 소설을 좋아하는 사람들의 사부였던 톨킨(J. R. R. Tolkien)은 이제 영화관이 있는 곳이라면 어디에서나 영웅으로 떠올랐다. 그의 『반지대왕』은 자유분방한 상상력뿐 아니라 자유무쌍한 언어술로도 유명하다. 말 좋아하기로는 세계제일이라는 영국인들도 모두 놀랄 정도로 영어를 자유자재로 구사했던 톨킨은 '언어의 마술사' 라는 별명답게 영어를 아주 '육감적으로' 구사했다. 그는 아이들에게 좀 더 언어사용의 자유를 주라고 권했다. 그렇게 해서 창작과 창의의 세계가 클 수 있기 때문이다. 그가 했던 말 중에 시사하는 바가 있다.

> "왜 어머니께서 '녹색의 큰 용(a green great dragon)' 이라고 하면 안 되고, '큰 초록 용(a great green dragon)' 이라고 써야 맞는다고 하셨는지, 이 나이가 되도록 모르겠다."

톨킨이 자유로운 문법과 창의력을 연결 짓는 마당에 그의 사도인 우리가 문법의 적절한 변화를 무시한다는 것은 말이 안 된다.

1) 변하는 문법

문법의 변화 가운데 일시적인 유행도 있고, 어떤 특정 집단 간의 소속감을 불러일으키기 위해 의도적인 오류도 있지만 이는 일반인들의 학습 사항으로까지 이어질 필요가 없다. 알아서 나쁠 거야 없겠지만 그렇다고 무리하게 시간과 공을 들여 이 예외적인 변칙들을 다 알아야 하는 것도 아니다. 그러나 변화된 문법 가운데 반드시 익히고 있어야 하는 사항들도 있다. 이도 물론 구어체에서 아주 흔하고, 문어체로까지 확장된 경우도 많다. 이 변화를 미리 알고 있지 않으면 상대방의 말을 오해할 수도 있고 적절한 자기표현을 못 할 수도 있다. 그 중 가장 두드러진 것으로 인칭의 격변화와 동사에 집중해보자.

우선 인칭의 격변화를 실감나게 보이는 문장이 바로 '나다.(It's me.)' 처칠이 의회에서 'It's me'를 썼을 때만 해도 영어학자들의 분노는 컸다. 한 나라의 수상이 문법적으로 정확하지 않은 말을 했다는 것이 이유였다. '학식있는' 그들의 주장대로 하자면 주격 보어를 원하니 그때의 정확한 표현은 'It's I'라고 해야 한다. 그렇지만 '무지한 자들'은 'it's me'를 즐겼고, 이제 it's me를 썼다고 비문법적이라고 비난하는 용감한 학자는 없다. 'It's I'를 쓰는 사람을 보면 대단히 '학식있음'을 알리려는 분인가 보다 생각하는 정도다.

이 격변화의 변화가 얼마나 만연되어 있는지를 알려주는 사례는 아주 많다. 1인칭 목적격 'me'의 방자한 용도는 단순히 'It's me'로 끝나지 않는다. 주격, 목적격, 소유격으로까지 활발하다.

> I am going out with me(my) Steve and me Pat.(스티브와 패트와 함께 나가려고 해요.)
>
> Dad seemed fine about me(my) going out.(아버지는 내가 외출해도 괜찮다고 하셔.)
>
> Me(my) first was me(my) son, Gary.(나한테 가장 소중한 사람은 내 아들, 개리예요.)
>
> Me(I) and me(my) mother went shopping.(어머니와 함께 쇼핑했어.)

me가 소유격 my를 잠식한 것까지는 그렇다 치지만, 보어가 아니라 주어 I 마저 대신하면 당황스럽다. 옆집 총각과 인사를 나누다 들은 대답이다.

> Me's going out with me mate.

이 리듬감 넘치는 영어를 소위 말하는 교과서식의 영어로 바꾸어 보자. 영국인들은 친구라는 표현으로 mate를 즐겨 쓰니 그것까지 감안하면 이렇다.

> I am going out with my friend.

이런 문장을 보고 있으면 우리 학교 문법에서는 너무나 확고하다고 여기는 인칭대명사의 격변화조차 흔들리고 있다는 것을 알 수 있다. 이 기형적 용례가 한때의 유행으로 끝나게 될지 아니면 정형 문법 속으로 정착할지 아무도 예측할 수 없지만, 외국인의 이야기를 듣고 싶은 사람은 알아두어야 하는 변화다.

It의 다양한 표현과 변화에도 놀랄만하다. it은 원래부터 아주 다양한 쓰임새를 자랑한다. '역시 그랬군' 의 'this is it', 무슨 일이나 말이 종결되었을 때를 확인하는 투로 '자 됐지'를 뜻하는 'that's it' 은 인기 1위로 듣게 되는 표현들이다. 그런데 소위 사건이나 사물을 지칭한다고 배운 대명사 it이 사람의 성품이나 특징을 말하는 보어로도 쓰일 수 있다. 좋은 의미는 아니지만. 예를 들어, 친구 중 누군가 시험 좀 잘 보고 나서 폼을 재는 통에 기분이 나빴다고 하자. '순전히 점수 잘 받았다고 자기가 뭐나 되는 줄 안다니까' 흉보고 싶을 때 it을 사용할 수 있다.

Just because he got a higher mark he really thinks he's it.

비교적 변화무쌍한 문법에 준비가 된 사람이라도 형용사로 it을 보기는 어렵다. 그런데 외국 신문의 사교계란이나 연예 잡지를 뒤적여 본 사람이라면 반드시 보게 되는 단어 중에 'It girl' 이라는 표현이 있다.

She is It girl. 혹은 심하면 운율까지 맞춘 문장도 있다.

It's glittering It girls' gathering.

이라는 말들이 있다. 이제는 it을 그저 소문자로 써버리는 무례를 범하기도 해서 우리 같은 점잖은 외국인들은 문장의 주어가 2개씩 있는 영어도 생겼다는 대발견의 착각을 일으키기도 한다. It은 대명사라 무엇을 수식할 수 없다. 거기에다 사람을 꾸밀 수는 더더욱 없다. 그것이 우리들이 알고 있는 문법이다. 그런데 지금 쓰이고 있으니 어쩌랴.

'It girl'은 별로 내세울 직업도 없으면서 사교계에서 꽤 행세하는 부유한 젊은 여자들을 지칭한다. 머리나 인격은 없는데 '물건은 되는 그런 여자'들인 셈이다. 그 여자들이 슬쩍 어떤 옷이니 구두니 향수를 쓰면 그게 아주 세련된 광고가 된다는 광고시장의 통계도 있다. 남달리 세련된 취미를 자랑하는 여자들이 유명배우나 모델들을 흉내 냈다는 뒷소리를 듣지 않기 위해 이 'It girl'들의 차림새를 주시하기 때문이다. 이 단어가 기존 영문법 어느 곳에 들어가야 할지 난감하다.

언어는 사용이 먼저고, 법칙이 나중이다. 그런 점에서는 자연현상과 비슷하다. 많은 용례를 보면서 어떤 일관된 규칙을 도출해내게 되면 이를 '문법'이라는 이름으로 부른다. 다음에는 이 문법이 용례와 사용의 현장에 세련화나 교육화 정도를 부여하는 기능을 한다. 따라서 일상적이고 세세한 언어 현상을 설명하기 위해 너무나 합리적인 설명을 들고 나오면 오히려 위험할 수 있다. 'It's me.'의 비문법성을 주장하는 것도 그런 면이 많다. 주격 보어를 굳이 찾아야 한다고 고집하기보다, 'It's I'에 비해 주어와 보어 간의 음절 길이가 어울리고 발음이 유연하다는 실용적인 이유에서 그 유행의 해답을 구하는 것이 옳을 거다.

이런 경우로 '잭과 나' 를 어떻게 영어로 바꾸라고 배웠는지 기억해보자. 'Jack and I' 는 되지만, 'I and Jack' 은 안 된다고 했다. 상대방을 앞세우는 겸손 문투를 써야 한다는 거다. 문을 열고 나가는 일도 아닌데, 잭이 앞에 나가고 내가 뒤에 있어야 겸손한지 어떤지도 모를 일이니 이 설명은 너무 억지였다. 그건 그냥 그렇게 썼을 뿐이다. 언어사용은 이렇게 심오한 전략을 가지고 이어지는 것이 아니다. 그냥 쓰다 보니 편한 쪽으로 흐르는 물과 같다.

그런데 이런 용법에 변화가 생겼다. 'Mary and I' 라고 하면 그들은 'I and Mary' 를 쓰는 일이 더 많다. 더 나아가 'me and Mary' 를 쓰기도 한다. 주어로 'You and me' 를 쓰는가 하면 목적격이 가야 할 곳에 주격을 쓰기도 한다. 예를 들면 'between you and me' 대신에 'between you and I' 라고 하는 경우다. 영어에 관한 관심이 가장 지대한 나라로 치자면 영국을 따라갈 수 없다. 매년 영어에 관한 책이 나오고, 그 중 몇 권은 꼭 베스트셀러에 든다. 작년에 나온 이런 부류의 책 가운데 제법 인기 있었던 책에서도 이 'between you and I' 를 영어 표현의 최악으로 들었다. 저자 James Cochrane는 이런 표현은 현대 영어 사용자들의 유치한 자기중심주의(solecism)를 드러낸다고 비난했다.

그렇지만 언어학자들이나 일반인들은 다른 입장을 보였다. Alan MacColl이라는 사람은 언어사용을 비판하기 위해 고정된 문법의 틀을 견지하는 것이 얼마나 만만치 않은 작업인가를 보여주는 예를 들었다. 그는 현대인의 유치한 자기중심주의를 드러내는 바로 그 표현이 16세기의 위대한 셰익스피어도 사용했음을 알려주었다. 〈베니스의 상인〉 3막 2장에서 안토니오는 바싸니오에게 보낸 편지에서 이렇게 말한다.

All debts are cleared between you and I.
그대와 나 사이에 이제 더 이상은 갚을 빚은 없습니다.

모국어 사용자들끼리도 용법의 정확성에 시비 걸기가 이리 어려운 마당이다. 외국어로 영어에 접근하는 우리로서는 어설픈 연습으로 그 싸움판에 말려들어 괜한 스파링 파트너로 고생할 것이 아니라 관찰자로서 평정을 잃지 말고 변화에 유연할 필요가 있다.

굳이 구차하게라도 설명을 듣고 싶으면 이런 패턴을 들 수는 있다. 영어는 두 단어 이상이 모이면 음절이 짧은 단어를 앞에 두는 경향이 강하다. '경향이 강하다'는 말을 특히 강조하고 싶다. 예외는 언제나 있기 마련이니까. 이 경향을 드러내는 표현으로 제일 익숙한 것이 'ladies and gentleman'이다. 음절이 짧은 ladies는 음절이 그 보다 긴 gentleman보다 앞에 나선다.

어떤 이는 이렇게 말하는 동안 '레이디스'보다 '젠틀맨'에 더 강세를 두기 때문에 '레이디들은 들으려면 듣고 말려면 마시라'는 뜻이라는 사람도 있고, 어떤 이는 역시 여자를 앞에 두니 영국인들은 신사라는 사람도 있다. 장님이야 코끼리 만져보고 아무 말이나 할 수 있으니까 그런 저런 해석들도 들어보면 재미는 있다. 하지만, 'ladies and gentleman'에서 그런 정치적 배경을 읽고 싶은 사람은 'sons and daughters'를 설명할 길이 없다. '아, 그건 아들이 딸보다 중요해서'라든가, '아, 그건 서양 사람들이 딸을 더 좋아하기 때문'이라고 하려나. 그보다는 음절이 짧은 sons가 그보다 음절이 긴 daughters보다 앞에 나선 것뿐이다. 그렇게 princes는 princesses보다 앞에 나선다.

인칭대명사의 변화 못지않게 주목할 만한 것이 동사나 준동사들의 움직임이다. 처음 듣고 화들짝 놀라는 현장은 바로 do동사의 3인칭 변화형이 혼동되고 있을 때다. '무슨 상관이냐(it doesn't matter)'는 그 의미 그대로 'it don't matter'로도 아무 문제가 아니다. 마이클 잭슨의 노래도 'It don't matter'고, 디즈니 만화 영화 〈인어 공주〉의 세바스찬도 'it don't matter'라고 노래한다. 세상을 떠난 마이클 잭슨을 붙들고 'It doesn't matter'라고 할 수도 없으니 문법 제일주의자에게는 큰 고통이다.

Do동사 3인칭 변화형이 단순히 단어 하나로만 끝나는 문제라면, 문장 전체의 의미를 혼동시킬 수도 있는 동사 사용의 변화도 있다. 예로서 이중 부정의 사용을 들 수 있다. '전 아무 것도 안 했어요'라는 영어 표현은 'I didn't do anything'이다. 혹은 'I did nothing', 'Nothing I did'라고 쓸 수도 있다. 그런데 요즈음에는 nothing이 원래 문장으로 들어가면서 강조의 뜻으로 쓰일 수가 있다. 'I didn't do nothing'이라고 하는 것이다. 우리는 not과 nothing의 이중부정이 만나면 긍정의 의미를 가진다고 제법 수학적인 공식을 만들어 외웠지만, 이런 경우의 뜻이 긍정인지 부정인지 결정하는 것은 말하는 상황과 말하는 사람의 태도를 함께 고려하면서 결정하는 것이 좋다.

지금까지도 어느 것이 옳은지 모르는 문장으로 치자면 일인칭 대명사를 주어로 하는 부정의문문이 대표 선수다. '나 초대받지 않았니?'를 영어로 옮겨보면 그 혼란을 알게 된다. 가장 무난한 길을 가려면 'Am I not invited?'라고 하면 된다. 그렇지만, 일상 대화에서는 줄임말을 극도로 좋아하기 때문에 이렇게 말하면 무난하나 몹시 지루하다는 느낌을 준다. 줄이라면 줄이지 못할 것도 없다. 'Amn't I invited?'라고 하면 되는 거 아닌가. Am과 not을 줄였으니 틀렸다고 할 사람은 없을 텐데 실제로는 틀렸다고 한다. 대신 'Ain't I invited?'를 쓴다. 많은 사람이 이렇게 쓰는데, 우스운 일은 많은 사람들이 쓰면서도 많은 사람들이 이걸 틀렸다고 한다는 점이다. 'Ain't'는 미국 흑인들에서부터 유래되어 그런지, 영국 사람들은 자신이 사용하면서도 이 표현이 틀렸다고 유별나게 강조한다.

그렇다고 대안이 나은 것도 아니다. 문법대로 맞추어 줄이자면 amn't가 되어 발음이 어색해지는 건 피할 수 없다. 그렇다고 안 줄이자니 영 말에 신이 안 난다. 'Aren't I invited?'가 지금 쓰이고 있는 사정은 이렇게 해서 생겼다. 1인칭 주어에 2인칭 동사가 쓰인 것이다. 주어 인칭과 서술어가 불일치하니 이건 '비문법'의 절정인데, 실제로 사용이 되고 있으니, 외국인으로서는 난감할 따름이다. 지루하더라도 무난한 길을 택해, 아직 서먹한 사람에게는 느릿느릿, 'Am I not invited?'를 쓴다. 환경과 사람에 익숙해지면, 명랑한 미국 흑인들처럼, 혹은 미국 흑인보다 더 흑인인 양하는 미국 백인들처럼 강하게 콧소리를 넣어가며 'Ain't I invited?'도 써 본다. 미국발음 혐오증이 있는 사람에게는 그저, 'Aren't I invited?'를 쓴다. 이렇게 그저 시간과 연습을 통해 내가 어느 문장과 발음에 익숙해지느냐를 보면서 나의 편한 영어를 만들어간다.

2) 새로운 협박 - '미국에서는 안 쓴다!'

언어의 변화, 특히 문법의 변화에 대해서 말하다 보면 한 가지 걸리는 점이 있다. 언어의 전반적인 양상들과 마찬가지로 문법은 변하는 것이지, 완전히 달라지는 건 아니다. 완전히 달라져서 그 모양이나 구조를 알아보기 어려울 정도가 되려면 백년, 2백 년이 훨씬 넘는 시간이 걸린다. 우리 국어만 보아도 이를 알 수 있다. 조선시대 초기에 나온 훈민정음이나 용비어천가조차도 뭔가 지금의 국어와 비슷한 조짐을 남길 정도니, 언어 변화에는 변화에 대한 욕구 못지않게 보존 욕구도 강하다는 걸 깨닫게 된다. 영어 역시 마찬가지다. 한 세대가 문법이라고 떠받들었던 사항들이 흔들리고 있긴 하지만, 여전히 큰 틀을 유지하고 있다.

최근에 한 잡지에 실렸던 글 중 우리나라 영어 교육이 틀린 영어를 가르친다고 비판하는 내용을 읽은 적이 있다. 다음이 대표적인 예로 들은 문장이다.

She is the only woman ( ) has a car.

우리 학교 문법에서는 아무리 선행사가 사람이라도 앞의 수식어가 only이기 때문에 관계사로 that을 쓴다고 되어 있다. 이 글을 쓴 사람의 주장대로 이제 거기에 that를 쓰지 않는 것이 추세다. 전부 who로 대신한다. 그렇긴 해도 이 경우가 우리 영문법이 틀렸다는 증거로 쓰일 수는 없다. 단지 영문법이 변했다는 증거가 될 뿐이다.

그 글의 영어 예문들은 모두 잡지나 신문에서 나온 것들이었다. 잡지나 신문은 당대의 언어를 가장 집약적으로 사용한다. 실제로 대중 언론은 기존의 낡은 정통 언어를 사용하고 싶어하지 않는다. 사람들 사이에 빈번하게 도는 말을 사용해서 무료한 일상을 넘어 금세 닿을 수 있는 문장을 쓰려고 한다. 바로 쉽고 간단한 문장으로 쓰는 것이 특징이 된다. 당연히 신문 잡지의 글들이 문어체보다는 구어체를 지향하는 경향을 보인다. 문어체는 답답하고 설교조로 들리는 위험이 있기 때문이다. 그러다 보니 그들의 언어는 아주 빠르게 비문법적으로 되는 경향도 있다.

중요한 것은 모국어 사용자들에게 비문법적이라는 평은 틀렸다는 의미가 아니라는 점이다. 단지 새롭다는 뜻이 된다. 어떻게 보면 그런 단어들은 '끝내주는(cool, wicked)' 표현들이다. '집단적 따돌림'이라는 거창하면서도 느낌 없는 말보다는 '왕따'라는 단어가 얼마나 참신한가를 생각해보면 이 차이를 금세 이해할 것이다. 마찬가지 이유로 'the only woman that'보다 'the only woman who'가 모국어 사용자들에게는 신선한 느낌으로 온다. 기존의 문법과 다르게 쓰였다고 해도 의사소통을 하는데는 아무 지장도 없다.

이런 식으로 변화가 확산되어 그 표현에 대해 사람들의 선호도와 이해도가 높아지면 그 말은 기존 언어 체계 속으로 편입되고, 다시 또 정통 언어의 일부로 남게 된다. 다른 말로 하면 문법의 틀 안에 들어가는 것이다. 기존의 틀을 완전히 대체할 때까지는 두 가지, 혹은 그 이상의 표현 방법이 양립할 수 있고, 새 표현이 기존의 틀 속으로 들어온 뒤라도 옛 표현이 틀렸다는 불명예를 쓰고 물러나는 법은 별로 없다.

앞에 들었던 예로 돌아가 보자. 지금 거의 대부분의 영어권 사람들은 'it's I'를 'it's me'보다 훨씬 많이 쓴다. 이제 'it's me'에 대고 틀렸다고 시비 거는 사람은 없다. 그렇지만 또 'it's I'에 대해서도 마찬가지로 틀렸다고 하지 않는다. 두 가지는 똑같은 무게로 남아 있다. 좀 더 시간이 지나면 아마 한 가지 표현이 자연스럽게 도태되겠지만, 그건 그저 인기가 없어서일 뿐이지, 어떤 잘잘못이 있어서가 아니다.

따라서 영문법에 맹목적 경외심을 가지는 것도 경계해야겠지만, 맹목적인 멸시도 조심해야 한다. 앞에서도 지적했듯이 우리말과 영어는 서로 일치하는 점이 거의 없다고 해야 할 정도로 낯선 관계다. 굳이 공통점을 따지자면, 인류 언어의 공통점, 즉 긍정문이 부정문보다 기본이다, 기수(基數)를 서수(序數)보다 먼저 익힌다는 정도다. 이 수준에서 유사성 운운하는 거 자체가 농담일 뿐이다. 이런 경우에는 글과 문법이 말과 용법 못지않게 언어 학습의 큰 기능을 할 수 있다.

여기에서 필요한 것은 문법을 완전히 무시하는 접근 방법이 아니라 예전에 비해 좀 더 '너그러운 문법'을 찾는 일이다. 요즈음에는 문법 위주 교육을 비판한다고 하면서도 그 교육 태도를 그대로 따르는 실수를 한다. 한번 종교에 깊이 빠졌던 사람은 개종을 해도 그만큼 새 종교에 깊이 빠진다. 회의주의자가 된다고 해도 여전히 깊은 회의주의자가 된다. 새로운 옷을 입었지만 역시 같은 사람인 꼴이다. 예전에는 문법을 맹신했다면 이제는 용법만 과신한다. 예전에는 '문법적으로 틀렸다'는 한 마디로 끝장이었는데,

이제는 '미국에서는 그렇게 안 쓴다' 는 엄포가 이를 대신한다.

이 협박의 몇 가지 경우들을 들어보자. 자주 조심하라는 조언과 협박을 담아 이런 저런 영어 책에서 미국에서는 이런 말을 쓰지 않는다고 알려준다. 최근에 유행하는 표현 중 하나가 '알았다', '이해하겠다' 는 말로 'I've got it' 을 써야지, 'I understand' 를 쓰면 안 된다는 것이다. I understand를 쓰는 사람들은 영어 못하는 한국 사람들 뿐이고, 미국 사람들은 다 I've got it이라고 하기 때문이다. I understand라고 하면 21세기에 용비어천가 노래하는 조선 사람 되는 꼴이란다.

같은 이유로 '말할 필요도 없이', '분명' 이라는 의미로 'Needless to say' 는 쓰면 안 되고 대신에 'No doubt' 만 써야 옳다고 한다. 왜냐하면 미국에서 'needless to say' 는 안 쓰이고, no doubt만 쓰이기 때문이라는 것이다. 그렇지만 나는 두 표현이 다 쓰이는 현장에 살고 있다. 오늘 아침에도 라디오 인터뷰에서 'needless to say' 를 말하는 인사가 있었다. 그것도 100% 미국인이었다. 'I've got it' 만 써야 한다니 그것도 억지다. 서로 분명하게 의사가 통했다는 것을 확실하게 전달하기 위해서 미국인이나 영국인이나 다 'I understand' 를 잘 쓴다. 그 표현은 이해하겠다는 한문투의 무거운 느낌을 담고 있지는 않지만, 'I've got it' 보다 말하는 사람을 더 어른스럽게 보이게 하고, 그 상황을 더 신중하게 만드는 효과가 있다.

어떤 단어나 표현이 어느 날 갑자기 죽고, 어떤 말이 갑자기 인기를 얻는 법은 없다. 언어에 관한 한 어느 날 갑자기 돌연사는 없다. 천천히, 따라서 현재 언어 사용자들은 정말 눈치채기 어렵게 아주 느린 속도로 사라진다.

소위 새로운 영어 교육을 주장하는 사람들에게 '솔직히 말해서' 라는 표현만큼 단골 비판 대상은 없다. 하나같이 'Frankly speaking' 이니 'honestly speaking', 'to be honest with you' 등은 쓰이지 않는다고 지적한다. 이유는 '그러한 말들은 자기 자신이 거짓말쟁이이며, 그때에만 특별히 솔직하게 말한다는 뜻에 지나지 않기 때문' 이란다. 얼핏 그럴 듯한 설명이다. '솔직히 말하자면' 이라고 운을 떼면 사실 지금까지는 솔직하지 않았다는 걸 인정하는 셈이다. 그렇지만, 나는 바로 그런 이유 때문에 여전히 이 말들이 사용되고 있는 것을 보았다.

이럭저럭 외국에 산 세월이 길다 보니 나는 이제 '솔직히 말해서' 라는 말도 자주 듣는다. 외국인이지만 가끔 '인사이더(insider)' 로 인정을 받는 경우들이 있기 때문이다. 처음 만나 서먹서먹할 동안에는 낯선 사람끼리 자기 마음을 다 드러낼 수가 없다. 친구라고 하지만 칭찬하기 바쁘지, 쉽사리 속에 있는 말을 하기 어렵다. 학교에서 만나는 학부모들끼리도 늘 웃는 얼굴만 하고, 학교 선생님에 대해서도 늘 칭찬만 한다. 그렇지만 어느 정도 친해지면 그야말로 자기 본색을 드러내게 된다.

그래서 '솔직히 말하면 그 수업 정말 최악이에요' 라는 말도 한다. 영어로 'Frankly, it's nightmare' 가 그 말 아닌가. 심지어는 '정말 솔직히 말해서' 도 한다. '정말 솔직히 말하자면 그 선생님은 안돼' 라고 말할 때는 'Quite frankly, he's so terrible' 이라고 한다. 어쩌겠는가. 서양이나 동양이나 어른들은 거짓말을 하면서 산다는 점에서는 같다. 우리가 흔히 예의나 품위라고 하는 것도 바로 이 '아름다운 거짓말'의 일부가 아닐까.

'미국에서는 이런 말 안 쓴다', 혹은 '영국에서는 안 그런다'는 주장은 참으로 조심해서 들어야 한다. 그 까닭은 우리가 사실상 아무런 통계도 가지고 있지 않기 때문이다. 그 큰 미국에서, 또 그 많은 사람들 중에서 내가 만난 부류나 계층은 도대체 어디일까, 과연 일반화할 수 있을 만큼, 즉 우리가 배운 영어 교육의 한 전제를 부정할 만큼 큰 통계 숫자를 확보했는가 확인할 길이 없다. 또 외국인으로서 우리가 맺을 수 있는 친분 관계는 그들이 맺는 인간 관계와는 다를 수밖에 없다.

특히 이미 몇백 년 전부터 수많은 외국인들을 이런 저런 경로로 만났던 서양인들과 우리처럼 이제야 겨우 외국인과 어울려보는 사람들과는 그 인간관계에 기본적으로 다른 전략을 가지고 있다. 우리가 순수하다면 그들은 훨씬 교활하다. 우리가 정적이라면 그들은 계산적이다. 우리가 순진하다면 그들은 영리하다. 그런 관계에서 우리가 얻게 되고, 우리에게 전달되는 정보가 과연 어디까지 믿을 수 있는 것일까 의심해봐야 한다. 아직 서먹한 관계에서 예의상 사용하지 않았다고 해서 그것을 일반화해서 과장하면 위험하다.

게다가 가장 중요한 것은 미국인이라고, 영국인이라고 다 말을 잘 하는 건 아니다. 거짓말의 예의를 모르는 서양 아이들 중에는, 특히 미국 아이들 중에는 가끔 외국인의 낯선 발음을 비웃는 경우가 있다. 'Don't you agree?(돈츠유 어그리)'라는 말을 듣고 그 발음 때문에 'You're ugly'라고 받아 친 아이가 있더라는 이야기가 있다. 그 일화를 들은 사람은 일방적으로 한국의 한심한 영어 교육을 탓했다. 나는 차라리 그 미국 아이를 탓하고 싶다. 어차피 다른 발성을 가진 아이의 말을 그런 식으로 비웃었다면 그건 미국 아이가 무례한 것이지 우리 교육의 잘못이 아니다. 안 되는 건 천천히 고쳐 가면 된다. 발음으로 생기는 온갖 오해와 실수는 많다. 발음은 외국어 교육의 처음이고 마지막이라고 할 정도로 쉬우면서 어려운 부분이다. 누군가에게 낯 뜨거운 지적을 받으면 다시 또 혀를 말고, 굴리는 연습을 하면서 조금씩 원 발음에 가깝게 가는 기회로 삼으면 된다. 한번 지적을 받고 오해를 겪었다고 해서 거기에 좌절을 느낄 필요는 없다.

앞에서도 말했지만 같은 영어권 사람들끼리도 발음에 관한 한 그들 각자의 고유 영역으로 남겨 둔다. 사투리도 심하다. 대신 다른 나라, 다른 지역에 가서 산 세월이 길수록 발음의 혼합이 일어나는 수가 많다. 영국에 살고 있는 미국인들은 미국에 사는 미국인들에 비해 훨씬 영국화된 발음을 한다. 반면 미국에서 생활하는 영국인들은 일반 영국인들보다 말이 빠르고 굴림이 많고, 더 많이 몸짓 언어를 쓴다. 말을 잘하는 사람일수록 영어의 다양한 스펙트럼을 이해하고 발음과 표기, 어휘의 변화를 숙지하고 있기 때문에 무리하게 외국인의 발음을 교정하려 한다든가 비웃지 않는다. 살았던 세계가 좁고 사용 언어 영역이 편협한 사람일수록 자기식 영어를 고집스럽게 내세운다.

3) '노병은 죽지 않는다. 다만 사라질 뿐이다.'

외국에 사는 경험은 이런 경직성을 풀어주는데 도움이 된다. 내

스스로 그 사용현장에서 살고 있기 때문에 먼 곳에서 떠드는 추측에 쉽사리 좌우되지 않는다. 거의 모국어와 같은 안정감을 가질 때도 있고, 심지어 사전을 비웃는 배짱도 생긴다. 최근의 일이다. 새로 구한 사전을 뒤적이다 재미있는 통계를 발견했다. 교장 선생님을 나타내는 단어로 headteacher를 점점 더 선호한다는 지적이었다. 예전처럼 성별을 구별해서 headmistress니 headmaster라고 표기하는 경우가 사라진다고도 했다. 그렇지만 내가 살고 있는 지역의 교장 선생님들은 한결같이 headmistress라고 했고, 남자 교장 선생님은 headmaster라고 한다.

어휘는 생기고 또 없어지기도 한다. internet, java, yahoo, ebay, E-commerce, email이라는 단어들이 생기니 headmaster, headmistress라는 노병은 사라져갈 수도 있다. 문법도 마찬가지다. 세상 사람들끼리 접근이 많아지고 생활이 유연해질수록 세계어로서 영어가 가지는 유연성도 커진다. 어제의 문법이 힘을 자랑하면 버티기보다, 새로운 변형들을 너그럽게 수용하며 옛 것들과 병존시킨다. 지난 시절의 어휘들이나 문법들이 갑자기 없어지지는 않는다. 맥아더 장군은 이제 세상을 떠났지만, 언어에 관한 한 그의 말은 명언이다. '노병은 죽지 않는다. 다만 사라질 뿐' 이라는 명제는 언어에 관한 한 사실이다.

혹시 외국에 살지 않으면서 어떻게 문법의 변화를 알겠느냐고 걱정하는 사람이 있을까봐 덧붙인다.

첫째, 문법의 변화를 느끼려면 많은 사람과 이야기를 해 보던가 아니면 다른 방법으로 최근의 유행하는 글들을 읽으면 된다. 또 새로운 문법을 이야기하는 문법책들도 있다. 현지인들과 직접 이야기를 나누면서 변화를 감지하려면 일부러 그 통계에 잡힐 정도로 많은 수의 상황과 상대를 접해보아야 한다. 이보다는 간접경험이긴 하지만, 외국의 글을 읽는 것이 빠르고 안전한 방법이다. 외국 잡지나 신문을 하나라도 읽어본 적이 없거나 현재 읽지 않고 있는 사람은 이제 거의 없다고 할 만하다. 그만큼 미국, 영국계의 잡지들이 우리 시장에도 만연해 있고 인터넷 접근도 용이하다. 새로운 현장의 영어를 알자고 꼭 비행기 타고 미국에 가야 될 이유는 없다.

둘째. 문법의 변화를 모르고, 우리가 학교 문법에서 배운 대로 말을 했다 해서 못 알아듣거나 틀렸다고 생각하는 사람은 없다. 우리 학교 문법은 현재 진행중인 문법보다 훨씬 어렵다. 안 된다는 금기 사항이 너무 많다. 따라서 그 문법에 맞추어서 말하고, 글을 썼다고 해서 '틀릴' 일은 거의 없다. 오히려 문제는 그 문법이 너무 까다롭고 복잡해서 거기 맞추기가 어렵다는 것이지, 그 수준에 다다른 사람이라면 영문법과 정확한 영어에 관한 한 아무 걱정도 할 거 없다.

우리 문법의 엄중한 경고 사항의 예를 들어보자.

맞는 문장 : I have been to Paris.

틀린 문장 : I have gone to Paris.

　(내가 말을 하고 있는 상황인데 내가 파리로 가고 없다고 말할 수 없기 때문이다)

맞는 문장 : I am upset about the argument I′ve had with you.

틀린 문장 : I am being upset about the argument I′ve had with you.

(be동사는 진행형으로 쓰지 않는다)

우리 학교 문법에서는 2 문장 중 아래 문장들을 틀렸다고 배웠다. 이유도 아주 합리적인 듯하다. 그러나 이 두 가지 문장이 다 허용되는 것이 실제 환경이다. 괄호부분처럼 구차한 이유를 들어 아래 문장을 틀렸다고 말하지 않는다.

우리가 유독 어려워하는 동사의 시제도 마찬가지다. 영어 동사의 12시제를 다 배우고, 그걸 다 써야 된다는 강박관념을 가지고 있는 우리로서는 미국에서는 싸움도 할 수 없다. 짜증나게 만드는 사람에게 '너 뭐라고 했냐' 바로 붙어야 하는데, 여기 시제가 걸린다. "What did you say?"라고 하자니, '아니 바로 일초 전에 한 말이어도 과거 시제를 쓰나. 그 말이 내게 지금 영향을 미쳤으니 이제 현재완료가 아닐까' 걱정이 드니 누가 그걸 기다려 싸움을 하는 친절을 베풀겠는가. 실제로 완료형과 단순형의 구별은 훨씬 간단하다. 말하는 사람의 선택에 따라 같은 시제를 현재완료로도 쓰고 과거로도 쓴다. 대신 분명한 과거를 뜻하는 부사들, 어제, 그제, 옛날, 일주일 전 따위가 붙으면 과거만 쓴다는 상식을 잊지 않으면 된다.

미래형은 더욱 편하다. 그렇게 열심히 외웠건만 의지 미래, 단순 미래를 제대로 설명해 줄 한국 사람도 없겠지만, 이걸 또 제대로 구별해서 쓸 줄 아는 사람도 없을 거다. 실제로 shall을 쓰는 경우는 극히 드물다. 아주 어린아이들이 허락을 구할 때라든가 아주 정중하다는 것을 표현하고자 할 때를 제외한 일반적인 상황에서는 모두 will로 통일되어 있다. 추측의 정도를 나타내면서 may와 might를 구별했지만 영미인들은 그런 '정도'를 잘 모른다. 하긴 정상적으로 생각해보면 '추측이 강한 정도', '추측이 약한 정도'를 당연하게 생각하며 may와 might를 구별할 수 있다고 생각한 우리들의 배짱이 대단하다.

이 모든 변화를 보면 우리가 배운 문법보다 현재의 문법이 훨씬 인간적인 방향으로 움직이고 있다는 걸 알 수 있다. 실수의 범위가 커지고, 자유가 많아진다. 불규칙한 변화나 예외 용법보다는 편하게 일반화된 규칙으로 향해간다. 따라서 학교 영어에서 문법으로 점수를 잘 받은 사람은 좀 억울하지만 지나치게 세세한 구분은 잊어버리는 게 좋다. 영어 공부의 방향을 좀 더 대범하고 후하게 바꾸면 훨씬 낫다. 문법에 알레르기가 있는 사람이라면 이 현장의 '상스러운' 영어에서 위로를 구할 수 있다. 이래도 되고, 저래도 되는 정도가 훨씬 심하니까 실수를 할까 덜 두려워해도 된다. 문법이 변화한다는 사실을 새롭게 받아들이면 우리처럼 경직된 언어 교육에서 오히려 새롭고 넓은 창을 얻을 수 있다.

어떤 일에서와 마찬가지로 문법 교육도 적절한 정도에서 이루어져야 교육적 효과를 볼 수 있다. 문법은 유별나게 따로 떨어져 있는 게 아니다. 실제 사용되는 언어들을 놓고 그 중에 공통된 것을 뽑아낸 것이 문법이라고 보는 것이 옳다. 따라서 문법을 알면 외국어를 배우기에 쉽다. 문법은 그만큼 그 언어의 요약 정보이기 때문이다. 지금까지 우리 영어 교육은 영어 문법을 배우면 영어를 잘 할 수 있다고 했지만, 사정은 오히려 정 반대에 가깝다. 영어를 잘 하려면 영어 문법을 배워야 하는 것이 아니라, 살아 있는 영어 문법을 배우려면 영어를 많이 접해야 한다.

쉽고 단순한 문장들을 자주 접하는 것은 바른 영어 공부의 지름 길이다. 문법을 굳이 따로 공부하기보다는 많은 글 속에 반복되는 패턴에 주의를 가지다 보면 자주 쓰이는 문법 사항을 익히게 된 다. 어휘 역시 마찬가지다. 다양한 용례를 통해 익힌 어휘가 끝까 지 제대로 힘을 발휘한다. 시간이 걸리고 기약이 없을 거 같지만, 이렇게 배운 문법과 영어가 가장 오래 남고 또 틀림이 없다. 영문 법 책을 들고 달달 외우면서 지름길을 찾았다고 생각하면 그것이 오히려 잘못이다. 내용도 없고, 의미도 없는 영어는 없다. 영어를 배우면서 의미를 익히고, 문화와 문법을 함께 익히는 노력이 아쉽 다.

6장
길을 찾아

말을 잘 하고 싶으면 말을 배우고, 글을 잘 읽고 싶으면 글을 배우면 된다. 영어를 배운다고 하면서 영문만 배웠는데, 이제 그 공식을 뒤집어서 영어로 다시 돌아가면 된다. 또 다행히 말이 글보다 어려운 것도 아니다. 우리처럼 글에 중독된 사람들은 믿을 수 없는 얘기지만 말이 글보다 훨씬 쉽다. 문장도 짧고, 문장의 구조 역시 민망할 정도로 단순하다.

1. 길을 찾아 : 말로 하자

　'읽기와 문법 위주' 영어 교육의 폐해를 강조하면서, 문법이 아니라 회화 위주로, 한국말이 아니라 영어로 영어를 가르치는 방향으로 교육 방법이 개선되어야 한다는 주장이 힘을 얻고 있다. 수영을 가르치고 싶다면 아이를 물에 빠뜨려야지, 10여 년간 물가에 놔두고 수영에 관한 책을 읽힌다고 그 아이가 수영 선수가 되는 것은 아니라는 근거에서다. 영어의 바다에 빠뜨리라는 책도 있었다. 수영을 잘하고 싶으면 우선 물에 들어가야 하고, 달리기를 잘하려면 우선 운동장에 서 보기라도 해야 하는 것과 마찬가지로, 영어를 잘하려면 바다같이 다양하고 생생한 영어 사용 환경에 접하게 하라는 뜻인가 보다. 그것도 어린 나이부터 영어를 가르쳐야지, 머리 크고 나이 들면 자연스러운 언어를 기대할 수 없다고 한다.

초등학생에게 문법을 주입하는 것으로 언어를 가르칠 수 없다는 것은 이미 모국어 교육에서도 다 알려진 바다. 국어를 정확하게 말하고 쓰는 초등학교 4학년짜리에게 국어의 품사나 활용을 이론적으로 가르치기는 쉽지 않고, 또 의미도 없다. 영어 역시 마찬가지이다. 문법보다는 언어의 용도를 가르치는 것이 더 효과적인 교육 방법임은 확실하다.

말을 잘 하고 싶으면 말을 배우고, 글을 잘 읽고 싶으면 글을 배우면 된다. 영어를 배운다고 하면서 영문만 배웠는데, 이제 그 공식을 뒤집어서 영어로 다시 돌아가면 된다. 또 다행히 말이 글보다 어려운 것도 아니다. 우리처럼 글에 중독된 사람들은 믿을 수 없는 얘기지만 말이 글보다 훨씬 쉽다. 문장도 짧고, 문장의 구조 역시 민망할 정도로 단순하다.

실제로 영국에서 중국어를 배우면서 나는 호되게 '말' 위주 교육 방식의 위험을 겪었다. 처음 얼마동안 발음과 발성을 가르칠 때까지는 언어 교육의 동일성을 느끼며 편안했다. 그런데 그 다음부터 바로 '안녕하세요' '처음 뵙겠습니다' 가 이어졌다. 한자를 쓰지도 못하고, 심지어 영어권 사용자들을 위한 중국어 교과서에는 한자어로 된 대화문이 나오지도 않았다. 문화혁명을 거치면서 중국은 한자를 간소화했을 뿐 아니라 중국어를 영어식으로 표기하는 표기법을 개발했다. 간단한 단어부터 문장 전체까지 한자 하나도 모르고 얼마든지 중국어를 배울 수 있다. 북경을 Bejing이라고만 쓰고, '너 몇 살이니?' 를 물으면 한자어 대화문이 나오는 것이 아니라 'Ni duo da le?' 라는 영문 표기가 나온다. 중국어에 지

대한 관심이 있는 사람을 위해 한자어 연습이 간간이 한두 자 섞이지만, 이건 어디까지나 '부록' 이다.

중국어야 워낙 이상하게 바뀌어서 그러려니 방심해서는 안 된다. 오래 전부터 외국인들을 위해 일본어 교육법을 계발해 온 일본인들도 이런 식으로 일본어에 접근하게 한다. 히라가나를 써보는 것은 상당히 많은 '일본 말' 들을 외웠을 때부터다. 인도유럽어족에게 중국어나 일본어만큼 낯선 언어도 드문데도 불구하고 이지경이니 같은 어족내의 언어를 배울 때는 이보다 훨씬 심하게 '말' 위주로 된다. 물론 같이 알파벳을 공유하고 있으니 중국어나 일본어보다는 일찍 쓰기로 들어가는 것은 사실이다. 그렇지만 독어든 스페인어든 불어든 모든 외국어 공부는 '말' 과 그 말이 쓰이는 '상황' 을 중심으로 일어난다.

문법 설명이 충분하지 못해서 짜증이 나는 사람은 나밖에 없고, 그걸 질문한다고 해서 그 언어를 모국어로 사용하는 사람의 대답이 시원한 것도 아니다. 어쩜 그런 질문을 다 생각해내느냐는 기이한 감탄만 들을 뿐이다. 저렇게 단어 한 자 제대로 못 쓰면서 말이 되겠어, 비웃었던 나의 예상과는 달리 서양 사람들은 중국 문자를 쓸 줄도 모르면서 잘도 중국말을 했고, 일본 문자는 그릴 줄도 모르면서 '뻔뻔하게' 일본어를 틀리지도 않고 했다.

국어를 사용하는 경우로 환원해 보면 이해가 훨씬 쉬워진다. 우리나라 사람 모두 특별한 신체적 장애가 없는 한 외국인이 배우기 그렇게 어렵다는 국어를 말하는 데 아무런 지장이 없다. 물건을 사고, 날씨나 안부를 묻고, 시간을 알아보고, 여행 일정을 의논하고, 음식을 주문하고, 식탁에서 적절한 인사말을 나누는 것이 언어사용의 전부는 아니다. 고등학교를 졸업할 무렵이 되면 우리는 제법 선별되었다는 현대 시인이나 작가, 전문가들의 글뿐 아니라, 기미독립선언문의 난해한 어휘도 해독하고, 관동별곡이나 상춘곡의 몇 행을 외우기도 한다. 이렇게 고급 국어를 배우는 데 비해, 그 나이 또래 아이들이 국어 사용 현장에서 쓰고 있는 국어 어휘는 과연 몇 개나 될까. 웃겨, 됐어, 잘났다, 공부하니?, 죽여준다, 뭐하냐, 지겨워, 근데, 있지, 별꼴이야, 드러워서, … 200개 정도 되려나, 과묵한 사람들은 100개도 안 쓰는 것 같다.

영어에서도 마찬가지다. 중학교 영어에서 1,000개, 고등학교 영어에서 3,000개 혹은 5000개, 무슨 시험을 보려면 10,000개, 18,000개, 22,000개, 33,000개 등등으로 요구되는 영어의 어휘 수는 점점 불어난다. 그렇지만 실제로 영어 사용 현장에서 쓰이는 영어의 어휘는 사실 500개가 채 안 된다고 한다. 언어학자이며 문학 비평가인 리챠즈(I. A. Richards)는 실제 사용 영어인 500개의 어휘만 가지고 서양 고전을 다시 풀어쓰는 작업을 시도하기도 했었다. 단지 '말' 위주로 영어 교육을 하려 한다면 이렇게 6년씩, 10년씩 영어에 투자할 필요가 없다.

트로이 문명을 발굴한 슐라이만(Shuleimann)은 발굴작업의 선행으로 그 지역의 오래된 언어인 곱트어를 배워야 했다. 인생 전체의 방향이 트로이 문명의 발굴을 향하고 있었던 그는 분명한 목적의식을 가지고 있었기 때문에 한 달 만에 그렇게 어렵다는 곱트어를 말할 수 있었다. 슐라이만과 결코 비교할 수 없는 우리 집 큰 아이도 학교에서 술렁술렁 몇 달 스페인어를 배우고 그 실력으로 스페인으로 여행을 가서 밥도 사 먹고 물건도 샀다.

1) 구어체의 특징 1 _줄임

구어체라는 표현이 있다. 주로 말을 할 때 쓰는 언어 양식이다. 영어에도 구어체가 있다. 영어로 된 글만 읽어서는 이런 표현을 접하기가 어렵다. 구어체의 유명한 예로 소위 '삼총사'를 들 수 있다. 미국어에서 상용화되었으며 아직 정형과 비정형의 사이에 있는 세 가지 표현이 wanna, gonna, gotta가 된다. Wanna는 want to, gonna는 going to의 줄임말로 순전히 미국산이라면, gotta는 have(has) got to나 have(has) got a를 줄인 것으로 have동사를 완료형으로 쓰기 좋아하는 영국에서 더 흔한 말이다.

미어에는 특히 이 축약이 아주 흔해서 'I want to go there' 라는 표현을 구어로는 거의 들을 수 없다. 모두 'I wanna go there' 라고 해야 알아듣는다. '도착할 거야(I am going to arrive)' 라는 표현도 'I gonna arrive' 라고 한다. 영국영어에서는 가지고 있다는 표현을 have 보다는 have got으로 많이 썼다. Have동사가 본동사로서 뿐 아니라 조동사로 역할을 많이 하다보니 어느 대화에서나 have got 이 자주 등장했다. '가져야 돼(I have to get it)' 대신에 'I have got to get it' 이 흔하다가 이제는 'I gotta get it' 으로 더 짧아졌다. 구어로는 쓰지만 글에서는 잘 안 쓰인다.

또 구어에서는 말을 줄이는 경향이 아주 강하다. I have가 I've로 줄어들고, 또 그때의 발음도 아주 약해진다. 따라서 완료형의 경우 언제나 과거분사만 들린다. '거기 갔었지' 라는 영어 I have been there를 말로 하면 I've been there가 되고 들을 때는 I been there만 들린다. I've given that도 거의 I given that처럼 발음된다.

우리들이 열심히 곱게 익혔던 숙어 I would like to는 아쉽게도 I′ d like to로 줄어든다. 줄어진 d는 거의 묵음에 가까워 언어와 함께 적절한 몸가짐을 나타내지 않으면 I like to를 쓰는 경우와 다를 바가 없게 된다. I had better go의 경우도 같다. had는 마지막 d만 남기고 줄어들면서 아주 약하게 발음된다. I better go처럼 들리니 마치 better가 동사처럼 쓰였나 의심한다.

2) 구어체의 특징 2 _발음

구어체에 어느 정도 익숙하다 하더라도 영어라는 말을 배우는 데 큰 장애는 역시 발음이다. 우리 집 둘째는 제법 말을 잘한다고 하지만 그래도 s와 sh, z와 j, x와 s의 발음이 영국 아이들과는 약간 다르다. 집으로 돌아오는 학교버스 안에서 아이들이 너무나 서서 돌아다니며 떠드는 게 싫어 둘째가 큰 소리로 나무랐단다.

'Sit down!(앉아!)'

순간 정적이 감돈 건 둘째의 큰 덩치 때문도 아니요, 그 말의 위력 때문도 아니었다. 아이들이 웅성거리면서 지적해준 바로는 그건 욕으로 들렸다는 거다.

'Shit down.('응아 나 눠라.')

그런 식으로 exit는 esit이나 eshit로 들렸고, John과 zone의 발음이 혼돈되었다. 우리가 결코 부르지 못하는 이름 중에 Zoe라는 여자 이름이 있다. '조이'는 절대로 아니고, '쪼이'도 아니고, '저이'도 아니다. 당사자는 '즈아오이'라고 해달라는 모양인데, 이거야말로 무슨 비명소리도 아니고 도통 흉내가 안 되는 이름이다. 그런 사람은 사귀지 말라고 식구끼리 서로 경고한다. 혹시 몹시 운이 나빠 사귀게 되면 성을 부르는 편법을 구한다. 그렇지만 발음이 굉장히 큰 문제인 것처럼 호들갑을 부리지만, 사실 발음은 결정적인 문제가 아니다. 앞에서도 수다하게 말했듯이 영어권 사람들끼리도 발음이 다르다. 물론 우리처럼 발음이 잘 안 되는 나라들은 수도 없이 많다. 진작부터 세계를 떠돌던 민족들답게 영어권 사람들은 우리 정도의 발음에는 꿈쩍도 안 한다. 우리도 역시 이상한 발음으로 한국말을 하는 외국인을 오해하는 법이 거의 없다.

근처에 4살짜리 혜민이가 살았다. 국어와 영어를 거의 동시에 배워나가는 나이였다. 혜민이 발음이 동네에서 제일 좋았던 건 말할 필요가 없다. 혜민이 부모는 영어 책을 읽어주고 싶어도 혜민이가 엄마 아빠의 나쁜(?) 발음을 따라 할까봐 걱정이라는 말도 했다. 내가 보기에 나이가 어려서 거의 모국어권과 같은 발성을 낼 수 있는 아이들은 자신의 발음과 부모의 발음이 달라도 크게 흔들리지 않았다. 영리한 혜민이도 마찬가지다. 그 근처에 제일 큰 도시는 베드포드다. 학교에서도 자주 그 도시 이름을 들었고, 한국 사람들도 그 도시를 자주 들먹였다. 혜민이는 그 두 가지 발음을 다 구별해서 듣고, 또 거기에 잘잘못을 묻지 않는다. '한국 사람들은 베드포드라고 하고, 영국 사람들은 벳(으)폿(으)라고 한다'는 사실까지 알고 있다.

영국의 시인 존 키츠가 시인의 특성으로 '수동적 창의성(passive creativity)'이라는 표현을 쓴 적이 있다. 세상에 이미 주어져 있는 일에 일일이 시시비비를 붙지 않고 있는 그대로 보고 받아들이고, 더 나아가 이렇게 무한 수집된 현실을 바탕으로 자신의 창조활동을 해나가는 능력까지 의미한다. 이건 아주 쉬운 일인 거 같지만, 아무나 가질 수 있는 능력이 아니다. 어른이 되면서 자기의식이 생기면 남과 비교도 하게 되고, 자신의 계층과 자리, 이해관계에 따라 세상을 바라본다. 그러다 보면 불만이 생기고, 또 그 불만에서 세계의 개선이 가능하기도 하다. 하지만 사회나 조직의 개선도 창의적인 활동이라면 있는 그대로의 세상을 그려낼 수 있는 능력도 창의적인 활동이다.

아이들은 어른의 간섭이 끼어들기 전에는 이 수동적 창의성의 능력을 보존하고 있다. 아무런 거부 없이, 질문 없이, 세계를 그저 수용하는 태도를 가지고 있다. 어른이 보기에는 너무나 설명이 필요한 부분도 아이들은 '그런가보다' 생각한다. 의식적 분석활동을 하는 어른과 달리 어린아이들은 외국어라고 하더라도 모국어와 차별 없이 받아들이고 배울 수 있다.

석우는 혜민이와 같은 나이지만 일찍 한글을 뗐기 때문에 '천재소년 석우'라는 별명을 들었다. 석우는 매사 씩씩하고 적극적이다. 한마디 영어도 배우지 않았지만 유치원에 가서 우유를 더 달라고 당당히 요구해서 한 잔 더 마시기도 했단다. '과연 천재소년이다' 우리 모두 놀랐는데 석우의 설명은 간단했다.

"잘 보니까 우유 더 먹고 싶은 애들은 우유 컵 들고 가서 '삼모'라고 하대. 그래 나도 '삼모'라고 하니 우유를 더 주대."

이것이 석우가 경상도 억양으로 알려준 사정이다. 도저히 상상력이 작동하지 않는 분들을 위해 알려드리는 바, '삼모'는 'some more'의 석우식 발음이었다. 이렇듯 발음을 흉내 낸다는 점에서만 본다면 어른은 이미 인체해부학적 이유로 어린이를 따라갈 수 없다. 발성기관의 발달이 끝났기 때문이다. 그러니 이미 성장이 끝났을 뿐 아니라 쇠퇴에 접어들고 있는 성대를 혹사하지 마라. 성형외과를 기웃거리면서 콧대를 올려 비음을 만들어볼까 궁리하지도 말고, 목젖을 당기며 울림통을 키우려 애쓰지도 말 것이다. 어차피 외국어인 바에는 외국어로 대접하는 것이 정신 건강상, 언어 사용상 좋다. 일단 최선을 다하지만 발음과 발성이 운명에 가깝다고 접어두면 한결 외국어 공부가 편하다.

3) 구어체의 특징 3 _담화표지

발음에 착실하고, 억양에 관심을 가지려면 영어도 '말' 이라는 근본적인 자각이 필요하다. 말은 누구와 같은 시간을, 혹은 공간을 함께 공유하면서 나누는 언어활동이다. 혼자서 조용히 읽을 수 있는 글과 차이가 뭘까 생각해 보라. '말 잘하는 사람 글 못쓰고, 글 잘 쓰는 사람 말 못한다' 는 이야기가 있듯이 말과 글에는 아주 대조적인 언어가 쓰이는 경우가 많다. 우선 글에 쓰이는 언어는 긴 문장과 정형적인 문법을 선호한다. 내용도 깊이 있고, 순서도 논리적이다. 글은 글이 쓰여 있는 그 공간을 벗어나서 의미를 전달할 다른 도움이 없기 때문에 다의적인 단어를 피한다.

반면 말에 쓰이는 언어는 상대방과 주고받는다는 것을 전제로 한다. 혼자서 길게 말하면 그건 연설이니 글에 가까운 활동이 된다. 상대방과 적절한 교환을 이어가려면 짧은 문장으로 맞장구를

쳐야 한다. 논리적으로 또박또박 말하는 사람은 대화상대로는 매력이 없다. 워즈워드가 시에서 썼던 대로 '적시에 나오는 말(timely utterance)'이 '논리적인 말' 보다 훨씬 중요하다. 내용 전달에 오해가 없다면 생략도 자주 한다. 글에서는 주어 생략이 없는 반면 말에서는 주어, 특히 일인칭 주어인 경우 거의 생략된다. 또 말을 하는 상황에는 언어 이외에 다른 의미 전달의 도구들이 사용될 수 있다. 동의의 뜻으로 어깨를 툭툭 칠 수도 있고, 놀랐다는 걸 표현하기 위해 아무 말도 없이 그저 쳐다보고만 있어도 된다. 대답하기 싫으면 no라고 대답하는 게 아니라, 진짜로 대답을 안 하면 된다. 무슨 말을 하는지 모르겠다든지 뭐라고 딱 꼬집어서 말할 수 없으면 어깨를 들썩일 수 있다. 이런 의미 전달의 제스처가 있기 때문에 말의 언어에서 정형 문법을 따르느냐 아니냐는 중요한 것이 아니다.

'그 사람 참 영어 못한다'고 해서 다시 돌이켜 보면 그게 오해인 경우도 많다. 사실 영어를 못한다기보다 이런 '쿵짝'을 못 맞추는 탓에 불리한 평을 듣는 사람도 있다. 그에 비해 별로 영어를 잘 하지 않는데도 불구하고 '영어 잘한다'고 자타가 인정하는 사람이 있다. 그런 사람은 언어의 빈자리를 제스처만으로 때우면서도 의미를 전달하는 기술이 있다. 나이가 들수록, 언어적인 자아가 강할수록, 자의식이 강할수록 언어대용품이 될 수 있는 문화적 제스처를 흉내 내기가 어색하다. 어깨를 으쓱이기도 어색하고, 거기다 양손까지 벌리는 자신을 생각하면 더 우습다. 외국 사람과 포옹을 하면서 인사를 나누면 몸에 두드러기가 난다. 한껏 용기를 내어 손가락을 들어 V사인을 하다 보면 욕이 되고, 'Good luck'

을 대신해서 손가락 둘을 서로 감아야 하는데 그런 기동성도 없다. 그런 사람을 보고 '영어를 못한다'고 하는 건 어불성설이다. 문제는 도리어 문화 구별 없이 한국 사람, 영국 사람 끌어안는 사람들이다.

언어의 보조 도구로 제스처가 연습이 안 되는 사람이라도 '적시에 맞는 말'을 만들어 내는 잔재주를 배울 수 있다. 다음 문장들 중에서 '글'과 '말'을 구별하는 데 어려움이 없으리라 본다.

He was just standing there with his arms crossed.
그는 팔을 꼰 채로 거기 그냥 서 있었다.
He was, you know, sort of, just standing there with his arms crossed.
그 사람 말이야, 글쎄, 있잖아, 팔을 꼬고 그냥 서 있더라니까.

I can't do that. I'm only kid.
난 못한다. 난 겨우 꼬마니까.
I can't do that. You see, I'm only kid.
난 못해. 알잖아. 난 겨우 꼬마야.

좀 긴 문장에 도전해보자.

I was looking at that wall daydreaming as usual, and all of a sudden there was new cat I'd never seen before. It wasn't an ordinary cat at all. You'll never believe what it was.

그 벽을 바라보면서 평소처럼 오수를 즐기고 있었는데, 갑자기 생전 본 적이 없는 새 고양이가 나타났다. 흔히 볼 수 있는 고양이가 아니었다. 어떻게 생겼는지 상상도 못할 거다.

이것이 우리가 영어라고 배운 문장이다. 국어를 이렇게 말하는 사람이 있을까. 이렇게 책을 읽을 수는 있지만, 말을 이렇게 하는 사람을 보기는 어렵다. 실제로 사용하는 말이 되려면 최소한 '음,' '아', '저' 등등의 잡음이 들어가게 된다.

그래, 그 벽을 보고 있는 중이었지, 뭐, 평소처럼 졸고 있었어. 근데 느닷없이 생전 보도 못한 고양이가 나타난 거야. 아니 뭐랄까, 흔히 보는 고양이가 아니더라고…(잠깐 쉬면서)…그게 말이지, 어떻게 생겼는지 상상도 못할 걸.

그때의 영어는 다른 모습이다. '영문' 이 아니라 '영어' 가 되기 때문이다.

Well, I was looking at that wall, you know, daydreaming as usual, and all of a sudden there was new cat I'd never seen before, or rather, it wasn't an ordinary cat at all… I mean, You'll never believe what it was.

말을 잘 하려면 말이 오고가는 상황을 놓치지 않는 표현들을 익혀야 한다. 흔히 '담화 표지(discourse marker)'라고 하는 이 표현들은 사실상 우리처럼 단어 하나마다 분석적으로 접근하는 사람들이 보기에는 아쉬울 정도로 아무런 의미도 가지고 있지 않다. 그러면서도 사람과 사람 사이를 이어주듯 말의 흐름을 이어주고, 대화를 끌어가는 기능을 한다.

가장 흔한 예로는 well을 들 수 있다. 말을 시작하면서, 혹은 중간 중간 너무 빡빡한 분위기를 녹이기 위해 이 말을 많이 쓴다. Yes, right, okay, now, so, well then 들도 이런 역할을 한다. Fine, great, good도 엄청난 의미가 아니라 그저 연결의 기능만 할 때가 있다. 다음 주 약속을 정하면 'See you next week'으로 끝나기보다 'Fine(Great, Good), see you next week'을 넣는 게 더 편안한 말이 된다.

'글쎄, 그게 그렇지 않니'의 의미로 쓰이는 mind you, '있잖아'로 시작하기 좋은 listen이나 look, '어디 보자'면서 생각할 여유를 갖거나 잠깐 시간을 벌고 싶을 때 let me see, 남이 끼어드는 걸 막고 싶을 때 hang on이나 hold on, 좀 더 품위 있게 끼어들고 싶으면 forgive me, 상대방을 내 말로 끌어들이고 싶을 때 see, '이러나저러나 간에' 말을 이어가고 싶을 때 anyway, '말하자면', '있잖아'로 쓰이는 I mean, you know도 다 이 표지에 해당한다.

미어보다 영어에서 월등히 많이 쓰이는 기능어로 sort of, kind of가 있다. '말하자면', '글쎄'의 뜻이 되거나, 혹은 술부와 연결되어 단정적인 느낌을 감소시킨다. '그거 전형적이지.(That's typical)'라고 하기보다는 '전형적인 거 같지(That's sort of typical)' 혹은 '전형적이야, 그렇지(That's typical, sort of)'라고 하는 게 훨씬 구어체에 가깝다. '-인 거 같다'는 표현이 유행하다 보니 이젠 그저 sort of, kind of로 대답을 대신하기도 한다. '그거 전형적이지(Is that typical?)' 물으면 '그런 거 같아(sort of)'라는 답도 듣는다.

다음의 대화는 괄호부분이 없어도 의미전달에 전혀 문제가 없다. 오히려 괄호부분이 없어야 더 명료한 의미가 전달된다. 그렇지만 괄호부분에 연결기능만 가진 영어를 넣음으로써 언어의 현재성이 훨씬 생생해진다.

- (So) you live in Seoul?

  (그럼), 서울에 살고 있니?

- (Well), near Seoul.

  (그게), 서울 근방이야.

- It's hot in there, (isn't it)?

  거기 덥지 (않냐)?

- Yeah. (Mind you), it's in August, so it's not surprising.

  덥지. (그래도 생각해봐라) 8월인데 당연하지.

- (See), which area is yours in this map?

  (자), 지도에 어디가 너의 동네냐?

- (Let me see), it's around here, (yes), this is it.

  (보자), 이 근방인데 (그래) 여기야.

당부 한 마디. 그렇다고 무작정 모든 문장마다 다 이 표지를 집어넣으면 사람이 두서없어 보인다.

의성어나 호격도 구어에서 배워야 하는 표현이다. 우리는 다치

거나 놀라면 '아,' '어', '읔' 인데 영미인들은 '웁스(oops)' 로 표현한다. 다른 영어에는 어눌하지만 이 단어에는 통달해서 문에 부딪혀도, 사람에 놀라도, 자기 혼자 민망한 일이 벌어져도 '웁스' 라고 말하는 한국인들도 있다.

영어를 이만 못하는 우리들이야 이 감탄사도 배워야 한다. 할리우드 영화 덕에 세계인이 국경 불문, 종교 불문 알고 있는 놀라움의 감탄사가 있다. 'Oh my god' 이다. 이것만 알아도 적지 않은 감탄사를 사용할 수 있다. 우선 단어마다 떼어서 Oh, My, God을 할 수 있다. 다음 둘씩 이어서, Oh my, Oh God, My God도 할 수 있다. 이렇게만 하기에 지루한 사람들은 Jesus Christ, holy Christ, holy Christma, holy Moses로 좀 더 종교적인 분위기를 띨 수도 있다. 종교를 혐오하는 사람들은 holy cow, holy mackerel로 소나 고등어를 부를 수도 있다 Goodness gracious도 알아두면 이리 저리 떼었다 붙였다 하면서 놀라는 마음을 전달할 수 있다. 다시 한마디 붙이자면, 인디애나 존스도 아니고 우리 같은 사람이 뭐 그리 매일 놀랄 일이 있겠는가. 그러니 이도 적절히 골라 써야 한다.

지금까지 우리말과 영어를 구어체, 즉 말이라는 관점에서 함께 봤다면, 이번에는 두 구어체의 차이를 알아보는 게 좋겠다. 그 차이를 보게 되면 왜 그렇게 말이 안 되는지 이해가 안 되는 것도 아니다.

4) 우리말과 영어 말의 차이 1 _강세(accent, intonation)와 무강세

영어와 우리말의 '말' 차이로 제일 먼저 '강세' 를 들어야 하는 데에는 아무도 이론의 여지가 없다. 강세는 발음과는 좀 다른 개념이다. 발음은 우선 개별 단어들의 발성에 관한 것이고 강세는 문장 전체의 높낮이를 말한다. 발음에 대한 관심은 좀 지나치다 싶을 정도로 많아졌는데도 불구하고 강세에 대한 관심은 의외로 약하다. 하지만 의미를 만드는 최소 단위는 단어라기보다는 문장일 때가 많다. 단어 하나만 말했다고 하지만, 사실은 문장을 줄여 말한 것일 때도 있다. 강세야말로 '말'의 의미 전달의 가장 중요한 기능을 한다.

기기묘묘한 영어 교육법이 나오다 보니 그 중에 발음을 교정해 준다는 선전도 들어있는 걸 본다. 7세경이면 발성기관의 발달이 거의 완료되는 것으로 알려져 있다. 어려서부터 영어를 배운 아이들이 발음이 좋은 것은 이 때문이다. 흔히 어린 나이에 영어를 배우면 좋다더라는 막연한 기대감에 일찍부터 어린아이들을 외국에 보내거나 홀로 떼어두고 단독 귀국하는 사람들이 있다. 하지만 발음 때문에 영어가 안 된다고 지레 겁먹는 사람들은 과연 얼마나 외국인들과 대화를 나누어봤는지 반성해 볼 필요가 있다.

우리들이 느끼는 문제점, 즉 우리 발음으로는 영어의 l과 r의 차이가 잘 안 나고, th 발음을 혼동하고, s와 sh, z 발음 구분이 어렵고, p와 f를 딱 부러지게 분별하지 못한다는 점은 이미 웬만한 영어 모국어 사용자들이 다 알고 있다. 발음이 틀리면 고쳐주기도 한다. 우리말 사투리까지 구사할 줄 아는 외국인들이 여전히 비음을 깔고 목젖이 깊이 울리는 발성을 한다고 해서 우리가 그 외국인의 우리말을 알아듣지 못하는 건 아니다. '안녕하세요?' 대신에 '한녕하세요'라든가 '안뇽하세요'라는 말을 외국인이 했다고 해서 그가 인사를 건네고 있다는 걸 모르는 사람은 없다.

　모국어 사용자는 틀린 부분을 고쳐가면서 뜻을 만들어낼 줄 알고, 없는 부분을 메꾸어 가면서 이해할 줄 안다. 그게 안 되는 정도가 심할수록 그 모국어에 익숙한 정도가 약한 게 된다. 아이들의 경우는 모국어 습득 정도가 약한 편에 속한다. 따라서 아이들은 외국인이 '한녕하세요' 든가 '안뇽하세용' 이라고 하면 뜻을 파악하기 위해 머뭇거린다. 마찬가지로 서양 아이들도 자신에게 익숙하지 않은 발음을 들으면 간단한 인사말이라도 알아듣지 못한다. 같은 연령의 아이들이라고 하더라도 외국인을 많이 접해 본 아이들은 다양한 발음에서 빨리 뜻을 읽어낼 줄 안다. 이렇게 보면 모국어와 외국어의 차이는 언어 접촉의 빈도와 강도에 달려 있다는 걸 알게 된다.

　이런 사정인데도 불구하고, 계속 발음 탓을 하면서 외국인과 말을 시작해보려고 하지도 않는 사람들이 있다. 발음이 좋다고 해서 반드시 영어를 잘 하는 것은 아니다. 발음이 좋은 건 언어 흉내를 잘 내는 것에 더 가깝다. 또 다른 문제는 어떤 발음을 기준으로 상정하고 그걸 흉내 내는가라는 질문이다. 우리 교육의 듣기 연습은 온통 미국 발음으로 통일되어 있다. 하지만 영어 발음이야 앞에서도 다루었듯이 영어권 사용자들끼리도 다양하다. 우리들의 발음은 일본인들의 발음이나 인도인들의 발음에 비교해보면 아주 우수한 편이다. 어느 발음이 기준인지도 모르고 굳이 발음을 개조하려고 억지로 발성기관을 학대할 필요는 없다.

　어른의 영어 발음에서 훨씬 더 중요한 것은 개별적인 단어의 발성보다 단어의 강세와 문장 전체의 억양이다. 발음이 나빠서 외국인이 못 알아들었다고 생각하는 경우를 다시 되짚어 보면 문장의 억양이 문제라는 걸 알게 될 때가 많다. 우리말은 일본말과 마찬가지로 '문장의 억양이 없다(monotone).' 영어는 억양으로 뜻이 결정될 정도로 억양이 아주 중요하다. 어느 나라의 영어라고 하더라도 말의 고저에서 오는 리듬을 느낄 수 있다. 물론 우리말도 의문문의 끝을 올리고, 평서문의 끝을 내린다거나 놀라움을 나타내면 문장이나 단어의 끝이 올라간다는 기본은 가지고 있다. 그렇지만 이 기본 원칙조차 영어를 말할 때는 잘 지키지 못하는 경우가 많다.

여기에는 우리말의 '무강세' 이외에도 우리 세대의 영어 교육이 한 몫하고 있다. 우리는 글로 영어를 배우기 시작한 세대들의 특징을 그대로 가지고 있어서 영어를 '책 읽듯' 한다. 영어를 말로 먼저 익힌 것이 아니라 글로 먼저 봤기 때문에 어떤 문장이나 단어를 들으면 우선 머릿속에는 그 단어나 문장의 철자가 떠오른다. 다음에 그 철자에 주의하면서 '따라 읽는다'. 이렇게 하다 보면 말하는 사람이 그 말에 감정이나 느낌을 담기가 어렵다. 거기에다가 말이 틀릴까봐 우물거리다 보니 전체 억양은 무시되고 뜻의 전달에는 실패하게 된다.

단어의 강세는 물론 사전의 발음기호에 나와 있는 대로다. 그대로 단어의 강세를 지켜야만 정확하게 의미를 전달할 수 있다. '중요한(important)'의 강세는 두 번째 모음 o에 있다. '남자구실을 못하는(impotent)'의 강세는 첫 모음 i에 온다. 그 외에 예민한 발음의 차이를 구분하기 어려운 우리들로서는 강세의 위치를 얼마나 제대로 지키느냐에 따라 인간 관계가 좌우되는 순간이다. 참고로 말하자면 영어를 모국어로 쓰는 사람들은 일단 낯선 단어를 발음할 때 첫 모음에 강세를 두는 버릇이 있다. 그만큼 '강-약' 발음의 영어 단어가 많다는 걸 알 수 있다.

억양을 지켜라, 악센트에 주의하라는 사실은 잘 알고 있는데 비해, 흔히 잊고 있는 사실은 강세를 지키기 위해서 강세 이외의 부분을 낮추어야 한다는 점이다. 우리들에게는 처음 영어를 배울 때부터 좋지 않은 발음 습관이 있다. 즉 단어의 액센트를 강조하기 위해 의례 강세가 오는 부분에 힘을 꽉 주고 소리를 지르는 것이다. 심지어 강세부분에 이르면 고개까지 치켜든다. 이 방법보다는 반대의 발성, 즉 강세가 없는 부분을 거의 묵음처럼 죽이는 방법이 더 낫다. 특히 강세 바로 앞에 오거나 뒤에 이어져 오는 모음은 거의 들리지 않는 지경까지 온다. 지금까지 소리를 지르는 방법을 택했다면 이제부터라도 반대로 소리를 죽이는 방법을 시험해보라고 권하고 싶다.

영어의 억양도 아주 단순한 원칙을 따르고 있다. 즉 문장 중 중요한 말을 특히 강조한다는 원칙이다. 이렇게 단순한 원칙을 우리가 잘 잊어버리는 까닭은 우리말과 영어가 어감의 차이를 만드는 방법이 다르기 때문이다. 국어는 원칙적으로 음성이나 음량의 차이가 어감의 차이를 만드는데 비해 영어는 억양의 차이가 의미의 차이를 만든다. 쉬운 예를 들어보자.

우리 식구들이 가장 애용하는 말은 '먹다'라는 동사다. 그러니 '식구(食口)'라는 이름에 적격인 구성원들이다. 특히 밥을 좋아하는 둘째 아이는 학교에서 돌아오면서부터 제일 먼저 인사가 '형 밥 먹었어?' 다. 이 말에 들어가는 소리의 양에 따라 의미는 달라진다. 큰 소리로 '밥 먹었어?' 라고 하면 '나 빼고 먹다니' 하는 분노와 '두고 보자, 나도 더 먹을 테니까' 하는 각오가 들어 있다. 중간 어조로 '밥 먹었어? 그러면 '으음, 그럼 그렇지, 형이 안 먹을 리가 없지' 하는 확인이다. '밥 먹었어? 라고 낮은 목소리로 말하면 '결국 먹었군' 하는 체념과 절망, 굶주림이 섞인 반응이다. 아이들의 아빠도 '밥 먹었니? 를 출필고반필면(出必告反必面)의 첫 인사로 쓴다. 그 목소리의 성량으로 아이들은 아빠의 기분 상태와 허기 정도를 파악한다.

반면 영어에서는 문장의 마지막 억양이 상향이냐 하향이냐에 따라 태도가 달라진다. 방자한 서양인들은 형, 아우 구별이 없으니 무조건 You를 쓴다. 따라서 둘째의 상용 질문은 영어로 달라진다.

'Brother, you did eat.' (구어체는 의문문과 평서문의 구조를 함께 쓰는 경향이 강하다)

여기에서 문장의 끝을 올리면 '형, 밥 먹었니?', 문장의 끝을 내리면 '형 밥 먹었구나' 가 된다. you를 올리면 '결국 밥 먹은 사람이 형이구나', did가 높아지면 '뭐라고 형, 결국 먹었다고? 가 된다.

한국 사람들은 말할 때 영어권 사람들보다 목소리가 크고 따발총 쏘듯 한다는 이야기가 있다. 이는 우리말은 목소리의 양으로 의미를 결정하는 반면 영어는 같은 문장 내에서 단어들 간의 비교를 통해 의미가 달라지는 탓에 생긴 결과다. 거기다 단어와 단어 사이를 떼어서 말해야 하는 부담 때문에 우리말은 '따발총 쏘듯' 하는 인상을 주게 된다.

5) 우리말과 영어 말의 차이 2 _이어 말하기와 끊어 말하기

'말을 또박또박 해야지'

우리나라 사람 중에 자라면서 이런 지적을 들어본 적이 없는 사람은 드물다. 단어들을 줄줄이 이어 말하면 '아버지가방에들어가신다' 가 되는 까닭이다. 반드시 '아버지가', 쉬고, '방에', 쉬고, '들어가신다', 쉬고, 다음 문장으로 들어가게 되어 있다.

불어를 배워 본 사람들은 불어가 이와는 정반대로 이어말하기(연음, liasion)을 아주 좋아한다는 걸 안다. '나는 너를 좋아한다' 라는 '똑똑한' 우리말을 불어로는 '즈브젬므(Je vous aime)' 나 '즈뗌므(Je t'aime)' 라고 한다. 이 불어의 vous나 tu는 목적어가 되어 주어와 동사 사이에 끼어드는데, 위치만 끼어들 뿐 아니라 발음까지도 바꾸어 준다. 뒤에 이어지는 aime가 모음으로 시작하는 까닭에 '브 앰므' 가 아니라 '브잼므' 로 바뀐다. Tu는 모음끼리의 충돌을 원천봉쇄하기 위해 t로 줄어들고, '뛰 엠므' 가 아니라 '뗌므' 라고 뭉쳐 말하는 현상이 생긴다.

영어는 우리말보다 불어에 훨씬 가깝다. 지리적으로도 그렇고 역사적으로도 영어는 불어와 공유하는 부분이 많다. 우리는 영어는 불어와 달리 다 떼어서 말한다고 배웠지만, 이건 '말' 에 관한한 잘못된 생각이다. 영어도 불어와 마찬가지로 이어 말한다. 아주 간단한 공식을 만들어보자. 물론 이건 언어의 공식이기 때문에 예외가 많다는 점을 기억해야 한다.

우선 앞의 불어와 마찬가지로 자음과 자음이 이어지면 앞 단어의 마지막 자음을 거의 발음하지 않는다. 'Walk in small group'

은 '워크 인 스몰 그룹' 으로 또박또박 읽어 가는 것이 아니라 '워킨 스몰 그룹' 으로 몰아진다. 'Both sides' 도 단어 하나하나를 읽을 때는 물론 '보우스' 와 '사이드' 가 되지만, 함께 말할 때는 '보사이드' 로 들린다.

특히 t로 끝나는 단어들에서 이 점이 뚜렷하다. 따라서 first street는 '휘스트 스트리트' 가 아니라 '휘스트리트' 로 들린다. important part는 '임포턴트 파트' 가 아니라 '임포턴 파트' 로, different background는 '디퍼런트 백그라운드' 가 아니라 '디퍼런 백그라운드' 로 발음된다. At the moment는 '엣더 모멘트' 로 들린다. To부정사와 이어지는 단어들은 이런 이유로 거의 마지막 자음을 발음하지 않는다. Want to, get to, commit to 등은 원투, 겟투, 코미투로 들린다.

반면에 자음과 모음이 만나면 이어 말하는 경향이 강하다. 우리들도 lots of를 '롯츠 어브' 라고 발음하기보다는 '롯초브' 라고 한다. This is를 고지식하게 '디스 이즈' 라고 하기 보다는 '디시즈' 라고 하는 것이 영어 발음에 가깝다. shop around는 '숍 어라운드' 의 발음이 아니라 '쇼퍼라운드' 처럼 들리고, past one은 '파(패)스트 원' 보다는 '파스원' 에 가깝다. press office는 '프레스 오피스' 대신 '프레소피스' 로 이어진다. Bit of mixture나 bits and pieces도 자모음 충돌을 막기 위해 '비춰브 믹스춰' 로, '비천 피시스' 에 가까운 발음이 들린다. Hands off는 '핸즈 오프' 가 아니라 '핸조프' 처럼 들리고, Look east는 특히 연음이 심해서 '루키스트' 로 발음된다.

y로 시작하는 단어들에서 특히 이어 말하기가 심하다는 것을 알

게 된다. Would you는 '우드 유'가 아니라 '우쥬'처럼 들린다. This year, last year도 '디스 이어'나 '라스트 이어'처럼 똑똑한 발음이 아니다. '디쉬어', '라쉬어'라는 우스꽝스러운 발음이 더 강하다. Have in turn은 '헤브 인 턴'이 아니라 '헤비인 턴'으로 들린다. 아주 빈번한 표현으로 쓰이는 have you도 '헤브 유'보다는 '헤뷰'에 가깝다.

이제 문장으로 예를 들어보자. '첫 번째 버스를 타세요'라는 문장은 이렇다.

Take the first bus.

발음을 야무지게 하자면, '테이크 더 훠스트 버스'가 된다. 실제로 들리는 영어는 이보다 허술하다. Take와 the가 이어서 발음되고 first bus에서 앞 단어의 t는 거의 들리지 않는다. '테잌(더) 퍼스(트)버스'라는 발음 중에서 괄호부분의 발음은 특히 약하다. 마찬가지 이치로 for the first time은 '훠 더 훠스트 타임'이 아니라 '훠 더 훠스타임'으로 들린다. 다른 문장의 예는 더 분명하다. 열어두고 싶다는 영어를 써 보자.

I want to keep it open.

미국 구어체로는 want to 대신에 wanna를 즐겨쓴다. '와나'까지는 아니더라도 want to의 발음도 '완투'가 되어 못지않게 줄어든다. Keep it 역시 모음과 자음이 만나 이어서 발음되기 때문에

'킵 잇' 이 아니라 '킵핏' 으로 들린다. 영어 단어의 강세는 '강-약' 이 많지만 문장의 억양은 '약-강' 의 형태라 주어는 특별한 경우가 아니면 약세에 든다. 이 요령으로 위 문장을 발음해보면 '아이 완투 키핏 오픈' 으로 이어진다.

위 발음에서도 알 수 있듯이 관사라든가 전치사 등은 약한 발음에 속한다. 우리는 행여 틀릴까 열심히 외웠지만 '말' 로 본 영어에서는 이들이 거의 중요하지 않다. 뜻을 결정하는 건 아니기 때문이다. 특별히 '바로 이거' 라는 점을 지적하고 싶을 때 the나 a를 일부러 강조하는 수는 있지만 대부분의 경우 관사들은 문장 속에 숨어 있는 느낌이다. with a는 '위드 어' 가 아니라 '위더' 로, over a는 '오우버 어' 라는 착실한 발음대신에 '오우버러' 로 이어진다. 비교적 긴 문장을 보면서 영어의 '똑똑치 못한' 발음을 연습해보기로 하자.

It provides a valuable opportunity for students to reflect on their work.

provides와 a 사이에서 a라는 관사가 거의 provides에 이어져 있듯이 '프로바이저' 로 발음하고, for나 to, on을 유별나게 집어 말하지 않는 게 좋다. reflect on과 their work은 앞 단어의 마지막 자음을 거의 생략하고 '리플레톤 데어워크' 로 뒤의 단어와 이어 말하게 된다. 글 중심으로 영어를 배운 형편이다 보니 이 발음이 잘될 리가 없지만 그래도 이런 원칙을 염두에 두고 자주 연습하다 보면 훨씬 나아진다.

2. 시로 읽는 '말': A30번 도로에서 명상

　'말'로 된 시를 읽으면서 잠깐 쉬어가며 '영어'의 현장을 느껴보자. 영국의 계관시인이었던 존 베츠먼(John Betjeman)의 시 'A30번 도로에서 명상(Meditation on the A30)'이다. 따옴표로 이어진 부분은 시의 등장인물이 하는 생각이다. 현재 영국인이 그 대상이니 그의 사고도 모두 현재의 생활영어로 진행된다. 단정한 옛 시의 정식 시어들과 어찌 다를 수 있나 보자.

> A man on his own in a car
>
> Is revenging himself on his wife;
>
> He opens the throttle and bubbles with dottle
>
> And puffs at his pitiful life.

'She's losing her looks very fast,
She loses her temper all day;
That lorry won't let get past,
This Mini is blocking my way.

'Why can't you step on it and shift her!
I can't go on crawling like this!
At breakfast she said that she wished I was dead —
Thanks heavens we don't have to kiss.

'I'd like a nice blonde on my knee
And one who won't argue or nag.
Who dares to come hooting at me?
I only give way to a Jag.

'You're barmy or plastered, I'll pass you, you bastard —
I will overtake you. I will !'
As he clenches his pipe, his moment is ripe
And the corner's accepting its kill.

한 남자가 차안에 혼자 앉아
아내에게 복수를 궁리하고 있구나;
시동을 켜고 파이프의 담배찌꺼기를
불어대니, 아이구 팔자도 가련하다

'마누라는 표정도 잘 바꾸지
하루 종일 성질만 내다니;
저 트럭 때문에 빠져나가질 못하네
이 미니가 길을 막다니.

'밟고 지나 가버려!
이렇게 기어 갈 수는 없다!
아침에 마누라는 내가 죽었으면 좋겠다고 했지 –
자알 한다, 키스할 필요도 없었잖아.

'나도 금발 미인을 무릎에 올려두면 좋지
싸움도 안 걸고 잔소리도 안 하는 여자로.
누가 감히 경적을 울리는 거야, 나한테?
재규어면 길을 비켜주지.

'너 미쳤냐, 아님 취했던가. 내가 지나가주마, 이 새끼야
넘어가야지, 넘어간다!'
그가 파이프를 질끈 무니 갈 때가 다 되었지
모퉁이 길은 받아라 그 죽음을.

희화적이면서도 쓸쓸한 이 시는 시어 전체가 일상적으로 쓰이는 말을 그대로 이용하고 있다. A30이라는 도로명 자체가 이미 영국의 생활인을 대상으로 한다는 전제를 깔고 있다. A30은 콘월 지방을 향해 뻗어 있는 도로로, 비좁고 복잡한 걸로 예나 지금이나

유명하다. 이 시 가운데 특히 따옴표로 이어진 부분에서 지루한 일상을 사는 사람의 현실을 그대로 전달하는 언어들을 찾을 수 있다.

　Mini나 lorry, Jag는 모두 지금도 도로 위를 달리고 있는 차들이다. 미니는 말 그대로 너무 작은 차량인데 영국에서 만들어졌다는 이유만으로 사람들의 사랑을 받았고, 한편 고질적인 영국 산업병의 상징이기도 했다. 결국 독일 BMW에게 팔려 미니가 완전히 문을 닫는 사고는 막았지만, 실질적인 생산과 운영이 전적으로 독일로 넘어가 버렸다. 최신형 미니가 맥시 값으로 출하되었는데, 독일 BMW 엔진을 가지고 있다는 독일기술의 후광과 영국인들의 향수병이 합해져서 다행히 기대 이상의 매상을 올렸다는 소문이다. 베츠먼이 시를 쓰던 당시만 해도 미니는 그저 영국의 '작은 차'에 불과했다. 다른 차도 아니고 미니가 길을 막다니, 일이 안 풀려도 보통 안 풀리는 아침이 아니다. 재그라면 모를까. 재그(Jag)는 영국의 유명한 고급차 '재규어(Jaguar)'의 약자다. 차에 조금이라도 관심이 있는 사람들은 재규어 차 앞 뚜껑 끝에 매달린 반짝이는 표범을 잊지 못한다. 웬만큼 영어 하는 사람들은 다 '재규어' 대신 '재그'라고 줄여 말한다. 그렇게 훨씬 가까운 느낌을 가지고 이 고급차를 소유한 듯한 환상을 즐긴다.

　2번째 연의 she는 강짜를 부린 부인이지만 3번째 연의 첫 행의 she는 자기 앞을 가로막는 자잘한 미니 차량이다. 마누라를 없애 버리고 싶은 심정이 그대로 남아 차 역시 she로 대신한 표현도 재미있다. 강짜 부인은 싸움 중에 나한테 '죽어버렸으면 좋겠다'고 했다. 원래 오래 이어져 온 문법대로 하자면, 'she wished I were dead–'라고 하는데, 여기에서는 흔히 쓰듯이 were 대신 was를 썼다. 'Thanks heavens'은 'thanks God'이나 같은 의미로 '고맙기도 하다'는 감탄의 뜻을 담고 있다. 이도 너무나 자주 쓰는 일상의 감탄사다. 심사가 틀릴 대로 틀린 이 사람은 이 표현을 뒤틀리게 사용한다.

금발 미인은 서양인들의 이상적인 최고 미녀상이다. 온통 단일 색조의 머리칼을 가진 우리로서는 이해가 안 가지만, 총천연색 머리카락 색깔을 자랑하는 서양인들은 머리 색깔에 대한 깊은 편견이 있다. 흑색(black)이나 짙은 갈색(dark brown)의 머리를 가진 사람은 반사회적인 경향이 강하고 고집이 세다. 만화영화의 마녀나 계모는 대개 이 머리 색깔이다. 붉은 기가 도는 머리색(ginger)을 가진 사람은 자기 멋대로인데다 변덕스럽고, 연한 갈색의 머리칼(brunette)을 가진 사람은 단정한 대신 지루하다는 인상을 준다. 그 중 머리가 텅 비고 섹시한 블론드에 대한 인상은 너무나 강렬해서 '백치미인(dumb blonde)'이라는 말까지 있다. 성적 매력을 강조하고 싶은 여자들은 의례 금발로 염색하는 걸 최초의 작업으로 생각한다.

이런 식으로 blonde라는 단어만 가지고 더 이상의 부연설명 없이 여자의 특성을 집약하는 게 일상적으로 흔한 표현이다. '정신 나간(barmy)', 혹은 '술이 취한(plastered)' 표현은 블론드보다 더 다듬어지지 않은 말이다. 그리고 물론 가장 심한 말은 다음에 이어지는 욕, bastard이다. 이 욕이야말로 이 시의 현장이 영국을 집약한다고 할 만큼 영국적이다. 미국인들은 이 말을 욕설로 잘 안 쓴다. 좀 더 연구를 해봐야겠지만, 영국처럼 오랜 전통을 가진 나라

일수록 사생아가 되어 재산이나 가문을 상속받지 못하게 되면 저주받은 것처럼 느꼈던 모양일까. 남자들에게만 쓰는 것만 봐도 그렇다.

이런 일상의 표현들을 동원하면 시는 훨씬 세상의 현실을 전달하는 데 생생한 효과를 얻는다. 특히 차량이 빡빡이 밀려 있는 답답하고 복잡한 길 위에 또 그만큼 복잡하고 불행한 사람의 의식을 그리기에는 이런 건조하면서도 파괴적인 말들이 큰 위력을 발휘한다. 그렇게 현실에서도 실제로 이런 단어들을 쓸 줄 알면 모국어 사용자의 자연스러운 느낌을 전달하는 데 성공하게 된다.

문제는 외국어로 이 느낌을 전달할 때다. 분명 외모가 다르고, 발음이나 발성도 다른 외국인이 갑자기 이런 표현을 쓰면 도리어 모국어 사용자는 예상치 못했던 지나친 친밀도 때문에 당황한다. 거기에 더 우스꽝스러운 것은 어쩌다 속어 한두 단어를 익숙하게 쓸 수 있다고 하더라도 그것이 반드시 유행하는 속어 전부에 능통하다는 보장은 못 된다는 점이다. 다행히 Jag라고 부르며 문화에 익숙함을 과시하다가 F1이 'Formula One'의 약자이고, 'Formula One'은 서양인들이 열광하는 자동차경주라는 걸 모른다면 그 불균형이 웃음거리를 만들 수 있다. 다시 또 말하지만 자연스럽게 언어활동을 하자면 억지를 부리지 말아야 한다. 어색하게 자연스러움을 과장하기보다는 자연스럽게 어색함을 드러내는 게 훨씬 믿음직한 인상을 남긴다.

3. '말'이라고 다 '말'이냐

이쯤 오면 일찍 영어를 배워서 좋은 점이 확연하다. 나이가 어릴수록, 모국어 발성이 완성되지 않았을수록 외국어를 배우는 여력이 많다. 의식적인 자기 분석이 따르지 않으니 언어의 흉내도 빠르고 문화 수용도 훨씬 부드럽다. 특히 '말'에 관한 한 그렇다. 주변에 사는 한국 사람들을 보면 항상 아이들의 영어가 빨리, 그리고 자연스럽게 자라는 걸 본다. 그러다 보니 아이를 외국에 보내지 않으면 영어가 안 되는 양 생각하는 사람들까지 있는 모양이다.

그걸 나쁘다고 할 수는 없다. 문제는 그 방법이 유일한 외국어 습득의 방법인 양 과신하는 풍조다. 영어를 현장감 있게 배우는 유일한 방법이 영어의 현장에 나가는 거라고 믿는다면 이건 크나 큰 오해다. 70년대까지만 해도 살아 있는 영어를 배운다는 게 겨우 테이프나 듣고, 영화관에 가서 자막이 흔들리는 미국 영화를 보는 게 고작이었다.

지금은 어떤가. 여행도 자유롭지만, 외국어 학습의 장비나 기회도 아주 다양해졌다. 거리에서 부딪히는 외국인들도 많다. 학원이나 학교마다 원어민 교사를 채용해서 아이들에게 원어 발음에 접할 기회를 준다. 그만한 기회를 못 가진 사람들은 생동감 있는 대화를 담은 시청각 교육 자재를 구할 수 있다. 이도 안 되면 시청료로 운영되는 공영 TV의 교육방송에서 일주일 내내 꼬마부터 노인까지, 실업자부터 취업자까지 대상으로 하는 영어 방송을 들어도 된다. 포맷이 어색하고, 등장인물의 연기력이 떨어진다고들 하지만, 일단 공신력 있는 기관에서 만든 프로그램이라 섣부른 외국인 선생의 학습보다 훨씬 도움이 된다.

외국에 나온다고 영어의 현장에 뛰어드는 건 아니다. 우리나라의 경우로 환원해서 생각해보면 간단하다. 한국말을 배우고 싶어 한국에 온 외국인이 있다고 하자. 그 사람은 물론 한국이라는 나라에서 가장 자연스러운 한국어 상황을 만나게 된다. 하지만 자신의 한국어를 연습하자고 지나가는 사람을 다짜고짜 붙들고 시간을 뺏을 수는 없다. 알다시피 그런 학생들을 위한 교육 기관이 따로 있고, 그 안에서 교육하는 방법은 역시 시청각을 이용한 국어 수업이다. 영어권도 마찬가지다. 그 나라 사람이 교사로 들어오고, 그 나라의 실제 환경을 직접 겪는다는 점이 크나큰 장점이긴 하지만, 그 상황이 학습의 완성을 보장하는 건 아니다. 역시 여기에서도 테이프를 듣고 TV를 보고, 발음 시험과 단어 시험이 기다리고 있다.

아이를 진작부터 영어의 바다에 빠뜨리면 그래도 나보다 낫겠지 생각하지만 거기에도 위험은 있다. 인위적인 학습 환경이 아니라 실생활에서 언어를 직접 배우면 좋은 점만 있을 것 같지만 절대 그렇지 않다. 실생활이란 온갖 종류의 말이 여과 없이 다 드러나 있는 상황이다. 거기에는 절대로 써서는 안 되는 말들도 들어 있다. 그저 살아있는 영어면 되었지 않느냐고 생각하면 그건 너무나 단순한 접근이다.

말이라고 다 말이 아니다. 또 말을 해야 될 상황이 있고, 말을 아껴야 할 상황이 있다. 이건 우리나라에서도 그렇고 영어도 그렇다. 영어 좀 할 줄 안다고 아무 데에서나 영어회화 연습을 하려고 들면 곤란하다. 말을 못하면 실수로 끝나지만, 말을 너무 하면 사고가 커질 때가 있다.

특히 아이들의 말은 조심해야 한다. 아이들 자체가 아직 모국어를 배우고 있는 중이기 때문이다. 절묘한 구어(口語)를 쓸 수도 있지만 어떤 경우에는 위험한 언어일 때가 많다. 속어나 비어에 대한 영어 학습의 원칙은 '알아들을 수 있되 절대 사용하지 마라'는 것이다. 흔히들 슬랭(slang)이라고 부르는 언어 표현, 즉 모국어 사용자들이 자연스럽게 사용하는 생생한 언어들을 외국인들이 구사하려면 아주 조심해야 한다. 슬랭을 배워야 현장의 언어를 아는 건 사실이다. 그걸 모르면 뜻을 알아듣지 못할 때도 많다. 그렇다고 한들 내가 생각하는 뜻을 오해 없이 가장 무난하게 전달할 수 있는 문장은 '덜 위험하고', '더 광범위한 용도'로 쓸 수 있는 문장이어야 한다.

외국어를 배울 때 절대 원칙이 있다. '외국어라는 사실을 잊지 마라' 는 점이다. 외국어를 모국어처럼, 즉 자연스럽게 시대 변화에 따라, 어떤 경우에는 변화를 주도하면서까지 앞서서 진보적으로 사용하기는 어렵다. 비어를 절대 쓰지 말고, 속어를 절제하고, 의심스러운 문장은 삼가는 것이 좋다. '보수적 운용' 이라는 표현이 있는데, 이건 증권이나 투자에 해당하는 것만이 아니다. 외국어 사용에서는 이 말이 절대 원칙이다. 비어나 속어, 기발한 표현과 새로운 비유에 능통해야 하지만, 절대로 함부로 써서는 안 된다. 언어의 예절은 영어의 경우라고 해서 예외가 아니다. '고운 말을 사용하자.'

1) 욕설

아이들이 제일 먼저 배우는 영어는 욕이다. 한국말에만 욕의 종류가 다양한 게 아니다. 영어는 그보다 더 심하다. 우리가 알고 있는 f로 시작하는 유명한 4음절 단어 외에도 수두룩하다. 말끝마다 붙이고, 말 중간마다 들어가서 욕인지 말인지 모르는 경우도 많다. 아이가 마구 떠들어대는 것만 보고 '역시 비싼 돈 들여서 외국여행시키길 잘했다' 든가 '조기 유학이 최고' 라고 쉽게 단정하지 않으려면 우리도 영어의 욕설이 어떤 모양인지 알고나 있어보자.

그냥 '너 뭐라고 했냐?(What are you talking about?)' 고 해도 될 걸 굳이 '제기랄 너 뭐라 했어?(What the hell are you talking about?)' 라고 해야 더 그럴듯하다고 생각하는 아이들도 있다. '날씨 참 덥다.(It's very hot.)' 는 싱겁게 더운 거고 '열나게 덥네.(It's bitching day.)' 라

고 해야 덥다고 느끼는 사람들도 있다. 영어 쓰기 좋아하던 어떤 엄마는 자기 아이에게 — 물론 둘 다 한국 사람이다 — 'You, stupid!' 라며 영어의 현장감을 높이는 교육을 하는 것도 봤다.

어떤 언어에서든 욕설은 단어 자체의 의미와는 무관하다. 오히려 그 단어가 지칭하는 내용이 그 문화에서 금기시되어 있다는 것을 표시할 뿐이다. 욕설이 사람들 사이에 빠르게 인기를 끄는 까닭도 이 때문이다. 금지된 언어를 쓰면 감정을 표현하기가 쉽고, 감정을 표현하기 쉽기 때문에 금지된 언어를 더 사용하게 된다. 우리나라는 존칭어 발달 측면에서 보면 아마 전세계에서 유례가 없는 나라에 속할 것이다. 그만큼 어떤 연령, 어떤 대상에 대한 언어 금기가 심하다는 말이 된다. 우리나라에 욕이 많은 이유도 이런 금기와 제한 때문이다.

영어의 욕설로 fuck만 있는 건 아니다. 영어권의 지역에 따라, 또 시대에 따라 유행하는 욕설도 다르다. 영화 〈진주만(Pearl Harbor)〉을 본 사람이라면 알아챘겠지만 2차 대전까지만 해도 최고의 욕은 'son of bitch' 였다. 전쟁의 끔찍한 상황이 새로운 욕을 필요로 하면서 미국 병사들 사이에 fuck이 급하게 퍼져나갔다. 당시에 미군들 사이에 알려진 약어 중에 snafu가 있고, fubb도 있다. 무엇의 약자인지 도무지 종잡을 수 없는 사람이 더 많을 테니 점잖은(!) 내가 어쩔 수 없이 털어놓을 수밖에 없다. Snafu는 'situation normal - all fucked up', fubb는 'fucked up beyond belief' 란다. 번역은 각자 하시라.

이만한 유행을 따를 것으로는 damn과 shit가 있다. 'Damn it' 은 자주 쓰이는 데 비해 오히려 goddamn의 사용이 줄어든 것도 유행의 변화다. 이걸 '저주하라'고 번역하면 욕하는 사람의 감정 전달이 안 된다. 물건을 찾으면서도 'damn it'이라 하고, 버스를 놓치고도 shit이라고 하는데 그때마다 '저주한다'느니 '뭐 같다'느니 하면 미국 사람들은 참 아무리 바빠도 그리 길고 의미심장한 말을 쓸 겨를이 있나 보다 오해하게 된다. 이때의 말은 의미를 담은 것이 아니라 그저 화를 드러내는 장치에 불과하다. Shit만으로 성이 안 찰 때는 bullshit도 하고 horseshit도 해서 애꿎은 황소나 말까지 들먹이는 것도 유행이다. 당나귀도 인기 동물이어서 donkey나 ass도 욕으로 쓰인다. 하긴 사람을 동물에 비유한다는 자체가 상스러운 일이다.

대소변이나 신체 일부, 성교에 관한 표현이 욕으로 쓰이기는 우리나 영어나 같다. Fuck이나 cunt, bollock가 신체 일부나 성교에서부터 유래되었다면 shit이나 piss는 대소변에서 나온 욕이다. Ass는 당나귀라는 뜻도 되고 궁둥이를 뜻하는 속어에서 유래된 욕이다. 말도 안 되는 짓을 하면 'kiss my ass'라고 하고 사람이 싫으면 'piss off'라고 하는데, 이걸 우리말로 옮기려고 '오줌 누라'고 해야 되나 고민하면 바보다. 그저 거친 감정을 살릴 수 있는 대응어를 찾아내는 것이 맞다. 단어의 뜻은 아니지만, '꺼져'라고 해야 'piss off'의 느낌이 남는다.

지역 간의 차이를 보이는 욕을 들자면 영국인들이 즐겨 쓰는 bloody가 있다. 영국에서는 fuck에 해당하는 빈도와 함축성을 담은 욕이 bloody다. 이 단어가 왜 욕이 되었는지 학설도 구구해서 누구는 'by Christ's blood'에서 왔다느니 누구는 성모 마리아를 따라 'by our(혹은 my) Lady'에서 왔다고들 하지만 그 모두 확인된 바는 없다. 이 욕은 유래도 길어 16세기까지 거슬러 올라가도 만날 수 있다. 셰익스피어의 극, 〈리차드 3세〉 중 리치몬드 백작이 하는 말이다.

'The bloody dog is dead.'

시동이 안 걸리는 고물 차는 bloody car, 차가 막혀 빠져나갈 수 없는 길은 bloody way, 마음에 안 드는 인간은 bloody mate, 기분이 나쁘면 bloody weather, 감기가 안 떨어지면 bloody cold가 된다, 가히 fuck에 버금가는 용도다.

Bugger는 미국에서 보다 영국에서 훨씬 심한 욕이다. 1934년까지만 해도 이 말을 쓰거나 말을 해도 벌금을 내거나 투옥되었던 것이 영국의 실정이다. 동성연애를 법으로 금지하고 처벌하던 당시 bugger는 욕이 아니라 동성연애자를 가리키는 의미심장한 말이었다. 미국에서는 이 단어를 그저 욕으로 쓰지만, 지금도 영국에서는 bugger에 이 연상이 남아 있으니 극히 조심해야 한다. 그렇지만 buggery는 범죄적인 성격의 동성연애라는 의미로 신문이나 법률 문서에서 엄연하게 쓰이고 있다.

셰익스피어 영어는 고상하다는 환상으로 모든 단어를 한 자 한 자 다 사전적 의미로 해석하지 마라. 그의 총 37작품의 극 중에 damned는 모두 105번 나온다는 계산이 있다. 〈줄리우스 시저〉는 셰익스피어 극 중에서, 또 16세기 당시로서는 거의 예외적으로 욕설을 볼 수 없는 작품이다. 셰익스피어도 욕을 썼으니 우리라고 피할 도리가 없을지 모른다. 나는 안 쓰더라도 상대방이 뭐라 하는지 알아들어야 하니, 욕설도 외국어라고 공부해둘 필요가 있다. 세상을 산 나이가 있는데 욕설이란 건 전혀 모른다고 할 수도 없다. 그렇지만 이 정도의 지식이면 충분하다. 또 설혹 이 정도도 몰랐다고 해서 영어라고 욕을 못 알아듣는 사람은 없다. 상대방이 아주 분명하게 자기 감정을 드러내기 때문이다. 따라서 감정을 조절할 줄 모르는 미개인임을 드러내고 싶은 사람만이 욕에 의존한다는 사실을 기억하길 바란다.

욕설에 얽힌 점잖은 이야기로 끝을 내자. 18세기에 닥터 존슨이 영어 사전을 처음으로 만들었다. 귀한 마나님이 그 사전에 욕이 들어있다고 박사에게 비난을 보냈다. 그의 대답.

"So you've been looking for them, have you, Madam?"

그러니 부인께서 그걸 찾기는 하셨나 봅니다, 그렇죠?

고상한 부인께서도 이럴진대 말 배우는 아이들이나 외국어 배우는 우리들이 영어 욕을 배우지 않는다는 보장이 없다. 그저 욕만 배운 걸로 영어 다 배운 양, 영어 유창해진 양 착각이나 말기를 바랄 뿐이다.

2) 수다

욕설을 배울 수 있다는 것만이 '말' 위주 언어 교육의 문제는 아니다. 문법과 읽기 위주의 영어 공부만 해 온 우리로서는 다시 그 정반대 쪽에서 해답을 구하지만, 어느 방법이든 지나친 과신에는 문제가 따른다. 회화 위주, 말 위주로 하는 영어 교육의 한계와 문제점은 분명하다. 우리말 경우로 생각해보자.

언어 장애나 발성 장애가 없는 한국인이라면 누구나 다 할 줄 아는 한국어지만 그 언어를 바르고 정확하며 품위 있게 쓸 줄 아는 한국인은 몇 안 된다. 품위까지는 아니라 하더라도 바르게 쓸 수 있으려면 상당한 언어교육이 필요하다는 것을 알고 있다. 같은 한국 사람 중에서도 말을 잘 하는 사람이 있다. 내 말은 꼭 소설가나 시인, 연설가를 말하는 것이 아니라, 필요한 순간에 필요한 말을 적절하고 참신하게 잘 쓰는 일반인들을 가리키는 말이다. 따라서 오랫동안 익숙한 표현을 빌려보면, '말을 한다는 것과 말을 잘 한다는 것은 다른 이야기다(Talking and eloquence are not the same : to speak, and to speak well, are two things).'

말 위주로 언어를 배우게 되면 쉽게 일상적인 대화나 잡담을 나눌 수는 있다. 그렇지만 외국인을 만나 직접 살아 있는 언어를 써야 한다는 불안과 공포를 극복하고 몇 마디나마 일상적인 사무를 나눌 만하게 되면 어느 순간 '말할 수 있다'는 자신감이 중요한 것이 아니라, '무슨 할 말이 있느냐'는 대화 내용이 중요하다는 것을 깨닫게 된다. 영어로 말할 줄 안다는 것을 과시하기 위해 떠드는 데에는 한계가 있다.

더욱이 우리가 외국인과 말을 해야 할 상황을 떠올려 보면 대부분 사업상, 학문상, 외교상, 무역상 어떤 필요에 의해서 부닥뜨리는 경우임을 알 수 있다. 반드시 어떤 주제와 목적을 가지고 만나게 된다는 뜻이다. 마음 편하게 잡담이나 하자고 외국인을 만날 수는 없는 노릇이다. 흔히 가정주부들을 대상으로 하는 경우나 여행이나 휴가를 목적으로 회화 공부를 할 때 대화 내용들은 마치 우리가 그들과 이웃처럼 드나들며 '밥 먹었니, 반찬은 뭐니'를 물어볼 경우가 있으리라는 환상을 주지만, 마음 가벼이 잡담을 나눌 정도의 사이가 되려면 사람 사이에 시간이 필요하다. 서양인이라고 예외가 아니다. 알다시피 서양인들은 우리보다 낯선 이들에게 친절하지만 대신 우리보다 가까워지는 데 오랜 시간이 걸린다.

영어에 대한 가장 큰 오해는 모든 사람들이 영어를 쓰면 무조건 수다스러워져야 한다는 믿음이다. 모국어 상황에서 말을 절약하던 사람은 영어를 할 줄 안다고 해서 숨 가쁘게 A 다음에 언제나 바로 B가 이어지는 회화 책처럼 떠들지 않는다. 아니 떠들 수가 없다. 그건 그 사람의 '품성(character)'이 아니기 때문이다. 사용언어가 바뀌었다고 인간 자체가 바뀌는 건 아니다. 또 '영어로 떠들 줄 안다'는 것에서 '영어를 (제대로) 한다'까지 이어지려면 아주 오랜 연습이 필요하다. 그 연습 중에는 '쓸데없이 영어로 떠들지 않는' 적절한 침묵도 들어가 있다.

외국인 혐오증이나 자폐증 같은 심각한 소통불능의 상태가 아니더라도, 개인마다 과묵하고 수다한 정도의 차이는 있다. 너나없이 영어를 잘해야 한다는 강박관념에 사로 잡혀 있다 보니 가끔 영어 사용권의 사람들만 보면 어떤 말이라도 해서 자신도 영어를 못하는 바 아님을 국민 모두에게 알려야 한다고 생각하는 안타까운 사람들이 있다. 외국에 살다 보면 이런 일들을 더 자주 본다. 1년이나 2년, 잠깐 사는 사람들은 특히 더 심해서, 서양 사람만 보면 마치 총잡이가 총을 뽑듯 항상 회화 연습을 할 만반의 준비를 하고 있다. 그런 가운데 가만히 있는 한국 사람을 보면 '흠, 영어를 나보다 못하시는군' 은근한 무시와 흐뭇한 자기만족까지 느끼기도 하는 사람이 있다. 혹시 잊을까봐 다시 상기시키는 바인데,

웅변이 은이라면 침묵은 금일 수 있는 상황이 외국어 연습에도 있다.

지난 여름에 서울에서 겪은 일이다. 은행에 갔다가 외환창구에서 우연히 브라질 사람이 불만을 신고하는 걸 보게 되었다. 나중에 알았지만 그 사람은 영국 대학에서 박사를 했고 미국 회사에도 근무했었던 경험이 있어 영어를 아주 매끄럽게 구사했다. 그의 불만은 이 은행에서 환전을 했는데 환전율이 원래 은행에서 알려 준 거보다 나쁘다는 것이었다. 은행은 매도율과 매수율 중에서 은행에게 유리한 쪽을 알려준 모양이었다. 그는 계속 같은 내용의 불만을 토로했고, 은행 창구 직원은 또 같은 말을 어색하게 반복했다. 창구 저편에 있는 좀 높은 듯한 자리의 직원들은 아무도 그 근처에 얼씬거리지 않은 채 손님들 중에서 가끔 느닷없이 이 외국인에게 영어회화 연습만 하다 갔다. 그의 표정에 점점 짜증과 불만이 가득해졌다.

문제는 그 상황을 창구 직원이 '영어로' 즉석에서 다 감당하려는 데에서 더 어려워졌다. 그가 원하는 건 책임 있는 사람의 적절한 설명이었다. 또 필요하다면 사과까지 곁들인 설명을 원했던 것이다. 즉석에서 그것이 불가능하다면 적절한 불만 접수 절차를 알려주어야 했다. 그런데 나중에 들은 바로는 우리나라 은행의 관행은 '일단 창구에서 막으라' 는 것이란다. 이런 사정이니 창구 직원은 자신이 해결할 능력도 없으면서 오로지 그 중 영어를 할 줄 아는 젊은 사람이라는 이유로 계속 설득되지 않는 말을 하고 있었던 것이다. 결국 서둘러 은행의 정식 불만 접수서류를 (만들어) 가져왔고 그는 거기에 자신의 불만 사항을 적어 (갑자기 생긴) 불만센터에 접수하는 것으로 끝났다. 약간 시간이 걸렸고 당황했지만 그도 만족했고, 은행도 가는 손님을 보니 안도했다. 그 다음 은행측이 그의 불만에 적절한 답을 했는지는 모르겠다.

이 경우에도 영어가 문제가 된 건 아니다. 오히려 영어로 당장 해결을 보려는 그 고집이 문제다. 외국인과 사이에 생겨나는 모든 문제는 영어 때문이라고 지레 생각하고 무조건 영어(언어)로 다 해결하려 드는 건 큰 실수를 낳을 수 있다. 외국인이라도 문화인으로서 공통된 절차와 구조를 따라주면 작은 언어소통의 불편을 큰 문제로 삼지 않는다. 한국식으로 생각해보면 은행에 불만접수창구가 따로 있는 건 다 알고 있다. 물론 그 창구가 외국에서처럼 활발하게 운영되지 못한다는 것이 다를 뿐이다. 이 다름은 일단 젖혀두고 외국인에게 그 창구를 알려주었더라면, 차라리 신속하고 믿음직하게 그 상황을 정리할 수 있었다.

모국어 상황으로 돌이켜보면 모든 일이 다 말로 해결되지 않는다는 걸 누구나 알고 있다. 말만 잘 한다고 어디에서나, 무슨 일이나, 할 수 있는 것은 아니다. 옛날처럼 변사가 되든가, 약장사가 되면 모를까 말 하나 잘 한다는 걸로 세상사는 기술을 익혔다고 하지 않는다. 이 당연한 명제를 영어 사용에서도 기억하고 있어야 한다. 말에만 무조건 기대는 것보다는 그때마다 빠르게 상황과 문화를 이해하려는 태도가 더 귀한 소통 수단이 된다.

4. '말'을 넘어

　몇 번 영국에 나와 사는 동안 이런 저런 인연으로 한국에서 초등학교 다니는 꼬마들 서너 명이 영어 배운다는 이유로 영국을 다녀갔다. 아이들을 대상으로 하는 학교와 학원에 다니면서 짧게는 2주일에서 길게는 3달 정도까지 이 꼬마들은 영어를 익히고 서양 문물을 접할 기회를 가졌다. 모두 다 영어 공부에 열성이라고 하지만 외국까지 아이를 보내서 영어 공부를 시키려는 부모는 교육열이나 경제력이 평균 이상이라고 보아야 할 것이다. 예외 없이 이 아이들은 한국에서도 외국인에게 영어 공부를 했고, 배운 걸 다지고 또 그 수준을 확인하기 위해 짧은 시간이나마 외국 연수를 감행했었다. 그런 만큼 모두 어느 정도 영어에 대한 안목을 가지고 있었고, 나름대로 영어의 중요성을 느끼고 있었다.

그러나 곁에서 관찰해 보면 우리 집 아이들을 포함해서, 개인 차이에도 불구하고 일정한 패턴이 있다는 것을 알게 되었다. 아이들은 모두 처음 하루 이틀 정도 수줍음을 타서 인사말도 못하고 머뭇거리며 자기 이름이나 간신히 말할 정도로 시작했다. 서울에서 외국인 선생한테 영어 회화시킨다고 교육비를 썼던 엄마들은 쭈뼛거리는 아이들을 보면서 괜한 돈 낭비만 했다고 속상해 했다. 그러나 며칠 지나지 않아서 곧 바로 아이들 특유의 적응력으로 간단한 인사나 자기 소개는 물론 제법 긴 이야기도 할 정도로 발표력이 늘어갔다.

이 경우에 영어 실력이 늘었다는 표현은 적절하지 않다. 그들이 이미 어느 정도의 영어 실력을 가지고 있었기 때문이다. 단지 그것을 적절하게 발표할 기회를 가지고 있지 못하다가 며칠 사이에 영어 실력을 드러낼 표현 창구를 찾은 것에 불과하다. 어쨌든 아이들은 꽤 재미있어 하면서 영어 사용에 대한 두려움을 극복하게 되었다.

그러나 어느 정도, 아마 우리나라의 영어 교과서 수준으로 치면, 중학교 2학년 말이나 3학년 정도쯤 되어 긴 영어 책을 읽을 수 있는 수준이 되면, 이제 필요한 것은 용기나 배짱이 아니라 풍부한 어휘와 표현력이라는 것을 깨닫는다. 아이들은 두어 주일 지나면서 자신이 가지고 있던 영어 용량이 고갈되는 것을 느끼고 조금씩 초조해 했지만, 서양의 느긋한 교육 방법으로는 그런 갈증을 단기간에 채워 주질 못했다. 연수가 끝나 한국으로 돌아갈 때쯤 되면 하나같이 꼬마들은 맹세를 했다. '단어를 열심히 외워야겠어요.'

영국의 초등학교에서는, 어떤 경우에는 중등학교에서도, 단어 시험을 본다. 우리나라는 보통 국어 받아쓰기 공부를 초등학교 2학년쯤에 끝마치는 데 비해, 영국은 학교나 선생님마다 차이가 있지만 대체로 초등학교를 졸업하는 학년까지 계속 단어시험을 치른다. 우리나라처럼 100단어, 200단어 외우기라든가, 두어 단원 배운 중에 선생님이 임의대로 고른 몇 단어를 시험 보는 고난도의 수준이 아니라, 기껏해야 그 주에 책에서 새로 나온 단어를 10단어에서 20단어 정도 일주일 내내 외우도록 하고 시험을 보는 식이다. 우리처럼 욕심이 많아서 파생어, 동의어, 반의어, 동음이의어 따위를 한 바닥 보너스로 외워야 하는 부담이 전혀 없다. 게다가 그 단어들은 모두 어떤 식으로든 연관이 있는 것들이다. 모두 다 음식에 대한 단어라든가, 가구에 대한 말이라든가, 아니면 '-tion'으로 끝나는 명사 혹은 '-ance'로 끝나는 명사처럼 형태상으로라도 연관이 있다. 그러다 보니 짓궂은 아이들은 '-tion'으로 끝나는 단어만 보면 줄줄이 invitation, deportation, argumentation, stimulation, vibration 어쩌고 하면서 끝도 없이 이어가는 장난을 하기도 한다.

아마 우리나라 학생들 같으면 모두 100점을 맞을 시험이다. 선생님들 역시 1주일에 그 정도 외워 가지고야 무슨 발전이 되겠느냐고 믿지 못할 것이 분명하다. 영어 사용권이기 때문에 이런 식으로 느긋한 접근이 가능한 것인지, 아니면 그들의 교육 방법이 전반적으로 그렇게 느긋한 것인지는 나중에 다시 생각해 보고, 지금 여기에서 하고 싶은 말은 책에서 어휘를 익히고 암기하고 시험 보는 방법은 영어권에서도 여전히 적절한 교육 방법이라는 점이다. 회화 위주의 영어 교육이라고 해서 단순히 '떠드는' 것만이 아니다. 책과 암기의 교육적 효과는 언제나 남아 있다.

고급의 언어는 일상적인 말, 장터에서 주고받는 말이라기보다는 심사숙고해서 쓴 '글'에서 찾을 수 있다. 어떤 언어에 숙련되기 위해서는 그만큼 쓰기와 읽기에 전념하고 관심을 가져야 한다는 뜻이 된다. 간단히 말해서 좋은 책을 읽고, 일기라도 좋으니 자주 글을 써 본 사람이 고급 언어를 사용하게 된다는 것이다. 그렇다면 능숙하고 발랄한 영어 못지않게 정확하고 반듯한 '영문'을 배우는 것은 당연한 일이다.

5. '말'이 되는 '글'

　영국인들이나 미국인들이라도 비영어권 사용자에게 '그 사람 참 영어 잘 한다'는 칭찬을 할 때가 있다. 물론 이때 칭찬은 영어학원 선생님들의 무조건 '옳소'용 칭찬이 아니라 진정한 의미에서 언어사용의 고수에게 던지는 감탄이다. 어떻게 외국인이 모국어 사용자보다 더 영어를 잘 할 수 있을까. '말을 잘 한다'는 데에는 그저 말을 떠든다는 의미와는 다른 함축이 들어있다.

　남편이 MBA 과정을 할 때 일이었다. 이 과정은 영어권 사람들 중에서도 유별나게 말을 잘 하는 사람들이 모이는 과정이다. 아직도 우리나라 사람들 중에는 경영학 석사에 불과한 이 과정을 마치고 학위를 '따기만 하면' 돈벼락을 맞고 졸지에 팔자가 바뀌는 것처럼 오해하는 사람이 많은데 이처럼 큰 무지는 없다. 우선 이 과정은 조용하고 깊이 있는 학자를 훈련시키자는 것이 아니다. 오히려 일종의 집중적인 직업훈련과정이라고 해야 옳다. 이미 어느 정도 해당 직업에서 숙련도를 얻은 사람들이 더 높은 자리와 연봉을 위해 달려드는 곳인데다, 분야가 경영이나 관리 위주라 보니 그 말솜씨가 일반인들의 평균수준을 훨씬 넘어선다. 간신히 영어 자격시험에 통과한 실력이라면 이 과정을 마칠 수 있을지는 모르지만, 졸업 후 영어권의 실제 직업 환경에서 살아남기가 어렵다. 영어를 능숙하다 못해 탁월하게 구사해야 하기 때문이다. 공학을 전공한 남편은 그 과정 내내 불평이었다. '살다살다 이렇게 말 좋아하고, 말만 하고, 말로 다 하려고 하는 인간들 못 봤다' 가 '공돌이' 의 불만이었다.

그 학생들 가운데 중국에서 영문학을 전공했던 여학생이 있었다. 그녀는 언제나 강한 중국 억양으로 영어를 했고 간간이 중국어 사용자 특유의 문법의 실수도 있었다. 그렇다고 자기 할 말을 못 하는 적은 없었다. 주변 영국 학생들은 너나없이 그 중국 학생이 '영어를 잘 한다' 고 했다. 수다하고 말도 잘 하는 영국 학생들이 하는 말이니 남편은 놀랄 수밖에 없었다. 어떻게 그럴 수 있느냐는 질문에 대답은 한결 같았다. '걔는 셰익스피어도 읽었잖냐.'

우리도 셰익스피어를 읽기는 읽는다. 문제는 그 독서가 언어사용과 활용에 이용되지 못하다는 데에 있다. 아니, '못하는' 정도가 역효과가 날 때가 있다. 심지어, '영문과 출신치고 영어 잘 하는 사람 못 봤다' 는 가슴 철렁한 진실도 이미 천하가 다 알고 있다. 더 나아가 '서울대 출신이 영어 제일 못한다' 는 비서울대 출신들의 복수심에 가득 찬 악담까지 가세한다. 언중유골(言中有骨)

에 취중진언(醉中眞言)이라고 이런 소문들에는 분명 어떤 깊은 뜻이 있다.

1) '집에 가는 길'

아직 그 헌병을 기억하고 있다면 다음의 실제 사건이 그보다 좀 더 세련된 중증 영어 강박증의 양상을 보여준다는 것을 곧 알게된다. 우리나라 헌병 만이 영어에 고집스런 태도를 가진 건 아니다. 우리와 같은 정도의 영어 공포증을 앓는 민족으로 일본인을 소개한다. 일본인이 겪은 사연은 '문산 가는 길' 이 아니라 '집에 가는 길' 이었다.

세계 여러 나라에서 오로지 영어를 배우자는 한 가지 목표로 젊은 사람들, 가끔 늙은 사람들까지도 런던으로 모여든다. 런던에는 그 수요만큼이나 다양한 영어학원들이 넘쳐 있다. 이런 외국인들을 상대로 영어를 가르치는 영국인 여선생이 있었다. 어느 날 학생들의 영어 에세이를 검토하고 있다가 유별나게 잘 쓴 글을 발견했다. 4장 가까운 길이의 제법 긴 글에서 선생은 별다른 문법적인 문제점을 찾지 못했을 뿐 아니라, 논리 정연한 사고의 전개 방식에 감탄까지 했다. 더욱 놀란 것은 이 학생이 일본에서 갓 도착한 신입생이란 점이었다.

퇴근하고 집으로 가는 길에 선생은 우연히 버스 정류장에서 그 일본 학생을 만났다. 반가운 나머지 선생은 그간 일본 학생들에 대한 경험을 완전히 잊고 물었다.

'너 어디 사느냐' , 물론 일본어가 아니라 영어였다.

"Where do you live?"

평범한 이 영어를 그에게 이해시키는 데 20분이 걸렸다. 다행히 버스가 오는 바람에 새 질문을 하지 않고 헤어질 수 있었다.

'아무려면 그렇기야 하겠냐' 고 되묻는 사람이 있다면 다시 한 번 헌병 아저씨의 공포감과 '부정적인 자기 암시' 를 기억하는 게 좋겠다.

'집에 가는 길' 의 주인공은 일본인 학생이다. 일본의 언어 교육과 언어 상황은 우리와 아주 유사하다. 필시 일본이 우리 것을 모방하고 있는 모양이다. (아니, 그 반대인가?) 일본은 진작부터 서양을 숭배했다. 그 덕분에 G7까지 되었는지 모르지만, 그 나라의 경직된 사회 및 사고 구조가 서양 숭배를 부추긴 점도 많다. 학과 성적만을 절대시하는 단선적인 가치 체계로 체제순응의 온순형 인간만이 생존할 수 있다는 분위기가 강하다. 영어 교육도 '시끄럽고 산만한 말하기' 보다는 '조용하고 깊이 있는 글읽기' 를 강조한다. 일본의 영어 문법참고서는 세계 최고의 고난도를 자랑한다. 이 학생은 바로 그런 문화에서 영어를 배웠다. 이 일본인 학생의 문제를 너무 잘 이해할 수 있다는 것이 오히려 우리들의 문제다.

'집에 가는 길' 과 '문산 가는 길' 에 다른 점이 있다면, '집에 가는 길' 에는 아주 능숙하게 언어를 구사하는 성인이 등장한다는 점이다. 그의 사고 전개 과정도 나무랄 데 없고, 외국어의 문법 지식에도 정통하다. 쓰기에서 어느 수준에 다다른 사람이라면 고급의 영문을 많이 읽었던 사람일 것이 분명하다. 다시 말하자면, 영문과에 서울대였다는 이야기가 된다.

예전에는 그 정도면 영어를 잘 한다고 나도 속고 남도 속았다. 이제 세계화라니 서양 사람들도 우리나라에 들어와 떠들고, 한국 사람들도 외국인과 만나 영어로 떠들어야 하는 사정이라 '그 정도면 됐다' 고 생각하는 사람은 없다. '영어 좀 배웠다고 다 잘 하냐' 고 오히려 되묻는다. 드디어 우리도 영문과 영어의 차이를 깨닫게 된 거다. 영문을 많이 읽고 쓸 수 있을 정도가 되면, 영어도 당연히 그 정도까지 된다고 생각한다면 이는 아주 단순, 무지한 발상이다.

'집에 가는 길' 의 대답은 누구나 알다시피 바로 불균형학습에 있다. 영문은 과잉학습되고 영어는 과소학습되는 교육상황에서는 영문에 능숙한 사람일수록 오히려 영어에는 불편함을 느끼는 기이한 현상이 생긴다. 영문과 영어가 물론 원수는 아니다. 둘 다 영어의 다른 영역일 뿐이다. 그런데 문제는 한 영역이 일방적으로 지나치게 학습되었다는 데에 있다. '공부 많이 하면 좋지, 무슨 그런 억지가 있느냐' 고 하겠지만, 인생 만사 그렇듯이 공부도 지나치면 좋지 않다. 특히 언어의 경우는 그렇다.

초등학교부터 누구나 성적표를 받아온 사정이니 모두 알고 있는 사항이 있다. 성적표에 보면 국어 혹은 언어과목은 4가지 영역으로 나뉘어 있다. 쓰기, 읽기, 말하기, 듣기가 그 영역들이다. 이것이 언어의 4가지 영역임은 나라 구별 없이, 시대 구별 없이 동의하는 바다. 4가지 영역을 다시 또 둘로 묶을 수 있다. 쓰기와 읽기는 문자 언어로, 말하기와 듣기는 구두 언어로 나누게 된다. 즉, 하나는 글이고 하나는 말의 영역이 된다.

읽기와 듣기는 각각 글과 말에서 정보 수집의 차원에 속한다. 반면, 쓰기와 말하기는 각각 글과 말에서 정보 생산의 영역에 속한다. 이해를 돕기 위해 다시 설명하면, 듣기를 많이 한 사람은 말하는데 필요한 정보, 즉 어떤 말투, 어떤 음량, 어떤 순간에 맞는 어떤 대답뿐 아니라 어떤 제스처, 어떤 눈길, 어떤 태도까지 익히게 되어, 자신의 말하기 순서가 되었을 때 훨씬 더 말을 잘 할 준비가 되어 있다. 많은 연애 경험을 통해 연애 박사가 되면, 여자가 좋아하는 말을 여자가 좋아하는 순간에 날릴 수 있는 탁월한 말주변을 습득할 수 있다. 그렇지만 정작 좋은 연애소설을 쓰고 싶다는 꿈을 갖고 있다면, 연애소설을 많이 읽어야지 괜히 연애만 하고 다닐 일이 아니다. 읽기를 많이 한 사람은 글에 대한 정보를 많이 가지게 되고, 따라서 쓰기를 잘 할 확률이 높아지기 때문이다.

이쯤 되면 어디 사는지 몰라 집에 못 가는 일본인의 영어 사정을 이해하는 거리에 가까워진다. 그는 영국인이 인정할 만큼 능숙하게 영문을 쓸 수 있다. 그런 정도의 실력을 갖춘 사람이 일본을 떠나 영국에, 그것도 순전히 영어를 배우자고 왔다. 그 학생이야말로 자신의 영문 수준과 영어 사용 수준의 현격한 차이를 느끼고 있었던 것이다. 그는 런던에서 이 차이를 극복하려고 애쓰고 있었다. 분명하고 정확한 문장을 쓰는 사람이니 자신의 허술하고 어눌한 말이 얼마나 마음에 들지 않았을지 짐작이 된다.

이 평범한 경험을 그럴듯한 용어를 동원해 설명해 보자. 이미 모국어를 습득한 성인이라면 '언어적 자아의식(language ego)'이 형성되어 있다. 자신을 표현할 언어의 축을 이미 확보했기 때문이다. 아무 실수 없이, 의식적 노력 없이 흐르는 물처럼 나를 표현하고 세계를 정리할 언어를 가지고 있는 마당에 외국어가 들어온다. 자신이 사용하는 언어, 모국어가 지금 배우고 있는 외국어보다 편하다는 건 말할 필요도 없는 사실이다. 잘하는 걸 계속 하고 싶고, 못하는 건 하기 싫은 게 인지상정이다. 언어사용도 그렇다.

낯선 언어보다는 이미 확인된 언어에 집착하게 된다. 언어사용의 원하던 수준에 다다라 있기 때문에 그 수준을 보존하려는 욕구가 강하고, 따라서 그 수준에 다다르지 못하는 외국어에 대한 거부도 강하다. 이런 보호 의식이 강하다 보니 실수를 더욱 두려워하게 된다. 실수와 창피를 의식하다 보니 되도록 그럴 기회를 피한다. 취직도 해야 하고, 승진도 해야 하니 언어학습에 대처하지만, 마지못해 방어적으로 학습(defensive learning)하게 된다.

너무 어렵고 진지하고 깊이 있는 영문을 많이 읽고 해석하고 분석하고 외웠지만, 막상 외국인을 만나면 그리도 쉬운 인사말이 나오지 않는다. 발음이 어색할까 두렵고, 상대방이 못 알아 들을까 봐 무섭다. 영어를 배우고 영어를 읽으면서도, 어찌 보면 영어를 열심히 하면 할수록 영어를 두려워하게 만드는 것이 일본인들의 영어 교육이고 우리의 영어 교육이다. 헌병 못지않게 집에 가는 길을 모르는 일본 학생도 우리 처지다.

헌병은 실제 환경에서 영어를 접하지 않았기 때문에 영어공포증을 앓고 있었다면, 이 학생은 그 공포감을 기본으로 두고 그에 더하여 또 다른 강박관념까지 가지고 있었다. 그만한 문장을 쓰는 사람이라면 언어 표현의 자기 기대수준이 높아질 수밖에 없다. 다른 사람들은 '그저 입이나 떼어 봐야지'를 기대할 때 그는 유창하면서도 정확한 언어를 써야 한다는 강박관념에 시달린다. 영문과 출신은 외국에 나가서 절대로 자기 전공을 밝히지 않는다는 말이 있는데, 이 농담반 진담반 속에 숨어 있는 진실은 자기 언어 표현에 대한 기대가 크면 오히려 부정적으로 작용한다는 점이다. 사실 장기적으로 보면 영문을 많이 본 사람이 불리한 건 아니다. 당연히 유리하다. 언젠가는 반드시 아름답고 고상하고 품위 있는 정통 영어를 할 날이 온다. 그런데 이 복수의 날이 언제인지 기약이 없다. 입을 뗄 수 없으니 언제 여왕님의 영어를 말할 것이며, 또 여왕님의 영어만 해야 하니 또 언제 입을 뗀단 말인가. 나의 영어를 여왕의 영어와 연결하는 고리가 어딘가에서 빠진 것이 분명하다.

2) '말'을 담은 '글'

글을 통해 말로 가려면 말을 담은 글을 많이 접해야 한다. 지금까지 그렇다고 등장인물 A와 B가 단골인 인공적인 분위기의 회화책을 말하는 건 아니다. 드라마 출연 약속이 있어 회화책을 대본 삼아 연기연습을 하는 사람이 아니라면 기계적인 암기 위주의 회화책은 문법책 못지않게 따분하고 지루하다. 교육적 효과도 의심스럽긴 마찬가지다.

외국 여행이 코앞에 닥치자 성급하게 회화 공부를 시작한 어른이 계셨다. 좋다는 회화 테이프와 책을 구입했고 외국인 선생님과 잦은 회화 시간을 가지며 필승의 준비를 마쳤다. 마침내 캐나다에 내려 그간 배운 실력으로 차도 타고 밥도 먹었다. 어느 날 거리를 지나는데 마음에 드는 물건이 눈에 띄어 가게문을 열고 들어선다.

그의 질문.

"May I help you?"

이 분은 끝끝내 물건을 못 사고 나왔다. 왜 그랬을까 각자 물어 보라.

이 분은 영어 회화책을 두고 너무나 열심히 공부한 덕에 말문이 트인 데까지는 성공했는데, 잠깐 방심한 사이 A와 B의 자리를 혼동했다. '뭐 찾으세요' 라고 A가 물어야 하는데, 가게 점원이 A가 될 준비가 안 되어 있다 보니 B를 해야 하는 어른이 갑자기 A를 해버린 거다. 점원이야 자기 가게에서 물건을 파는 일만 하는 사람인데 갑자기 웬 동양인이 들어와 '뭐 사겠느냐' 고 물으니 황당할 밖에.

이런 회화책보다는 차라리 재미있는 아이들 책을 새로운 영어 교재로 권하고 싶다. 예전부터 전해져 온대로 영화도 영어 교재로 좋다. 유행하는 노래도 좋다. 아이들 게임이나 CD도 이용할 수 있다. 그리고 믿으려 하지 않겠지만 만화도 정말 좋다. 물론 좋은 만화여야 좋은 영어를 담고 있다는 전제에서다. 영어가 수월한 사람이라면 영어 신문이나 잡지, 특히 '신사 숙녀들이 요란을 부리는' 잡지도 읽을거리로 좋다. 영어만 해골처럼 따로 떨어져 나온 책이 아니라면, 영어도 배우고 문화도 익히고, 내용도 배우는 것이라면 한번쯤 내 시간과 노력을 투자할 필요가 있다.

엠마 톰슨과 안소니 홉킨스가 주연한 영화 〈남아 있는 나날(The Remains of the Day)〉을 본 사람들이 있을지 모르겠다. 워낙 흐릿한 배경의 영국 영화가 무술과 사랑으로 넘치는 한국 시장에서 인기를 얻기는 어렵다. 영국 영화는 또 지나치게 영국풍을 강조해서 어떨 때는 그들의 문화우월감이 조금 버겁기도 하다. 이 영화는 비교적 그런 편견에서 자유롭고, 그러면서도 영국과 영국인에 대한 묘사가 아름다워서 기억에 남는다.

영화를 본 사람들은 영국의 서부 해안을 배경으로 나타나는 아름다운 전원과 넓은 장원, 고풍스러운 건물들을 기억할 것이다. 달링톤 경의 충실한 집사인 스티븐스는 평생의 꿈이 '품위 있는 위대한 집사'가 되는 것이었다. 모두 다 막연히 제일인자가 되어야 한다는 세상에 위대한 귀족이라든가, 위대한 장군, 위대한 대통령이라면 모를까, 위대한 집사라는 말이 뭐냐고 반문하겠지만, 그 영화에서 집사 스티븐스가 그 직업의 전문성을 얻기 위해 얼마나 큰 희생과 인내를 감당하는가를 보고, 각자의 세계마다 미와 위대함의 단계가 있기 마련이라는 깨달음과 감동을 얻게 된다. 누군가의 말대로, 도에 이르는 길은 따로 없으니 대도무문(大道無門)이다.

영화 평론이 아니니 안소니 홉킨스의 연기라든가 비오는 날의 이별 장면 따위를 따지지는 않는다. 또 원작과 영화가 은근히 다르다는 점을 따지지도 않겠다. 단지 그 영화의 원작 소설을 쓴 사람은 일본인 가주오 이시구로(Gazuo Ishiguro)라는 사실을 밝혀야겠다. 물론 이 사람은 '바나나 인간'이다. 피부색만 노랗다 뿐 그 안은 백인보다 더 흰 백인이라는 말이다. 이시구로는 6살 나이에 영국으로 건너와 영국에서 교육을 받았다. 지금 그는 영국에서 글을 쓰며, 영국에서 살고 있다. 영국인들조차 그렇게 영국적인 소설을 쓸 수 없다고 하는 소설을 쓴 사람이니 그가 영국 문화와 영국인에 정통하다는 걸 새삼 말할 필요가 없다.

영화도 멋지지만 소설은 더 감동적이다. 몇 년 전 '부커 상(Booker Prize)'을 받은 소설로 전혀 손색이 없는 글솜씨다. 그렇게 멋진 소설 중에서 유독 가슴에 와 닿는 말이 외국어 교육에 필요한 부분인 걸 보면 나도 참으로 '비소설적인' 사람이다. 아마 이 선별적 기억력은 영국에 사는 외국인으로서 내가 영어에 갈증을 느끼고 있다는 증거인지도 모르겠다. 또 스티븐스의 말 속에 일본인인 작가의 말이 개입되어 있지 않을까 하는 추측 때문이기도 할 거다.

20세기 초엽, 2차 대전 발발 전까지 스티븐스가 달링톤 경의 집사로 일하던 시절 집사들의 가장 중요한 자질은 '좋은 발음과 표현'이었다. 마치 우리들과 같은 입장이다. 위대한 집사가 꿈인 그는 훌륭한 언어 구사력을 얻기 위해 노력한다. 그가 권하는 방법은 이렇다.

> 좋은 영어를 익힐 수 있는 손쉬운 방법은 여가 있을 때마다 잘 쓴 책을 몇 장 읽어보는 것이다. … (내가 다소 감상적인 이런 소설을 읽은 이유는) 그런 작품에서 뛰어난 영어를 만날 수 있는데다가, 고상한 대화까지 읽을 수 있어 나에게 상당히 실질적인 도움을 주기 때문이다. 무거운 책, 즉 학문적인 연구물은 지적으로 향상시켜 줄는지 모르지만 신사, 숙녀들과 정상적인 대화를 나눌 때 쓰기에는 별로 도움이 안 되기 십상이다.

지금까지 우리는 '무거운 책'으로만 공부하는 바람에 '신사, 숙녀들과 정상적인 대화를 나눌 때' 별로 도움을 받지 못했다. 이제 '여가 있을 때마다' 잘 쓴 책을 몇 장 읽어보면서 '뛰어난 영어'도 만나고, '고상한 대화'까지 익혀보도록 하자.

(1) 동화

우리가 성급하게 배우려는 고급의 영어보다도 아이들이 읽는 동요나 동화에 훨씬 재미있고 아름다운 영어들이 많다. 운율까지 맞추어져 있어서 얼마나 즐겁게 암기가 되는지 모른다. 부드럽고 상냥한 그림을 통해 문화 차이까지 생생하게 느끼게 된다. 『비즈니스 위크』가 '초등학생이 읽는 동화 나부랭이'보다 고상하다고 생각한다면 우스운 자만이다. 성서와 신화 연구에다 글까지 잘 쓰는 것으로 널리 알려진 중세학자 루이스(C. S. Lewis)는 『나르니아(Narnia)』라는 가상의 왕국을 배경으로 하는 연속적인 동화를 남겼다. 로알드 달(Roald Dahl)의 동화는 괴상한 『마틸다(Matilda)』까지 포함해서 아주 고운 그림처럼 다가온다. 다정하면서도 명료한 그의 영어를 읽고 있노라면 그 속의 문화와 언어가 함께 남는다. 최근에 해리 포터는 말할 것도 없다.

동화가 우수한 영어 교재가 될 수 있는 이유를 말하자면 이렇다.

첫째, 유명 소설의 축약본보다 동화가 훨씬 더 문학성이 있다. 루이스 뿐 아니라 톨킨, 『위니 더 푸우』의 밀른, 『이상한 나라의 앨리스』의 루이스 캐롤, 또 최근의 롤링까지 영어권에는 문학성이 뛰어난 동화 작가들이 많다. 우리는 동화를 아동교육용 교재라고만 보지만 영미권에서 동화는 교재가 아니라 문학이 된 지 오래다. 동화에서 쓰이는 언어 표현과 내용, 주인공에 대한 묘사도 뛰어날 수밖에 없다. 이 말을 달리 하면 동화는 참 '재미있다'.

둘째 동화는 짧다. 그래서 아주 어린아이들 용이라고 치워버리지만, 바로 그런 이유로 짧은 시간에 완결된 이야기 하나를 끝내는 재미를 얻을 수 있다. 학교의 교과서에도 내용이 없는 건 아니다. 대학의 교양 영어 수준이 되면 내용도 묵직해진다. 좋은 글일수록 내용은 더 알차기 마련이다. 그런데 영어 시간은 한 시간밖에 없는 게 보통이다. 그 시간 내에 다행히 완결된 사건이라도 있으면 좋으련만 그렇지 못한 게 보통이다. 그래도 수업 종이 치면 범인이 눈앞에 있는데 체포도 못하고 만다. 이런 못할 짓이 또 있겠는가. 그런 식의 '김새는' 경험이 쌓여 가면 학생들은 아무리 좋은 소설도 소설이라고 생각하지 않고, 아무리 좋은 글도 글이라고 느끼지 못한다. 그렇게 생각할 수 없는 게 당연하다. 선생님 자신이 글에 대한 일말의 존경심도 보이지 않는데 아이들이 어떻게 글의 묘미를 알겠는가. 이런 식으로 영어 수업에 사용되는 글이라면 어떤 글이라도 곧 지루한 교과서로 되고 만다.

동화에는 이런 무리가 없다. 짧기 때문에 한 권을 끝내는 데 오래 걸리지 않는다. 수업 종이 울려서 글을 중간에 끊어도 그다지 부담이 되지 않고, 중간에 책을 덮고 지하철에서 내려도 크게 걸리지 않는다. 아무리 사소하고 얇은 책이라고 하더라도 책을 다 끝내는 경험을 자주 하는 것이 영어 공부에도 은근한 만족감과 자신감의 기반이 된다. 또 짧아서 여러 사람의 글을 읽을 여유가 많아지기 때문에 다양한 영어 표현과 양식에 익숙해진다. 이는 영어의 유창성을 기르고자 할 때 특히 중요한 교육 부문이다. 다양한 작가들의 어투를 통해 한 가지의 고정된 표현에만 집착하는 위험을 피할 수 있다. 특히 문학을 언어 학습의 도구로 사용할 때는 다독이 정독보다 중요하다. '많이 읽다 보니 저절로 용법을 알게 되는 것' 이 가장 성공적인 학습 방법이다.

셋째, 동화에서 쓰는 영어는 가장 초보적인, 따라서 가장 일상적으로 많이 쓰이는 어휘들이다. 현재 영어 어휘의 수는 50만 단어를 넘는다고 본다. 이중 평균적인 영미인이 쓰는 단어는 5천 단어에 해당한다. 또 그 중에서도 일상적인 대화에서 쓰는 단어들은 250단어 정도가 고작이다. 글에서도 50%정도는 일상의 250단어들의 조합으로 이루어진다. 우리나라 중고등학교, 아니 중학교만해도 영어 교재의 어휘량이 적지 않다. 문제는 양이 아니라 그 어휘들의 사용빈도가 될 것이다. 우리는 중학생들에게 fabulous, fantastic, marvellous라는 단어를 가르치지 않는다. 3음절 이상의 단어라 어렵다는 거지만, 이 단어는 사실 영미권에서는 3살부터 여든까지 애용하는 아주 평범한 감탄사다. 중학생들에게 father를 가르치지만 사실 dad, daddy를 더 먼저 가르쳐야 학생들의 연령 상황이나 영미의 실제 사용 현장과도 맞는다. 동화에는 이런 생생한 단어들이 그림과 같이 제시되어 있기 때문에 어렵지 않게 그 단어들의 현장감까지 배우게 된다.

이제 gotcha라는 단어가 자주 쓰인다. 서양 아이들도 '고차' 하고 마치 '으라차' 소리내듯 쓴다. 이 단어의 뜻도 어감 그대로 '야, 잡았다', '자, 됐지' 정도가 된다. '다섯시에 만나자' 를 'Let's make it 5 o'clock' 이라고 하는 대신 'Yeah, 5 o'clock, gotcha'

하면서 손바닥을 서로 치는 걸로 끝낸다. 우리 영어 교과서나 영어 사전 중에는 아직 이 단어가 올라와 있지 않는 경우가 있는데, 자연스럽게 이 단어들을 만나게 되는 곳이 아이들 대상의 책이다.

아이들 수준의 영문에는 어려운 단어가 없기 때문에 그 글을 통해 좋은 '영어'를 배우는 부가 효과도 얻게 된다. 앞에서도 이야기했듯이 한글이 있음에도 불구하고 워낙 한자 표기를 선호하는 나라다 보니 우리나라 '아이들은 책을 읽고' 국회의원들은 '심의를 한다'고 한다. 영어는 워낙 상스러워 그런지 유치원 아이에 대해서도, 국회의원에 대해서도 모두 그저 reading이라고만 쓴다.

국어에는 없는 표현이기 때문에 우리를 난감하게 만드는 영어 중에 동사구(verbal phrase)라는 것이 있다. 영어에서는 실제로 동사구 표현에 능숙하지 못하면 영어가 연설조의 장엄투로 흐른다. 아주 쉬운 예로 그저 '불을 껐어(I turned the light off)' 하면 될 것을 '점멸했음(I extinguished the light)'이라고 하는 격이다. '난 손들었어(I gave up)' 대신에 '항복했지(I surrendered)'를 쓰고, '서류를 돌렸어요(I passed out the paper)' 대신에 '회람시켰습니다(I circulated it)'라고 한다. 영어를 더 잘 하자고 영국에 왔던 후배는 영문학 전공자답게 수업 중에 얼마나 많은 고급 어휘를 맞추어댔는지 담당 영국인 교수가 'Walking Vocabulary'라는 별명을 붙여 주었다. 그녀의 고민은 자연스러운 영어, 실제 사용하는 저 평이한 영어를 구사하고 싶다는 것인데, 저 높은 곳을 향해 가는 길만큼 저 낮은 데로 임하기도 어려운 일인가 보다.

많은 단어를 알고 있으되 쉬운 단어에 익숙하지 않은 우리로서는 '설명하다'라는 국어에 대해 explain, elaborate 등의 단어 하나로 이루어진 영어가 떠오른다. 영미인들은 단일 단어보다는 동사구를 더 선호한다. 따라서 explain보다 'set forth'가 더 유용하게 쓰인다. 외국인에게 동사구가 난공불락인 까닭은 동사구의 뜻이 다의적이라는 데 있다. 'set forth'만 해도 시작하다(start), 말하다(speak), 제기하다(issue), 드러난다(to be seen) 등 아주 다양하게 쓰인다. 이 의미들 간의 아무런 상관 관계도 없다는 것이 더 큰 문제가 된다. 어른들이 읽는 글일수록 이런 다의성과 애매함을 피하기 위해, 또 어떤 경우 섬머셋 모음(S. Maugham)처럼 자신의 어휘력을 가다듬기 위해 어려운 단일 단어들을 많이 사용한다.

아이들의 글에는 그런 배려가 없다. 아이들은 실제로 쓰는 말이 그대로 쓰이는 걸 보기 좋아한다. '(차에서) 내려라'는 표현도, 'Get off'도 썼다가 'Off you get'도 쓴다. 실제로도 그렇게 사용하니까 아무런 문제가 아니다. 똑같은 'set forth'도 같은 페이지에서 '길을 떠났다'는 뜻으로도 쓰이고 '보여진다'는 뜻으로도 쓰이지만, 아이들은 아무런 문젯거리로도 삼지 않는다. 그런가 보다, 생각한다.

언어를 지나치게 분석적으로 배워서 생기는 강박관념을 버리기에는 이런 수용의 자세가 필요하다. 영어는 외국어. 당연한 얘기다. 그래서 우리는 단어부터 차근차근 진도를 나가 문장을 알고, 그 다음 문장들이 모여 문단을 알고, 내용을 아는 것이 당연한 순서라고 생각한다. 하지만 외국어를 배우는 길은 그 외에도 있다.

외국어 학습의 목표로 크게 두 가지를 나눈다. '정확성'이냐 '유창성'이냐. 지금까지 우리 식은 물론 정확성이다. '꼼꼼히', '샅샅이 이 잡듯이 모르는 걸 뒤지고', 그 다음 '익히고, 읽으면서 다시 그 단어 보고, 끝나고 다시 시험 본다'는 것이 우리 전통적인 방법이다. 문법, 어휘, 구조, 받아쓰기가 중요한 측정치가 되는 것은 이런 경우다.

'유창성'을 목표로 하면 방법이 달라진다. 언어를 배우는 것은 의미를 전달하기 위한 것이고 나를 표현하기 위한 것이다. 그런데 의미를 만드는 것은 '개별 단어'가 아니다. 문맥과 상황이 의미를 만든다. 예를 들면 get의 의미는 무엇이라고 해야 하나. 두꺼운 사전에서는 5쪽 이상 get의 의미를 설명하고 있다. 결국 문장으로 돌아가야 그 뜻을 알게 된다. 'I'll get off'는 '나 내릴 거야'고, 'I'll get on'은 '나 탈 거야'가 된다. 'I'll get you'는 '너 나한테 혼난다'고, 'I'll get my mum'은 '엄마 바꿔 드릴게요'로 이해된다.

이런 다의성은 get에게만 있는 게 아니다. 동사에게만 있는 것도 아니다. interesting이라는 아주 흔한 단어조차 상황에 따라 정말 내 관심을 끌 만큼 진지한 일이라는 긍정적인 의미부터 참 웃기는 소리라는 아주 부정적인 의미까지 그 의미의 스펙트럼이 다양하다. 앞에서 말했듯 happy의 뜻도 우리말로 '행복한'이라는 형용사와 다르다. 그런 정중하고 형식적인 용법으로 happy를 쓰지 않는다. 실제 용법상으로 보면 happy는 그냥 '괜찮아' 정도의 의미다.

이제 언어를 배웠으면 최종적으로 활용할 줄 알아야 한다. 꼼꼼히 배웠으되 한 마디도 영어를 말할 수 없는 사람을 키우는 것이 영어 교육의 목표여서는 안 된다. 서투르고 어설프게 배웠어도 자기 말을 할 수 있으려면 문장으로 뛰어들어야 한다. 문장 전체의 뜻을 이해했다면 굳이 '그럼 이 안에 있는 get은 무슨 뜻이냐?'고 묻지 말자. 또 'Get은 사역 동사라는데 말이지, 사역 동사란…' 하며 그 이름의 역사를 찾아 헤매지 않아도 된다. 아주 쉬운 동화라도 여러 권 읽으면 get의 용법을 저절로 익히게 된다.

쉬운 영어를 반복해서 배운다고 해서 교과서처럼 책 하나를 읽고 또 읽으라는 주문은 아니다. 비슷한 수준의 단어나 문형들이지만 서로 다른 내용을 담고 있는 책들이 많다. 서양에서 나오는 동화책들은 반드시 출판업자 나름의 기준에서 정해둔 수준을 밝히고 있다.

『비밀의 화원(The Secret Garden)』 한 권만 해도 여러 가지 판본이 있을 수 있다. 아주 어린아이용으로 쉬운 단어와 간단한 문장만으로 풀이한 책부터, 작가인 베넷트(Bennett)의 원문대로 쓴 청소년용까지 다양하다. 각 단계마다 그 단계에 맞는 책들이 적어도 10권 이상 출판되는 것이 보통 관례이기 때문에 그 책들을 두루 읽다 보면 단어의 실제 적용 상황을 저절로 배우게 된다. 우리 영어수업에서는 새 단어가 나오기 바쁘게 암기하라는 명령을 듣는다. 이렇게 하면 철자를 정확하게 익히게 되니까 이런 식의 급속한 암기도 교육적 효과는 있다. 그러나 다양한 문맥을 구경하지 않은 채급하게 단어를 외우다 보면 단어의 사전적인 뜻에만 집착하는 실수를 하게 된다.

네 번째 현재 사용되고 있는 어휘뿐 아니라 문화까지 자연스럽게 배울 수 있다. 유명한 문학 이론가인 노스롭 프라이(Northrop Frye)는 한때를 풍미한 그의 문학 이론서, 『비평의 해부(Anatomy of Criticism)』를 시작하면서 아주 사소한 비유를 들었다. 그는 문학 비평가들의 비과학적이고 작위적인 태도를 비난하고 있었다. 몇몇

문학 평론가들의 주관적인 취향 때문에 영문학 전체의 판도가 뒤바뀌기도 하고, 마치 주식 시장의 흐름처럼 작가들의 등급이 바뀐다는 사실을 지적했다.

That is, the critic is assumed to have no conceptual framework; it is simply his job to take a poem into which a poet has diligently stuffed a specific number of beauties or effects, and complacently extract them one by one, like his prototype Little Jack Horner.

(다시 말해, 비평가들은 아무런 개념적인 틀도 가지고 있지 않다. 그가 하는 일이라고는 시인이 열심히 여러 가지 매력과 효과를 집어넣었던 시를 택해서 거기에서 제멋대로 뽑아내는 것뿐이다. 마치 리틀 잭 호너처럼.)

여기에서 리틀 잭 호너가 누구인지는 중요하지 않다. 친절하게 이 어려운 책의 각주까지 달아 주는 비평 교과서에서도 호너라는 인물에 대해서는 설명이 없다. 그냥 무시해도 좋은 부분인 셈이다. 그렇지만 그 인물에 대해 알고 있다면 프라이의 비판적 입장은 더 명료해질 것이고 이 글의 묘미도 더 새로워질 것은 당연하다.

부끄럽게도 내가 잭 호너가 누구인지 알게 된 것은 우리 아이들에게 감히 영어 동요를 '가르친다' 고 했을 때였다. 크리스마스 무렵에 부르는 동요 중에는 이런 노래가 있다.

Little Jack Horner
Sat in the corner

Eating a Christmas pie;

He put in his thumb,

And pull out a plum,

And said, What a good boy am I!

꼬마 잭 호너

구석에 앉아 있네

크리스마스 파이를 먹으며.

엄지손가락을 넣어

큰 건포도를 꺼내네

그러고 하는 말, '난 참 착한 애야!'

이렇게 되면 왜 '리틀 잭 호너'를 설명하는 각주가 없었는지 알게 된다. 우리나라 사람이 '춘향이 같은 열녀가 있었으니'라는 글을 쓰면서 춘향이에 대한 각주를 달지 않는 것과 마찬가지 사정이다. 아주 어린 시절부터 부르던 동요이기 때문에 서양 사람들에게는 리틀 잭 호너를 설명할 필요가 없었던 것이다. 프라이가 근엄한 그의 책에서 잭 호너를 들어 비평가를 비유했던 것은, 자기가 하고 싶은 대로 해놓고는 잘난 척하는 것이 잭 호너나 비평가들이 모두 똑같았기 때문이다. 잭 호너를 따라 부르는 아이들을 보면서 내가 얼마나 복잡한 감정으로 이 뒤늦은 깨달음을 받아들였는지 모른다.

(2) 만화

만화도 동화만큼 우수한 교재가 될 수 있다. 영어 만화책에는 정말 살아 있는 영어가 있다. 거기다 그림도 있다. 그림 없는 만화책은 없다. 거기다 만화 인물끼리는 언제나 대화체로 말을 한다. 물론 싸우고 피 흘리고 치고 박는 것도 있으니 만화를 선별할 때는 잘 골라야 하지만, 이런 위험은 어떤 책에도, 어떤 영화에도, 어떤 문화행사에도 있다.

나처럼 좀 고리타분한 사람은 『틴틴(Tintin)』과 『아스테릭스(Asterix)』를 추천하고 싶다. 영어 천하이다 보니 영어권 사람들이 외국어 작품을 번역하는 경우는 우리보다 훨씬 적다. 외국어 작품이 영어로 번역되었다는 거 자체가 작품성의 보증이라고까지 판단될 정도다. 『틴틴』과 『아스테릭스』는 북유럽과 프랑스의 만화이지만, 워낙 고전(?)이다 보니 영어로도 번역되었다. 특히 탐정물을 좋아하는 사람은 아이 어른 없이 틴틴의 모험을 즐길 수 있다. 아스테릭스는 그야말로 교육물답게 역사 여행을 재미있게 그렸다.

아이들이 더 좋아하지만, 사실은 어른을 위한 만화는 당연히 『심슨가족(The Simpsons)』이나 『사우스파크(Southpark)』가 된다. 아이들이 이 만화를 본다고, 혹은 읽는다고 문제가 심각하다고 하지만 어른들이 읽어서야 하등 심각할 것이 없다. 아이들도 중고등학생이나 초등학교 고학년 정도가 되면 욕이 많아서 그렇지 어른이 주의한다면 그다지 심각한 문제는 없다. 바트 심슨(Bart Simpson)의 매력은 대단하다. 호머의 엉뚱함도 많은 반성의 여지를 준다. 사우스파크의 아이들은 또 얼마나 철학적인 문제를 던져주는지 모른다. 어른들의 집단 정신병도 꼬집고, 인종문제도 다루고, 남녀 간, 혹은 남남 간의 병든 관계도 짚고 간다.

서양의 만화나 영화, 어떤 류의 작품이라도 우리나라로 들어오면서 생기는 문제는 사실 번역의 문제일 때가 많다. 문화 차이 때문에 본질적으로 번역이 안 되는 부분이 있다. 소설이나 영화가 되면 좀 덜한데, 만화의 경우는 이 간극이 크다. 심슨 가족에서도 바트는 아버지 호머를 그냥 '호머' 라고 부른다. 바트가 버르장머리가 없어 이리 된 것이 아니라, 아버지로서 책임감을 느끼고 싶지 않은 호머가 그런 발상을 한 것이다. 이건 미국 가정에서도 드문 일이지만, 애 어른없이 '너' 로 통하는 미국에서는 그래도 충격이 덜 하다. 그저 '조금 이상하다' 정도로 이해할 수 있다.

그런데 연령 서열이 철통같고 효를 만행의 근본이라고 생각하고 싶어하는 한국에서는 기절할 노릇이다. 이걸 한국어로 안 옮길 수도 없으니 그냥 바트는 호머를 '아버지' 라고 부른다. 그러자 철 없이 중구난방 아무 소리나 잘 떠들어서 매력적이었던 바트는 우리나라에서 갑자기 모범생이 되려다 만 아이로 그려진다. 매사에 깍듯하게 존대말이 되니 그 아이의 생동감이 나타날 수가 없다.

이런 면에서 『사우스파크』는 더 심각하다. 계속 말마다 욕을 섞어 하는 카트맨의 대사를 다 옮기자면 온통 '동성연애자' 를 욕하거나 '동성연애자' 찬성이라는 식으로 몰려간다. 욕을 번역하는 일은 정말 어렵다. 욕은 사실 의미전달이 중요한 표현이 아니라 감정전달만이 중시되는 표현이다. 무의미하다는 이유로 다 빼자니 수다한 카트맨이 갑자기 할 말이 없다. 되도록 번역에 의지하지 말고, 또 국어로 번역하려는 의식적 학습 활동 없이 그림과 대사를 그대로 보려고 해야 그 만화가 생성된 문화에 접근할 수 있다.

'의식적 학습 활동 없이'를 특히 강조하고 싶은 이유는 영어로 된 출판물만 보면 사전 들고 공부하려는 사람들이 너무 많아서다. 조카한테 『틴틴』을 사준 적이 있다. 영어도 제법 하는 아이라 보고 즐기라는 뜻이었다. 어느 날 보니 대사마다, 페이지마다 가득 밑줄을 쳐두었다. 어려운 단어라 사전에서 찾아보려 했다는 조카의 말이다. 그럼 그건 만화가 아니다. 그렇게 되면 영어 교과서보다 못하다. 영어 교과서는 교과서라고 노골적으로 교육적 기능을 드러내고 있는데, 이 만화는 교과서 아닌 척 교과서 역할을 하니 거짓말쟁이라는 이야기가 된다.

어떤 영어든 영어라면 꼼꼼하게 이 잡듯이 파헤쳐야만 공부가 된다고 생각하면 영어의 재미가 없다. 또 실제로 영어가 늘지도 않는다. 영어를 좀 더 허술하게 대하는 태도도 필요하다. 만화는 만화로, 잡지는 잡지로 취급하면 된다. 『타임즈』나 『뉴스위크』를 정기구독하다 지친 사람들을 많이 본다. 모두 처음부터 에베레스트 산을 정복하는 기분으로 출발하기 때문이다. 그걸 신문이나 잡지라는 생각에서 시작하면 이렇지 않다. 매주 들어오는 잡지를 어떻게 다 줄을 그어가면서 본단 말인가. 연예란만 볼 때도 있고, 사설만 볼 때도 있고, 경제면만 볼 때도 있다. 여유 있으면 두 번도 보기도 한다. 그런 태도여야 신문 잡지를 끝까지 볼 수 있다. 매번 박사 논문의 참고 문헌 대하듯 하면 세상에 널려 있는 언어를 어떻게 다 감당하고 산단 말인가. 자주 보고, 많이 보는 데에서 지식이 남는 수도 있다는 걸 명심하고 만화는 보고 버려도 좋다.

(3) 동요

기왕 만화도 보고 동화도 보는 사람이라면 아이들 수준으로 내려가 동요도 불러볼 수 있다면 더없이 좋다. 사실 동요는 영문학의 중요한 출발이고 영어 교육의 멋진 자료집이다. 또 문화의 기본이다. 에디슨이 축음기를 만들었을 때 처음 녹음한 것은 'Mary had a little lamb' 이라는 동요였다. 동요는 오랜 세월동안 세대를 걸쳐 이어져 오기 때문에 어떤 고급 음악이나 유행가보다도 오랫동안 깊이 있게 한 문화의 기억저장고 역할을 한다. 이 기억이 오래가는 이유는 동요의 언어가 가지고 있는 마술적인 능력 때문이기도 하다.

앞에서 예를 들었던 동요를 기억하면 이야기가 쉬워진다. 다시 한 번 동요를 인용해보자.

> Little Jack Horner
>
> Sat in the corner
>
> Eating a Christmas pie;
>
> He put in his thumb,
>
> And pull out a plum,
>
> And said, What a good boy am I!

잭 호너는 '코너에 앉아 있다.' 왜 굳이 잭 호너인지 생각해 보면 벌써 그것은 영시의 운율(rhyme)에 대한 자각이 된다. 잭 호너(Horner)는 다음 행의 코너(corner)와 안성맞춤인 운율을 이룬다. 이 운율 때문에 이 꼬마 악당은 자기 섬(thumb)으로 파이의 플럼

(plum)만 빼먹게 된다. '섬'으로 애플(apple)이나 넛츠(nuts)를 꺼내 먹거나, 꿀(honey)을 찍어 먹으면 그것은 동요의 운율을 깨는 커다란 변칙이 된다.

이 규칙을 따라 유명한 오리(Duck)의 이름은 역시 D로 시작하는 도날드(Donald)가 되고, 그의 애인은 하고많은 꽃 이름 중에서도 '데이지 덕(Daisy Duck)'이라는 이름을 갖게 된다. 미키 마우스(Micky Mouse)의 애인은 당연히 또 다른 M, 미니 마우스 (Minnie Mouse)가 된다. 영어에서 철수쯤 되는 잭(Jack)의 짝은 질(Jill)이 되는 것도 이런 운율 맞춤에 연유한다. '심플 사이먼(simple Simon)'이라는 동요 제목을 우리말로 '바보 사이먼'이라고 옮겨서 그리 탈날 것도 없지만, 이 번역에서 s 음의 반복에서 오는 리듬은 사라지게 된다. 그래서 번역은 반역이라는 말이 있나 보다.

이런 식으로 접근해보면 속담을 암기하는 데에도 도움이 된다. '호기심이 지나치면 고양이를 죽인다'는 영어 속담이 있다. 기왕 죽이는데 왜 굳이 고양이인가. 한편 으스스하고, 한편 괴이쩍은 속담이다. 그 영어는 'Curiosity kills a cat'이다. 여기에서 중요한 건 '큐리어서티 킬스 어 캣'이라는 영어가 주는 'ㅋ'의 반복적 리듬을 즐길 줄 아는 능력이다. 왜 개가 아닐까, 새가 아닐까 궁리할 필요가 없었다. '큐리어서티 킬스 어 독(dog)'은 결코 속담이 될 자격이 없었다. 속담이 전달하려는 내용은 그 말의 연결이 아니라 문장 전체가 주는 의미, '호기심이 지나치면 위험하다'는 그 너머의 내용이다. 그걸 분석하고, 단어를 찾고, 문법으로 나누면서 완벽한 우리 말 번역을 고민하느라 정작 속담의 재미는 놓치고 말았다.

에디슨이 말했다던가, 천재는 '1%의 영감, 99%의 땀(노력)'으로 만들어진다고. 모두 다 지당한 말씀이라고 했다. 어른들은 이 말을 인용하면서 그저 열심히 노력하는 사람만이 성공한다고 말하면 좋았는데, 더 나아가 머리 나쁜 사람들에게 게으르기까지 하다는 억울한 누명도 씌웠다. 이 말을 한국어로 옮겨 그 내용만 가져오니 더 억울하다. 전기공이긴 했지만, 에디슨은 그 말에서 운율을 맞추는 성의를 보였던 탓에 영어로 들으면 훨씬 마음 가볍다. '1% inspiration, 99% perspiration'의 분배 퍼센트에는 동의할 수 없지만 '인스피레이션'과 '퍼스피레이션'이 나누는 '션[ʃən]'의 반복은 즐겁다.

동요를 굳이 따라 부를 것까지는 없지만, 이 리듬을 살려서 큰 소리로 낭독해보는 것은 아주 좋은 영어 연습이 된다. 의외로 책을 소리내어 읽는 사람들이 드물다. 외국인과의 직접 회화 못지않게 낭독은 중요한 영어 연습이다. 굳이 큰 소리를 내지 않더라도 지하철이나 공공장소에도 입안으로 우물거리는 정도로 조용하게 글을 낭독하는 것이 좋다. 집중이 강해져서 문장 이해가 훨씬 빨라질 뿐 아니라, 자기 음성을 직접 들을 수 있기 때문에 글의 생명감을 느끼게 된다. 눈으로 본 글에 비해 입으로 한번 읽은 글이 오래 남는다. 거기에 더해 운율까지 있는 글이라면 낭독의 재미가 더해지고, 영어의 맛이 새삼스럽다는 걸 절로 깨닫게 된다.

(4) 신문, 잡지

동요나 동화, 만화는 언어를 분석적으로 학습하는 것이 아니라 통째로 즐기면서 익히도록 도와준다는 점에서는 같다. 어른 체면 때문에 망설여지는 사람은 나이에 맞게, 혹은 직업에 맞게 영자 잡지나 신문을 읽을 수 있다면 더 할 수 없이 좋다. 우리나라에도 거의 모든 종류의 외국 잡지들이 들어와 있고, 심지어는 거의 발행과 동시에 국역판까지 구해볼 수 있다.

최근의 잡지나 신문을 통해서 영어를 접하면 지금 쓰이는 영어뿐 아니라 우리의 시대 상황에 대한 적절한 관점과 의견에 접할 수 있다. 세상을 잘 살아가기 위해 영어를 배우는데 영어로 경제 잡지나 평론지를 읽는다면 영어 학습의 성공적인 단계에 이르렀다고 할 만하다. 잡지는 새로운 정보를 전할 뿐 아니라 새로운 표현도 선보인다. 새로운 정보를 헌 언어로 표현한다는 건 말이 안 되기 때문이다. 새 술은 새 부대에 담아야 적격이다.

영화 〈노팅힐〉이 나왔을 때 잡지의 평을 보자. 이 기자는 〈노팅힐〉의 감독과 줄거리가 모두 〈4번 결혼식 1번 장례식〉과 맥이 닿아 있지만 사실 그 전의 영화보다 질이 떨어지고 있다고 평을 한다.

Channel 4 last showed this contemporary classic(Four Weddings and a Funeral) less than a year ago: its return is obviously designed to tie in with the release of the sort-of sequel, Notting Hill. To watch the earlier film is to be reminded of its superiority to the successor. Yes, the characters are all posh twits who don't appear to have surnames, but the quality and abundance of the comic set pieces deserve admiration - Notting Hill does not have the same number of first-rate jokes.

채널 4 방송국에서 지난 주 일 년이 채 안된 이 현대 고전물(〈4번 결혼식 1번 장례식〉)을 방영했다. 재방영의 의도야 누구나 알 수 있듯이 이 영화 속편이라고 할 수 있는 〈노팅힐〉의 개봉과 시기를 맞추자는 것이다. 지난 번 영화를 보니 그 영화가 속편보다 우수하다는 걸 새삼 깨닫게 된다. 그렇다, 지난 영화의 등장인물들은 모두 있는 티 나는 멋진 족속들이어서 자기 이름의 성도 안 내세웠지만, 희극적인 몇몇 장면들은 그 질이나 함축된 의미에 있어 찬사를 받을 만했다 -〈노팅힐〉에는 그런 류의 일급 농담이 없다.

기사 전체의 흐름은 마치 말하는 투를 조금 더 다듬어놓은 정도다. 정보의 즉시성을 살리고 독자들에게 시대성을 주기 위해서 동원된 현대식 영어, 즉 'this contemporary classic'에서 보이듯 현대와 고전이라는 서로 상반된 단어를 함께 묶는 자유로움도 있고, 실제 언어 현장에서 쓰이는 sort-of, yes, posh twits과 같은 단어들도 전통적인 글의 단어들보다 더 큰 대접을 받는다. Yes는 특히 문장의 앞에 느닷없이 들어 글쓴 이의 입장을 단도직입적으로 강조한다는 점에서 마치 말을 하는 도중 큰 소리로 떠든 것과 똑같은 효과를 준다.

이처럼 잡지에는 영어 교과서에서는 볼 수 없는 신선한 단어들이 가득하다. 위의 기사 인용에서처럼 부자는 rich라고 하기보다는 posh라고들 많이 쓴다. '그 사람 부자야' 보다는 '그 사람 꽤 있는 티 나지' 라는 말이 왠지 더 생동감을 주기 때문이다. 그 직업은 '버는 돈에 비해 일은 편해' 라고 말할 때도 잡지의 영어는 간단히 cushy라는 귀여운 영어를 쓴다. '기괴스러운' 이라는 말은 거의

scared나 spooky로 통일되다시피 쓰고, '별스럽거나' 익숙하지 않은 것을 나타낼 때는 낯선 단어 bizzare도 많이 쓴다. 앞의 인용 yes처럼 기분을 한마디로 총체화 시킬 수 있는 감탄사들도 겁없이 잘 쓰인다. 낭패스럽다는 걸 나타나기 위해 '아뿔싸(gosh)'도 잘 쓴다. 이들 애호 단어들을 잘 보면 발음 자체가 이미 그 단어의 영상과 긴밀하게 연결되어 있다는 걸 느끼게 된다. 구어의 생동감이 그대로 글로 전해지는 것도 이들 단어들의 이미지 환기력이 크기 때문이다.

이런 어휘들은 실제로 많이 쓰이고 외우기에도 어렵지 않지만 일반 영어로 오랫동안 자리를 잡을 수 있을런지는 미지수다. 한동안 아이들은 '멋지다', '짱이다'는 의미로 cool을 많이 썼는데, 올해 들어 갑자기 그 열기가 많이 가라앉았다. 대신 그보다는 soft를 자주 쓴다. 우리 사전에서는 이런 단어들이 구어(口語)나 속어(俗語)로 분류되어 있어 왠지 하찮은 단어라는 느낌을 주지만 그건 잘못된 생각이다. 많이 쓰이는 단어를 알고 있는 것이 영어를 자신 있게 사용하는 첩경이다. 단지 rich라는 말은 언제나 쓸 수 있지만, posh라는 단어는 이미 말하는 사람의 어떤 느낌, 즉 상대방이 있는 척하는 것에 대해 어떤 식으로든 감정을 느끼고 있음을 드러낸다는 사실을 숙지하는 게 좋다. 친한 사이거나 그 단어의 용도에 대해 아주 익숙하지 않은 한 중성적인 무채색의 단어를 쓰는 것이 안전한 길일 때가 많다는 걸 잊지 말자.

7장
영어를 잘하면?

'왜 영어인가' 라는 질문에 대한 답은 당연히 이 현실에 있다. 언어의 힘을 만드는 것은 언어 자체만의 일이 아니라는 것을 새삼 깨닫게 된다. 흔한 말로 나라 힘이 세면 당연히 그 나라 말의 힘도 세어진다. 워크맨(walkman)과 가라오케(karaoke), 포켓몬(pokemon)이 세계어가 되는 과정을 보면 경제력이 '이름 짓기' 게임에서 얼마나 큰 위력을 발휘하는지 확인하게 된다. 그 물건을 만들어 제일 먼저 이름을 지은 사람이 일본인이니 아무리 영어가 세계어라고 한들 그 자리를 훔칠 언어를 마련할 길이 없다.

영어만 두고 생각하면, '영어를 잘 하려면' 이라는 질문은 말도 안 될 만큼 쉬운 질문이다. 미국에서 태어나서, 미국에서 자라면서, 미국 사람과 얘기하면 된다. 공부를 잘 해서 미국의 좋은 학교를 나오면 금상첨화고, 운이 좋아 미국 사람과 살게 되면 그걸로 '해피엔딩' 이다. 그 이상론에 대해 왈가왈부할 이유가 없다. 되도록 많은 현장에서 되도록 많은 영어와 접하면 영어가 느는 건 당연하지 않겠는가. 일단 이 당연한 사실이 확인되자 골방이나 교실에 들어앉아 '달달 외우는' 영어 공부에 질린 사람들은 갑자기 짐을 들고 미국으로 향했다. 이민도 불사했고, 기약 없는 가족별거도 가차 없이 단행했다. '영어 하나 잘 하자' 는 명분이었고 혹은 이미 자신의 교육 능력이나 유효기간은 끝났다고 지레 결심한 부모들이 '자식 영어 교육 하나 잘 시키자' 는 의분으로 떠났다.

1. 거만한 영어

남아 있는 사람들은 우리나라가 미국은 아니지만, 최소한 미국화시킬 수 있지는 않을까 궁리도 했다. 몇 년 전 갑자기 영어를 공용어로 하자는 소동은 이런 맥락에서 일어났다. 이 입장은 저렴한 가격으로 '미국적 상황'을 만드는 길을 제시한다. 우리 땅에서 영어를 공용어로 쓰면 영어로 인한 교육의 낭비도 없고, 유학으로 인한 경제 손실도 없고, 오랜 세월 고군분투 영어에 매달리고 나서도 영어를 못하는 낭패도 없다. '영어 공용화' 론은 지금까지도 많은 사람들에게 신비의 처방으로 남아 있다.

워낙 영어의 세도가 세고, 권위가 대단하다 보니 영어를 모른다는 말은 곧 세계의 흐름에서 도태된다는 것이고, 다시 말하면 먹고살기 힘들게 된다는 뜻이다. 이런 마당이니 차라리 전 국민이 영어를 일상언어로 사용하면 현실감 있는 영어를 유창하게 쓸 수 있지 않을까, 누구나 기대하고 있다. 일본 식민지의 경험을 들먹이며 이 '실용적' 제안을 거부하는 사람들을 가리켜 참으로 '촌스럽다'고도 하고, '네티즌쯤 되면, 영어 공용화에 찬성도 할 줄 안다'라고도 한다.

독립된 국어를 가지고 있고, 그 국어로 일상생활을 해나가는 데 아무런 지장이 없고, 더욱이 외국의 식민지도 아닌 나라가 독자적인 국어를 스스로 포기하겠다고 나선 일은 아마 역사 이래 처음일 거다. 혹은 선사까지 통틀어도 단연 독보적일지 모른다. 과연 전 세계의 주목을 받을만한 사건이었다. 영국 신문이라고 예외가 아니었다. 미국의 매스컴에 비하면, 영국 신문들은 아시아의 작은 나라, 한국에 대한 기사를 거의 싣지 않는다. 영국 신문들이 중요한 나라를 몰라봤거나, 아니면 영국인이 점잖아서 그랬겠지만, 내가 기억하는 한국관련 기사 내용으로는, 비행기 추락사고, 노조 투쟁, 건물 붕괴, 어린이 캠프 화재사고, 굶어죽는 북한 어린이들, 사람도 먹는다는 북한 어른들, 개고기 먹는 남한 사람들 정도가 고작이다.

이렇게 '조용하고 점잖은' 영국 신문이 한국관련 기사를, 그것도 1면에 실었던 적이 있다. 다음은 영어 공용어론이 활개를 치던 해 영국의 일간지 『인디펜던트(Independent)』에는 니콜라스 롱(Nicholas Long)이라는 기자가 서울발로 보낸 '한국의 모국어: 영어(Korea's mother tongue: English)'라는 기사가 실렸었다. '한국(물론 남한)은 20세기의 다양한 제국주의의 각축장이었던 관계로, 21세기에도 큰 제국주의의 희생양이 될 위험이 있다. 그런데 지금 새롭게 위협을 가하고 있는 제국은 (놀랍게도) 언어의 제국이다. 심지어 한국의 대통령마저 기꺼이 그 제국의 희생자가 되고자 한다' 면서, 대통령이 '기꺼이 영어 제국주의에 희생' 이 된 사례도 들었다. 당시 대통령이었던 김대중 대통령은 새로 낸 책에서 자신이 매일 저녁 새 단어를 10개씩 외운다고 밝혔다. 그러니 젊은이들도 열심히 영어를 배우라는 조언도 잊지 않았다.

기사는 이 문제의 기원도 밝혀주었다. 당연히 같은 해 여름 '영어 공용화론' 을 제기한 책이 언급되고 그의 주장의 논리도 이해하기 쉽게 설명했다. 세계화를 맞아 결국 영어만이 세계 경제와 정치의 명실상부한 언어로 살아남을 것이며, 그 외 언어들은 '박물관 언어(museum language)' 로 사장되고 말리라는 그의 예언이 주장의 근거로 나섰다. 이 난국의 대처 방안으로 제시된 안은 물론 국어를 영어로 대치해 나가는 것이다. 그는 영어 공용화의 첫 단계로 정부 문서부터 국어, 영어 혼용을 시범으로 보여야 한다고 주장했다. 한국 관계 기사치고는 드물게 자상해서 삽화까지 실려 있었다. 코 큰 서양인이 여행 가방을 들고 서 있는 거리는 'South Korea' 다. 건물의 간판마다 보이는 광고는 '여기 영어 됩니다(English spoken here)' 였다.

그로부터 단 10년도 안 된 시간에 세상이 얼마나 변했던가. 중국이 득세하고, 갑자기 중국어 열풍이 불고 있다. 서양인들도 예외가 아니다. 지금까지는 중국 음식을 먹고 중국 무술을 배울망정 중국어를 배울 생각조차 없었던 그들이 이제 정식 학과로 중국어를 채택하고 있다. 일본어는 이전부터 매력적인 언어였다. 이 마당에 아직도 영어 공용화론을 신봉하는 사람들은 없을 것이다. 행여 그런 사람들이 있다면 그런 사람들이야말로 경직되고 편협한 언어관을 가진 사람들이고, 수월한 언어 교육에 방해가 되는 사람들이다.

국어를 영어와 병용하자, 영어로 대체하자는 주장은 마치 입시 제도를 바꾸면 학생들의 실력이 저절로 향상된다고 믿는 거나 비슷하다. 지금까지 영어가 공용어가 아니어서 영어를 못한 것처럼 착각한다. 엄마가 영어를 잘 하는데, 영어가 공용어가 아니다보니 아이에게 영어를 쓸 수 없었다고 말한다. 콩나물을 영어로 사고 싶었고, 팔고 싶었는데, 영어가 공용어가 아니니 그간 한국말로 콩나물을 사고 팔 수밖에 없었다고 한다. 출생신고를 영어로 하고 싶었고, 훈화 말씀을 영어로 하고 싶었는데 영어가 공용어가 아니니 불편했다고 한다. 금동 할배가 김회장을 만나 영어로 인사를 하고, 김회장이야 당연히 영어로 받으려고 하는데, 영어가 공용어가 아니니 한국말로만 아쉽게 인사를 나누었다는 말이다.

당장 공용어로 하자고 제도가 들어오면, 콩나물을 영어로 사고, 엄마랑 아이는 영어로 말을 나누게 된다. 저절로 그렇게 하게 된다고 고집을 부린다. 안 될 게 없고, 또 안 되면 되게 하면 된다는 게 그 주장의 근본을 이룬다. 그만큼 우리들은 언어를 자연발생적인 현상으로 보기보다는 인위적인 발명품으로 보는 경향이 강하다.

'언어' 란 어떤 문법적 체계와 음운 구조를 가지고 있는 체계일 뿐이기 때문에 언어를 배울 수도 있듯이 어떤 언어라도 버릴 수도 있다고 생각한다. 여기에 일제강점기 시대의 국어억압 정책의 기억도 한 몫하고 있다. 그런 식으로 억압하니까 국민 대다수가 일본어를 하지 않았느냐, 따라서 그런 식으로 강제화된 제도를 쓰면 영어도 일본어처럼 되지 말라는 법이 없다고 믿는다. 그렇게 강제적으로 영어를 쓰고, 국어를 버리게 하면, 영어를 못 쓸 일도 없다. 일본어를 강요하듯, 창씨개명을 안 하면 벌금을 내게 하고, 영어로 말하지 않으면 결혼 신고도 못하게 하면 영어가 국어로 들어오는 거라고 믿는다.

깜짝 놀랄 말이지만 흔히들 하는 말 중에 '기왕에 식민지를 겪을 바에는 일본이 아니라 영국 식민지였음 지금쯤 영어 하나는 잘하지 않았겠느냐'는 말이 있다. 인도나 동남아시아는 '우리보다 운이 좋아 다행히' 영국 식민지가 되었다. 시장에서 물건 파는 사람도 영어를 쓰고, 병원의 환자도, 의사도 영어를 쓰고, 재판도 영어로 한다. 그렇다고 영어가 모국어는 아니다. 지역에 따라 심한 차이가 나는 언어이긴 하나 분명 평상시에 쓰는 인도어가 있다. 외국인을 보면 영어로 물건을 팔다가 인도인끼리는 영어와 인도어로 물건을 판다. 간판도 영어와 그 지역 인도어 2가지로 쓴다.

식민지를 겪었다고 하지만, 그렇다고 인도가 영국이 된 것도 아니다. 인도는 인도지 영국이 아니다. 지리적 거리와 문화적, 언어적 차이는 여전하다. 인도인들은 영어를 수월하게 하지만, 그렇다고 그 영어가 영어 모국어권의 영어는 아니다. 인도에서 영어는 '배워야' 하는 언어다. 우리나라보다 좀 더 익숙해져있다 뿐, 모국어는 아니기 때문이다. 그러다 보니 돈이 있고, 교육 열의가 높은 가정일수록 영어 능력이 높고, 사회 계층이 낮을수록 모국어인 인도 방언에 만족할 수밖에 없다. 인도와 같이 교육받은 계층의 언어가 일상 생활의 언어를 분리되면 사회 계층의 일차적인 표시가 언어가 된다. 영어를 잘 하면 상류층, 전문직, 고소득층, 영어를 못하면 하류층, 노동직, 저소득층이라고 봐서 틀리지 않는다. 다종다양한 지방 사투리에 비해 중립적이어서 지역 간의 차이를 없애고 국민들을 통합시킬 것 같았던 영어는 오히려 계층의 격차를 심화시키는 칼이 되어버렸다.

인도를 포함한 동남아 국가들은 한결같이 영어 사용이 계층을 나타내는 지표로 작용한다. 누구나 알다시피 교육에는 돈이 든다. 잘 배우려면 더 많은 돈이 든다. 영국의 전 수상이었던, 토니 블레어가 노동당전당대회에서 말한 바 있다. 'The more learn, the more earn.(많이 배워야 많이 벌 수 있다.)' 그에 빗대어 다시 말하면, 시간 순서를 뒤집어도 여전히 옳은 말이다. '돈을 많이 써야 많이 배울 수 있다.(The more spend, the more learn.)' 교육이 사회계층 이동의 중요한 수단이 되는 건 이 때문이고, 우리나라 사람들이 땅을 팔아 자식을 공부시킨 것도 다 이 때문이다. 예전에는 '교육 = 돈'이었다면 이제는 점점 구체적으로 '교육 = 돈 = 영어'로 나타난다.

영어가 사회를 분열시킨다는 걸 알았다고 해서 그걸 막을 도리는 없다. 영어를 공용어로 하자는 발상이 가능한 나라답게 우리들은 '그 까짓 거 안되면 되돌리지' 쉽게 생각하지만, 생각만큼 쉽지 않은 것이 현실이다. 일단 강제적으로라도 언어사용의 빈도가 적어지면 능숙도가 떨어진다. 능숙하지 않은 언어는 자꾸 기피된다. 일제 시기가 한 세대였기 망정이지 만약 좀 더 이어졌다면 아무리 광복이 되었어도 한번 잃은 우리말을 찾기 어려웠을 거다. 우선 어휘도 사라지고, 발음도 어려워진다.

웨일즈는 그 좋은, 아니 좋지 않은 예다. 이 지방이 잉글랜드에 복속된 건 중세때부터이기 때문에 웨일즈어가 없는 건 아니지만, 500년이 넘는 시기동안 영어를 주 언어로 쓰고 있다. 웨일즈어는 마치 지방 사투리 정도의 취급을 당해서 못 배우고 어려운 사람들 사이에서만 간신히 사용언어로 이어졌다. 영어에 거의 열병을 앓고 있는 우리로서는 미친 짓이라고 보겠지만, 웨일즈 사람들은 다시 옛날의 웨일즈어를 찾으려고 무진 애를 쓰고 있다. 언어가 없으면 집단의 동질성이 없기 때문이다. 동일 종교나 단일 정부보다 동일 언어가 사람들 사이를 더 이어주는 끈일 때가 많다. 그런데 이런 자각에 따라 웨일즈어를 일상 소통언어로 살리는 데 큰 어려움을 겪고 있는데, 그 이유는 이미 오랜 세월 영어를 쓰면서 웨일즈어를 구박하다 보니 어휘도 사라졌고, 심지어 제대로 발음하는 사람의 숫자도 줄어들었기 때문이다.

인도처럼 다언어 국가의 경우는 상황이 더 심각하다. 웨일즈처럼 다시 돌아가고 싶어도 영어를 대신해서 다시 찾아갈 언어가 없기 때문이다. 다종다양한 인도어들 중에서 대표를 구하자니 파벌과 갈등이 생길 건 뻔하다. 그렇다면 인위적으로라도 어떤 대표 언어를 만들었어야 하는데, 얼렁뚱땅 영어를 쓰는 사이에 그럴 이유도 몰랐고, 여유도 없었다. 그렇게 공문서도 되어버렸고, 사회도 그렇게 흘러간다. 사회도 그렇고 개개인의 심성도 그렇게 분열적으로 된다. 파농(Franz Fanon)의 말대로 일단 이렇게 언어적, 문화적 선을 넘어간 사람은 '모국이기도 하고 아니기도 한 곳(mother-country either)'에 살게 된다. 이쪽도 저쪽도 아니라 그 중간에 남아, 그렇다고 선을 넘어 다시 돌아올 수도 없다.

근본주의 힌두교도들이 극단적으로 영어를 혐오하는 이유가 여기에 있다. 그들은 20세기 말 인도에서 크게 영어 추방 운동을 벌였다. 행진도 했고 피켓도 들었다. 피켓 중에는 '영어에게 사형을 고한다' 는 것도 있었다.

'Death to English!'

인도어가 아니라 영어로 영어 사형선고를 쓸 수밖에 없다니, 이것이 어쩔 수 없는 인도의 현실이다. 인도와 바꿀 수 없다던 셰익스피어는 언어가 준 의식의 괴리에 대해 좀 더 멋지게 말해준다.

You taught me language; and my profit on´t

Is, I know how to curse. The red plague rid you

For learning me your language

너는 내게 말을 가르쳤지. 그 덕분에

난 저주는 할 수 있어. 죽을 병에나 걸려라

내게 너의 말을 가르친 고로…

내가 '당신의 말' 을 배웠다고 '당신' 이 되는 것이 아니듯, 영어를 할 줄 안다고 인도가 영국이 되는 건 아니다. 마찬가지로 우리도 영어를 공용어로 한다고 미국이 되는 게 아니다. 또 '바나나 인간' 이 되어 피부색만 노랗지 속속들이 흰색이 되어 돌돌 마는 미국식으로 영어를 한다고 해도 내가 '당신' 이 되는 것은 아니다.

2. 영어를 넘어 삶으로

　마지막 질문은 이렇다. 왜 영어를 배우는가.

　세계어라는 데에는 누구나 합의를 하지만, 그 외 다양한 이유들도 나선다. 영어가 과학적이어서, 영어가 뛰어난 문학의 생산어라는 이유도 인기가 있다. 간혹 언어 간의 우열을 말하는 사람들이 있지만, 영어가 한국어보다 더 과학적이라든가 한국어가 영어보다 더 과학적이라고 말하는 일반 명제는 그 사람의 고집만 보여줄 뿐 두 언어에 대한 아무런 지식도 전달해 주지 못한다. '과학적'이라는 기준이 뭘 말하는지도 모르겠다. '한글은 세계에서 가장 과학적인 글'이라는 주장은 어느 나라 글이 어떤 기준으로 '비과학적'이라는 건지 제대로 밝히지 않으면서 무조건 한글이 '가장 과학적'이라고 우기는 것 같다.

반대로 한글은 받침 때문에 불필요한 노력을 시키지만 영어는 알파벳을 나열하면서 뜻을 만들기 때문에 영어가 '더 과학적' 이라는 사람도 있다. 어떤 영국인은 그런 받침까지 넣어가며 어떻게 컴퓨터의 한글 자판을 만들었느냐고 놀라기도 했다. 그야말로 무식한 반응이다. 중국인들은 수도 없이 많다는 한자를 컴퓨터로 잘도 친다. 그렇다고 한자가 한글보다 '비과학적' 이며 영어보다 '비실용적' 이라고 할 사람이 있겠는가.

마찬가지로 영어권에만 문학이 있는 건 아니다. 셰익스피어를 들먹이고 할리우드가 그 번안을 즐기지만 그렇다고 영어권의 문학이 가장 우수한지에 대해서는 조심이 따른다. 독일어를 쓴 괴테가 있고, 불어를 쓴 스탕달이 있는가하면 러시아에는 톨스토이도 있고 도스토예프스키도 있고 푸시킨도 있다. 스페인에는 돈키호테를 쓴 세르반테스도 있다. 셰익스피어가 정말 이 중에서 제일 헤비급인지 결정하기도 만만한 일이 아니다.

이런 저런 구차한 이유보다 더 합리적인 것은 '영어가 힘이 세다' 는 현실이다. 단지 영어로 된 학문의 세도가 대단하고 영미 문화의 지배가 당당하니 영어의 위력을 결코 무시할 수 없다는 것뿐이다. 지금 학교에서 배우는 거의 모든 교과 내용들이 모두 서양 이론들이다. 과학이든 사회든, 윤리든, 음악이든, 미술이든 우리는 번역을 통해 그 이론과 원리를 배울 뿐이다. 축구의 '골키퍼(goal keeper)' 를 '문지기' 라고 할 때의 씁쓸함과 열등감이 언어생활 전체에 퍼져 있는 것이다. PCS, 즉 개인 휴대 통신(Personal Communication System)이라는 최근의 생활양식도 그들이 시작한 것이고 따라서 '핸드폰(handphone)' 은 될 망정 '손 전화' 는 쇄국주의

자의 지나친 과장 같아 보인다. 그러다 보니 국어로는 다 표현할 수 없는 세계가 도래한 것이다.

18세기를 지나 세계 처음으로 산업혁명의 시간을 거치면서 영국은 세계 최고의 생산력을 자랑하는 나라가 되었다. 역사상 처음으로 기계가 인간 노동력을 대신하는 변화를 맞았다. 유럽의 다른 나라들도 식민지를 차지하는 것에 혈안이 되어 있었지만 이 기계화, 과학화, 산업화에는 영국만큼 앞선 나라가 없었다. 왕성한 생산과 더불어 식민지를 통한 막강한 수출로 영국 전성시대가 도래했다. 노동자들이 기계를 다룰 정도의 지능은 있어야 이 전성이 영구하리라고 보았기 때문에 대중교육도 이때부터 도입되었다. 식민지에도 교육의 여파가 갔다. 유럽의 누구도 '상스러운' 영어를 쓴다고 나무랄 사람이 없었다. 오히려 무역과 장사를 하는 데에는 영어가 유익하다는 합의가 전 유럽으로 퍼져나갔다. 나폴레옹이 '장사꾼의 언어(shopkeeper's language)'라며 노골적으로 경멸을 표했다지만 영국인들은 상스러움을 괘념치 않는다.

그리고 영국이 세계 대전을 겪으면서 식민지를 잃고 기우뚱거릴 때 미국이 나타난 역사는 우리 모두 알고 있다. 20세기가 되면서 세계의 힘은 미국으로 이동했다. 넓은 땅과 다양한 자원, 뛰어난 기술과 자본이 함께 있는 나라답게 미국은 새로운 주인공 행세를 했다. 영국과는 식민지 전쟁을 거쳤음에도 불구하고 어느 나라보다 가깝다. 언어가 같기 때문이다. 두 나라는 대서양을 사이에 두고 영어의 큰 축을 이루고 있다. 그리고 오래된 시장을 지키는 데에서도 뛰어날 뿐 아니라 새 시장을 만들어내는 데에도 귀신같다. 출판과 관광에서 돈을 버는가 하면, 과학 기술에서 앞서 가고,

영화나 방송 등 이미지 산업에서도 막강하다.

'왜 영어인가'라는 질문에 대한 답은 당연히 이 현실에 있다. 언어의 힘을 만드는 것은 언어 자체만의 일이 아니라는 것을 새삼 깨닫게 된다. 흔한 말로 나라 힘이 세면 당연히 그 나라 말의 힘도 세어진다. 워크맨(walkman)과 가라오케(karaoke), 포켓몬(pokemon)이 세계어가 되는 과정을 보면 경제력이 '이름 짓기' 게임에서 얼마나 큰 위력을 발휘하는지 확인하게 된다. 아무리 영어가 세계어라고 한들 그 자리를 훔칠 언어를 마련할 길이 없다.

'내가 꽃이라 부르기 전에는 꽃은 꽃이 아니니' 일단 꽃이라는 이름이 정해지면 '꽃'에 시비를 걸 수 없다. 실업계의 거물을 말하는 '대군(tycoon)', 색종이로 작품을 만드는 '색종이공예(origami)'도 일본이 세계에 가르쳐준 단어다. 서양 사람들도 매트리스 대신 '두툼한 요(futon)'를 쓰기도 한다. 덩치 작은 일본인들이 소나무를 자르고 잘라 소나무 잎사귀 만하게 만들어놓은 '분재(bonsai)'도 세계인들이 함께 쓰는 새 언어다. 유도(judo)나 가라테(karate)가 그렇듯이 '태권도'도 세계 어디에 가도 알아듣는 단어다. 우리가 세계인의 언어에 공헌한 단어 중에는 '재벌(chaebol)'도 들어있다.

이처럼 언어가 힘을 얻으려면 그 언어 사용국의 힘이 커야 한다. 영어가 힘을 얻게 된 데에는 우선 지리적으로 많은 영어 사용국이 있었기 때문이다. 그렇지만 '땅뺏기' 싸움 못지않게 과학 기술 영역의 힘도 무시할 수 없다. 과학, 특히 산업혁명 이래 기술에 관한 용어들 중 상당 부분이 다 영어에 의존하고 있는 까닭은 바로 그 상품과 기술의 출신지가 영어 사용권이기 때문이다. 컴퓨터의 명령어만 해도 모두 다 영어다. 그건 컴퓨터에 관련된 최초의 인물들이 모두 영어권 사람들, 최소한 미국의 지원을 받은 사람들이었기 때문이다.

언어는 사람들끼리 소통하기 위한 도구일 뿐이다. 소통의 필요에 따라 배우고 사용하는 것이 언어다. 그 수단을 확보하자고 인생을 건다면 그것처럼 어리석은 일은 없다. 영어권에 오면 거지도 나보다 영어를 잘한다. 아무리 영어 종교에 빠진 사람이기로서니 영어만 잘 하면 거지가 되도 좋다고는 하지 않을 것이다. 영어에 조바심을 느낄 때는 영어만 하면 다 될 것처럼 오해하지만, 영어도 언어에 불과하다. 영어가 된다고 보장해주는 것은 영어를 말하는 사람들과 의사소통을 할 수 있다는 것뿐이다. 그 외 전문 능력은 말할 것도 없고 생존에 필요한 기술조차 보장해주는 것이 없다.

게다가 언어만이 의사소통의 수단은 아니다. 전세계 사람들과 연결시켜주는 것이 영어만은 아니라는 이야기다. 소통이라는 관점에서 보면 수학이나 순수 과학의 표기들은 훌륭한 국제 언어가 된다. 지금 세계를 이어가고 있는 언어도 엄밀한 의미에서 보면 그저 단순한 언어로서 영어가 아니다. 컴퓨터의 언어는 일반 영어와는 크게 다르다. 통신의 영어는 그 이탈 정도가 더욱 심하다. 다음 세대의 세계어는 이러한 신기술을 다룰 줄 알고, 세계 경제와 문화의 흐름을 읽으면서, 그 지식을 이용해서 세계 문화권에 충격을 가할 줄 아는 사람들의 새로운 언어 형식이 될 것이다. 지금 우리에게 필요한 것은 영어에 대한 조바심과 갈증, 단기적인 긴급처방이 아니라, 세계와 소통할 수 있는 기술과 큰 흐름을 볼 줄 아는 안목, 또 그 물결 속에서 파편으로 조각나지 않을 만큼 힘센 자기정체성이 아닐까.

영어의 숲을 여행하다

거만한 영어, English Road

초판 1쇄 인쇄   2011년 11월 19일
초판 1쇄 발행   2011년 11월 25일

글 쓴 이   김인성
펴 낸 이   이정옥
펴 낸 곳   평민사

주   소   서울시 서대문구 남가좌2동 370-40
전   화   375-8571(대표) / 팩스 · 375-8573
            평민사의 모든 자료를 한눈에 볼 수 있는 블로그
            http://blog.naver.com/pyung1976
            e-mail: pyung1976@naver.com

ISBN   978-89-7115-579-0 03700

등록번호   제10-328호

값   11,000원